好心态！好人脉！好
只要开始，永远不晚！只要坚持，必定成功！

◆ 你是否曾因忧虑重重而难以自拔？

◆ 你是否曾因不善当众讲话而在公众场合脸红心跳，形象大打折扣？

◆ 你是否曾因不善沟通而错失挣钱的机会，还造成人际关系紧张？

◆ 你是否曾因缺乏沟通技巧而在商务谈判中被迫一再退让？

◆ 你是否曾因口才欠佳、不善表达而难以激励团队，扩大自己和企业的
　 影响力？

本书将帮你达到的**8**项技能

1 走出思想的窠臼，思考新观念，获得新视野，发现新抱负。

2 快速容易地赢得朋友。

3 让你更受人欢迎。

4 让别人赞同你的观点。

5 增加你的影响、你的名声以及处理事情的能力。

6 处理抱怨，避免争论，让你的人际关系融洽愉悦。

7 成为一个出色的说话者，一个更令人愉悦的交谈者。

8 在你的同伴中激发出热情。

卡耐基作品已被翻译成近百种语言，让全世界亿万读者受益。

从本书获得最大教益的**9**条建议

为了从本书获得最大教益，你必须做到：

① 培养一种深刻而强烈的、掌握为人处世原则的欲望。

② 在阅读下一章之前，将前面的章节读两遍。

③ 阅读的时候，要经常停下来问自己，如何才能运用各项建议。

④ 在每个重要的观点旁边做记号。

⑤ 每个月温习本书一次。

⑥ 抓住每一个可以运用这些原则的机会。将本书作为帮助你解决日常问题的实用手册。

⑦ 每当你违反某一项原则而被你的朋友抓到时，给他一点钱，使你的学习成为一种活泼有趣的游戏。

⑧ 每个星期对你的进步检查一次。问自己曾犯了什么错，有什么改进，有什么教训，将来该如何做。

⑨ 在书后面做记录，写下你在什么时候、如何应用这些原则的。

卡耐基演讲艺术与魅力口才

[美] 戴尔·卡耐基◎著

刘　祜◎译

天津社会科学院出版社

图书在版编目（CIP）数据

卡耐基演讲艺术与魅力口才 /（美）卡耐基著；刘
祜译. — 天津：天津社会科学院出版社，2014.5
　　ISBN 978-7-5563-0014-3

　　Ⅰ.①卡…　Ⅱ.①卡…②刘…　Ⅲ.①演讲—语言艺
术—通俗读物②口才学—通俗读物　Ⅳ.①H019-49

　　中国版本图书馆CIP数据核字（2014）第091469号

出版发行：天津社会科学院出版社
出　版　人：钟会兵
地　　　址：天津市南开区迎水道7号
邮　　　编：300191
电话／传真：（022）23366354（总编室）
　　　　　　　　（022）23075303（发行科）
网　　　址：www.tass-tj.org.cn
印　　　刷：北京亚通印刷有限责任公司

开　　本：787×1092毫米　1/16
印　　张：17
字　　数：302千字
版　　次：2014年7月第1版　2015年5月第2次印刷
定　　价：29.80元

目 录

目 录

前　言

通往成功的捷径

罗维尔·托马斯[*]

在一个寒冷的冬天的晚上，美国宾夕法尼亚饭店大舞厅内聚集了来自美国各界的 2500 名成功人士。才 7 点半钟的时候，舞厅内早已坐满了人，但是直到 8 点还仍然有许多人陆陆续续走进舞厅，而且大家兴致都非常高。没过多久，宽敞的大舞厅内就挤满了人，人们开始挤占没有座位的空地。

为什么这些人在经过一天的工作劳累之后，晚上还要跑到这里来站上一两个小时呢？难道他们是来看时装表演的吗？或者他们是想来看一场自行车比赛？或者是著名的演讲家克拉克·盖博亲自登台发表演说呢？

都不是。这些人都是因为看了一则报纸广告，才纷纷赶来这里的。

两天前，这些人阅读《纽约太阳报》时，一整版广告映入了他们的眼帘：

你想增加你的收入吗？

你想流利地表达你的想法吗？

你想做一个成功的领导者吗？

也许你以为这又是老一套的骗人伎俩。但是，不论你是否相信，就在地球上这座最繁华的都市，虽然有 25% 的人处于失业，而且经济十分萧条的情况下，竟然有 2500 人被这份广告打动了，并来到了宾夕法尼亚饭店。

要知道，这份广告可不是刊登在什么时尚报纸杂志上，而是刊登在当地一家最保守的晚报《纽约太阳报》上。而且前来饭店的人士，在美国全都属于上流社会，他们当中大多数是高级管理人员、公司老板、专业技术人员，而且他们的收入都在 2000 美元至 50000 美元之间。

这些人来这里，究竟是出于什么目的呢？原来，他们是来听一个最现代、

---

[*] 罗维尔·托马斯，与卡耐基同时代的美国著名记者、编辑兼作家，一生著述甚丰，有 25 本书流传于世，卡耐基曾当过他的助手，随他到美国和欧洲各地旅行演讲。

最实用的"为人处世技巧"的演讲——这次演讲由戴尔·卡耐基研究中心主办。

为什么这 2500 位成功人士要到这里来听这样一场演讲呢？是不是因为经济危机的压迫而使他们突然产生了求知欲呢？

显然都不是！在此之前 20 多年，这个演讲每个季节都在纽约举行，而且经常是每场爆满，前来听讲的人几乎挤得水泄不通。其实，已经有 15000 名商业界和专业技术领域的人士接受过戴尔·卡耐基的训练；甚至一些规模庞大、向来属于传统、保守行列的公司或组织，如西屋电气公司、麦格劳—希尔出版公司、布鲁克林联合瓦斯集团公司、布鲁克林商业协会、美国电气工程师协会、纽约电话公司等，为了保护他们公司及员工的利益，也专门开设了这种成人培训课程。

其实，这些人离开学校已经有 10 几年、20 多年了，他们再来接受这种训练，难道不是对我们教育制度的一种生动而鲜明的批判吗？

因此，现在摆在我们面前的一个重要问题，就是这些成年人到底想学习什么？于是，芝加哥大学为此联合了美国成人教育协会、基督教青年会在各地创办的学校，开展了一项耗资 25000 美元、为期两年的调查研究。这项调查研究的结果表明，成年人最关心的问题有两个：

一是身体健康——如何保持健康和长寿；

二是如何加强人际关系——也即为人处世的方法和技巧。

也就是说，这些人既不想成为演说家，也不想听什么心理学方面的专业知识，他们只想学到一些可以立即应用到商业交往、为人处世、家庭生活中的现实而有效的建议。

得出这两个结论之后，调查人员开始四处寻找，为这些人提供他们想要的东西。可是调查人员找遍了所有的教科书，却没找到一本有用的！他们发现，至今还没有人写过一本关于如何处理人际关系问题的书。

这真是太奇怪了！千百年来，关于各种学术研究的著作不仅水平高深，而且数量极多，但对于成年人来说，他们对这种书根本不屑一顾，而他们极其渴望获得的知识，却没有人指点迷津。

读到这些之后，你也许能明白，为什么这 2500 名成功男女在看了报纸上的广告之后，会如此兴致勃勃地涌进宾夕法尼亚饭店——因为他们找到了渴望已久的东西。

事实上，这些人以前也曾在学校和图书馆读了许多书，本以为只有知识才是出人头地、走向成功的唯一途径。可是在工作若干年之后，他们终于发现，在事业上最成功的人，除了知识之外，还具有善于沟通、说服他人、向别人推销自己的才华。因此他们发现，要想在本行业获取成功，人际交往、善于与人沟通和自我表达能力往往比大学文凭和书本知识更管用。

《纽约太阳报》刊登的那份广告宣称，在宾夕法尼亚饭店的演讲肯定会给前来听讲的人带来极大的娱乐享受。事实上也果真如此。

10多位以前曾听过这一演讲的人被请到了演讲台上。他们每个人都有75秒钟的时间，通过话筒向人们讲述自己的亲身体验。记住，他们每个人只有75秒钟！时间一到，主持人就会用力敲木槌，喊道："时间到！请下一位！"

演讲现场的气氛，就像马群在草原上奔跑一样，热烈异常。台下听众站在那里将近两个小时，一点都不觉得累，他们全都着了迷。

在台上演讲的那些人，来自美国商业领域的各个阶层：连锁商店的高级职员、面包制造商、商业协会会长、银行家、卡车推销员、化妆品推销员、保险推销员、制砖厂经理、会计师、牙科医生、建筑师、威士忌酒推销员、牧师、药剂师、律师。他们全都是从不成功者走向了成功，并且在附近一带小有名气，有的人后来甚至成为美国政治舞台上举足轻重的人物。

在这次演讲中，第一个上台的是帕特里克·奥黑尔。奥黑尔出生在爱尔兰，只上过4年学，后来到了美国，曾当过机械师和私人司机。当奥黑尔40岁时，家里的人越来越多，当然也需要更多的钱来养家糊口。于是，他开始推销卡车轮胎。可是，正如奥黑尔自己所说的，他十分自卑，以至于见了生人时连头都不敢抬。

奥黑尔每次上门推销时，总要在客户门口来来回回五六次，才敢推门进去。可想而知，他的推销成绩当然很不理想。就在他想去一家机械厂工作时，突然收到一封信，请他去听戴尔·卡耐基的演讲。

奥黑尔开始并不想去，因为他担心自己不能和那些有着大学文凭的人愉快地相处。但是他禁不住妻子的劝说，总算是鼓起勇气，走进了演讲厅。他妻子对他说："这也许会给你带来帮助的。亲爱的，上帝知道你需要这些东西。"

他刚开始当众讲话时，既害怕又心慌，不知该说什么才好。没过几个星期，他不再害怕面对听众了，而且他很快发现自己竟然喜欢演说，并且听众越多越有精神。接下来，即使是单独面对面的会谈，他也不胆怯了，当然更不再害怕面对顾客了。

奥黑尔的收入逐渐增加。今天，他已成为纽约的明星推销员。这天晚上，帕特里克·奥黑尔面对宾夕法尼亚饭店大舞厅中的2500名听众，全面详细地讲了他的亲身经历和成就。整个会场上笑声不断，十分热烈。可以说，还没有几个职业演讲家能有他这么出色的表现呢。

第二位上台演讲的人是一位满头白发的银行家葛德菲·迈尔，他还是11个孩子的父亲。他说："当我第一次上台讲话时，手足无措，呆若木鸡。"而现在呢？他却生动地讲述了他的经历，描述了一个善于言辞、演说的人是如何走向成功的。

迈尔在华尔街工作。25年来，他一直住在新泽西的克里夫顿，并且一直很积极地参加地方性的活动，结识了不下500人。当迈尔参加卡耐基的培训课程之后不久，他收到了美国国家税务局寄来的一张催税单。他认为这种税征收得很不合理，因此立即火冒三丈。如果是在以前，迈尔最多也就是一个人在家里发发牢骚，但那天他却来到了镇民大会上，当着上千人的面，发泄了他的不满和怒火。

迈尔这次富有激情的演讲获得了极大的赞同，这使新泽西州克里夫顿的居民都建议他去竞选镇民代表。于是，在接下来的几个星期，迈尔四处奔波，到处痛斥政府的浪费和奢侈行为。竞选结果公布之后，迈尔的得票数在96位当选代表中名列第一。于是，迈尔在一夜之间成了当地民众瞩目的人物。

迈尔一连几个星期都在发表演讲，通过这些演讲，他赢得了许多朋友，甚至比他以前所有的朋友还要多80倍。而他作为镇民代表所得到的报酬，是他一年投资的10倍。

第三位上台演讲的，是一个规模庞大的全国性食品制造商协会的主席。他讲了他以前的经历，说他甚至不敢在公司董事会上发言。在参加当众讲话与有效沟通的培训课程之后，他身上出现了惊人的变化：他很快就被推选为全国食品制造商协会主席，而且以这一身份在全国各地主持会议。他每次演讲的内容，都被美联社摘要发表在报纸杂志上。

在参加培训课程两年之后，他为自己公司和产品所做的免费宣传，比他从前花25万美元做广告所获得的效果还要大。他说："我以前都不敢打电话邀请别人共进午餐，自从我通过演讲赢得了巨大的声誉之后，社会上层人士开始主动打电话给我，约我出去共进午餐或晚餐，并为打扰我、占用我的时间而向我道歉。"

他的演讲显然成为他出名的助推剂。他成了一位名人，而且令人瞩目。可见，一个讲话深得人心的人，往往会赢得别人对他的高度评价，这种评价甚至会超出他本应有的才华。

现在，美国的成人教育已经非常普及了。这一运动的最有力推动者，正是戴尔·卡耐基先生。他比任何其他人听过、评论过更多的演讲。在利普莱写的《信不信由你》这本书中，作者曾提到卡耐基评论过15万场演讲。如果你还是感到不清楚的话，就请算一算这个数字代表了什么：自从哥伦布发现美洲大陆以来，卡耐基先生几乎每天都听一场演讲；或者换一种说法，卡耐基听过的所有演讲，如果每个人只讲 3 分钟，那么卡耐基也要日夜不停地听上整整一年。

戴尔·卡耐基的人生道路历经挫折，这也有力地证明了一个道理——富有创新思想和满腔热情的人，将会取得什么样的成就。

卡耐基出生在密苏里州一个小村庄，距离铁路有 10 英里远。卡耐基在 12 岁之前从来没有见过电车，可是现在已经 46 岁的他，从香港到哈摩费斯特，足迹已经遍及了全球。有一次他还到了北极附近。

这个来自密苏里州的孩子，曾帮别人摘草莓、打野草，但每个小时才挣 5 美分。可是他现在给美国各大公司的高级职员进行培训时，一分钟的报酬却是以前的 20 倍。

这个乡下孩子以前曾替人放牛，但他后来应威尔士亲王的邀请，到达了伦敦，在众人面前显示了他的才华。然而，他最初在众人面前演讲时，接遭遇五六次挫折，后来他成为我的私人经纪人。我的成功，也主要归功于他主持的培训。

卡耐基年轻的时候，不得不为接受教育而奋斗。由于他家所在的地区厄运不断：船被洪水冲走、船也经常因为相互碰撞而沉入河底、河水泛滥而导致颗粒无收、猪染上瘟疫死亡……这一切还都不算，银行也逼上门来，要把卡耐基一家赶出家门，好没收被抵押的房子。

于是，老卡耐基只好卖掉农场，迁到密苏里州华伦斯堡州立师范学校附近，又在这里购置了一个农场。由于卡耐基没钱在镇上居住，因此他每天都要回农场住，第二天早上再骑马走 3 英里路去上学。回家时，他还要干挤牛奶、伐木、喂猪的活，晚上则在昏暗的油灯下学习拉丁文，直到眼睛困得睁不开为止。

即使卡耐基在午夜时才上床睡觉，他也必须将闹钟定在凌晨 3 点。因为他父亲养了一种良种猪，小猪仔经受不住严冬的夜晚，每天凌晨 3 点钟都要给它们喂一次热食才能御寒，所以只要闹钟一响，卡耐基就得起床去喂小猪，然后再把它们抱回炉灶边温暖的地方。

在州立师范学校的 600 名学生中，只有五六个人没有在镇上住，戴尔·卡耐基就是其中之一。他每天下午必须骑马赶回农场去帮助父亲干活。当时，卡耐基穷得只能穿一件很瘦很小的衣服，裤子也很短，这使他感到了羞耻，并产生了严重的自卑心理。于是，他立志要出人头地。很快他就发现，在学校中名望最高的人，一般都是那些足球队员和棒球运动员，此外还有在辩论和演讲中获奖的人。

他知道自己没有体育天赋，于是决心在演讲方面出人头地。为此，他做了好几个月的准备，在马背上练习，挤牛奶时也不放弃。有一次，他爬上一个大草堆，一个人手舞足蹈地大声演讲，连附近的鸽子都被吓得飞走了。

然而，尽管卡耐基做好了充分的准备，起初还是接连遭受失败。当时卡耐基只有 18 岁，正处于人生中极其敏感，而且情绪极易波动的年龄。他对自己失望到了极点，甚至想到了结束生命。但事情随后出现了变化——他开始在演讲中获胜，后来几乎每次都能赢对手，连以前那些曾指导过他的同学也都败给了他。

大学毕业后，卡耐基开始在内布拉斯加州的西部和怀俄明州的东部地区上成人大学的函授课。他的激情和活力无穷无尽，但他的事业似乎并没有什么进展。他有些失望，有一次大白天竟然躺在宾馆的床上痛哭流涕。

卡耐基希望回到原来的学校，以摆脱生活的冷酷和无情。但这说起来容易做起来难！他决定去奥马哈寻找另外的工作。但他没有钱买火车票，于是找到一个货车司机，和对方谈好条件，一路上为对方喂养两车厢的野马，让对方免费带他到奥哈马。到了那里之后，卡耐基找了一份推销咸肉、肥皂和猪油的工作。

由于他的销售区经济很不发达，所有的东西都很难推销。他一路上搭便车或骑马，晚上干脆就睡在简陋的旅舍中。只要有时间，他就阅读推销方面的书，并学习如何收账。当一家客户无钱支付账款时，他就采取变通的方法，从这家店铺拿了 19 双鞋，卖给铁路局的人，然后把钱寄给公司。

卡耐基经常每天走上百里路。每当他搭乘的货车停在一个地方装货或者卸货时，他就去镇上向人推销，获得几份订单。当货车即将启动时，他又急急忙忙赶回车站，跳上正在开动的货车。他就这样干了两年，把一个几乎没有什么销售利润的地区变成了全公司利润最高的地区。公司老板见卡耐基工作努力，有意提拔他，但他拒绝了老板的好心，还辞职不干了。

辞职之后，卡耐基又来到纽约，到了美国戏剧艺术学院求学，并在戏剧《剧团的宝丽》中扮演过哈里特博士。但卡耐基并没有演戏的天分，他不久也知道了这一点。于是，他又重操旧业，干起了推销，不过这次是为派克公司推销卡车。

但是卡耐基完全不懂机械，对推销也毫无兴趣。他过着很不愉快的日子，每天不得不强迫自己去推销卡车。然而，他又非常渴望有时间读书，能写出他曾在师范学校计划要写的书。于是，他又放弃了推销工作，专门从事写作，只靠在夜校教书挣来的一点钱维持生活。

卡耐基能在夜校教什么课程呢？他回顾过去，发现自己在大学时代接受的当众演讲方面所受到的训练带给他的信心、勇气、镇静以及为人处世的能力，比大学其他所有的课程对自己的帮助都更大，于是他竭尽全力说服了纽约基督教青年会，让他为当地的商业界人士开设一门演讲课。

什么？这简直太荒谬了！让商人也成为演讲高手？学校非常清楚这样做的结果，因为他们以前也开过这类课，可是没有成功的先例。不过学校总算答应了卡耐基，但拒绝付给他固定的报酬。卡耐基就和学校约定，如果有利润的话，他将按开课所得到利润的一定比例来抽取佣金——结果，他每个晚上开课所赚的钱是3美元，而不是原来固定的2美元。

随后，这一课程越开规模越大，而且其他城市的基督教青年会也知道了此事。不久，戴尔·卡耐基就声名远扬，当起了巡回演讲训练导师。他经常往来穿梭于纽约、费城、巴尔的摩之间，后来又到了伦敦和巴黎。

由于前来上课的商业界人士都认为，他们以往接触过的这方面的教科书都太教条了，根本不实用。因此卡耐基坐下来认真思考，并根据自己的实践经验和体会，写了《人性的弱点——如何影响他人并赢得朋友》，这本书后来成了美国所有基督教青年会、银行联合会，以及全国信托协会的正式教材。

戴尔·卡耐基说，任何人一旦生气之后，就会言辞巧捷，变得很会说话。他说，如果你在镇上一拳打倒一个最笨嘴笨舌的人，他会立即站起来与你理论一番，而且一点都不亚于第一流的演讲家。他认为，无论什么人，如果有足够的自信，而且内心有表达的冲动的话，那么他一定会说得十分动人。

卡耐基认为，培养自信的最佳方式，就是做平时不敢做的事，从而获得成功的经验和体会。因此，他每次上课时，都会让每一个学员开口说话。听课的人都有相似的困难，都不敢当众讲话。在这种情况下，大家从不会相互取笑。经过卡耐基的训练，他们逐渐培养起了勇气、信心和热忱，并将这些内在精神融入他们的谈话当中。

戴尔·卡耐基不仅仅是在开演讲课，他更主要的是在帮助人们克服恐惧心理，培养自信和勇气。在参加这门课程的商业界人士中，不少人已经有30多年未走进教室，他们当中大部分人最初都是抱着试一试的态度，以分期付款的方式向卡耐基交付学费的，因为他们希望能够立即获得实效，而且第二天就能用于商业谈判或当众讲话中。

针对这种情况，卡耐基必须追求快速实效的演讲方式。结果，他开创了一套独特的，融演讲、推销、为人处世和实用心理学于一体的教育方式，开创了一门非常实用而有意义的课程。由于这门课程是如此管用，有些人竟从上百英里远的地方开车专程来上课，甚至有一个人每周都从芝加哥赶到纽约来听课。

哈佛大学著名教授威廉·詹姆斯说，普通人只利用了他潜能的十分之一。戴尔·卡耐基开设的这门成人教育课程，其目的就是真正帮助商业界人士发挥他们的潜能。卡耐基成功了，他也因此而享誉全世界，被誉为除了自由女神之外，"唯一能代表美国的人"。

第一篇

高效演讲的基本原则

每一门艺术中都会有一些基本原则和技巧。

在组成本书第一篇的各章中，我们会讨论高效演讲的基本原则和让这些原则产生实效的态度。

作为成人，我们会对快速容易的有效演讲感兴趣。快速产生实效的唯一途径，就是要有实现目标的正确态度和建立在其上的坚实原则基础。

第1章　获得当众演讲的基本技巧

　　我于 1912 年，也就是"泰坦尼克号"沉没在北大西洋冰海的那一年，开始教授当众讲话这门课程。如今，已经有 75 万多人从我这里毕业了。

　　当众讲话教程的第一堂课是示范表演。一些学员会上台讲他们为什么选这门课程，以及期望从这一训练中学到什么。尽管每个人都有不同的说法，但大多数人的原因和基本需求几乎如出一辙："面对众人讲话时，我会觉得浑身不自在，总担心不能清晰地思考，不能集中精力，甚至不知道自己究竟想说什么。我希望获得自信，能随心所欲地思考问题，逻辑清晰地归纳自己的思想，在商业场合和社交场合侃侃而谈，思路清晰而又不乏语言魅力。"

　　这番话听起来不觉得耳熟吗？你是否有过这种心有余而力不足的感觉？你不希望自己在演讲时口若悬河，侃侃而谈，令人折服吗？现在你正在翻开这本书，说明你也希望获得这种成功演讲的能力。

　　我知道你想说什么。我猜想你一定会问我："卡耐基先生，你真的认为我能培养自信，面对众人时能口齿流利地对他们演讲吗？"

　　我这一生几乎全都用于帮助人们消除恐惧、培养勇气和自信。在我班上发生的种种奇迹，可以写出几十本书。因此，你问的问题不在于我"认为"；如果你能根据书中的方法和建议去练习，那么你一定能做到。

　　为什么站在众人面前就不能像坐着那样冷静地思考呢？为什么当众站起来讲话，你的胃部就会翻腾，身体就会不停地发抖呢？这些问题肯定是可以克服的，只要接受训练和练习，你就会消除面对听众的恐惧，并充满了自信。

这本书将帮助你实现这一目标。它不是一本普普通通的教科书。它既不罗列一大堆说话的技巧，也不教你如何出声发音，而是致力于用具体的方法来训练人们如何成功演讲。它以你现有的基础为起点，逐渐使你成为自己想成为的人。而你所需要做的就是合作——遵循书中的各种建议，并将它们应用于一切需要说话的场合，并且坚持不懈。

为了从本书获得最大教益，并对它有一个快速了解，以下四条指引十分有用：

一、学习别人的经验，激发自己的勇气

不论是否处于被囚禁的状态，没有任何一种动物是天生的大众演讲家。在历史上某些时期，当众演讲是一门精致的艺术，要求谨遵修辞法与优雅的演讲方式，因此想成为一名优秀的演讲家十分困难。但现在我们却将当众讲话看作一种范围有所扩大的交谈，从前边说边唱的演讲方式和如雷贯耳的声音已经永远过去了。我们无论是在晚餐聚会上，还是在教堂做礼拜、在家里看电视听收音机，都更愿意听到率真的语言，根据常理来思考，诚恳地交流，而不是对着我们夸夸其谈。

当众讲话并不是一门封闭的艺术，它并不像许多教科书中所说的那样，必须经过多年的美化声音以及艰苦的修辞训练之后才能掌握。我的教学生涯几乎全都致力于向人们证明：当众讲话很容易，只要遵循一些简单却又重要的规则就可以。当我于 1912 年在纽约市第 125 大街的基督教青年会开始从事成人教育时，和最初的学员一样懵懂无知。我最初教这些课的方法和我自己在密苏里州华伦堡学院所接受的教育大同小异。但我很快就发现自己错了：我竟然将那些商场人士当成了大学新生。我发现以演讲大师韦伯斯特、布克皮特及欧·康奈尔等人为模仿的例子，对他们毫无裨益。我的学员需要的是在下次商务会议上有足够的勇气站起来，做一番明晰而连贯的报告。

于是，我抛掉了教科书，站在讲台上，只教给他们一些简单的概念，直到他们的报告词达意尽，充满自信。这个办法果然有效，因为他们毕业后又再回来学习了。

我希望大家有机会去我家或我在世界各地的代表的办公室，看看学员寄给我的信。这些信来自企业界的领袖，他们的大名常常见诸各大报纸，如《纽约时报》和《华尔街日报》，有的来自州长、国会议员、大学校长和娱乐圈明星，还有更多的信来自家庭主妇、牧师、教师和青年男女，他们全都是一些默默无闻的普通人，以及企业中已经接受训练或尚未接受训练的主管人员、技术娴熟或生疏的工人、工会成员、大学生和职业女性。所有这些人都

觉得自己需要足够的自信心和在公众场合表达自己想法的能力。他们在这两方面都取得了一定成效而心存感激，所以给我写信表示感谢。

当我开始写这本书的时候，有一个叫根特的人立刻闪现在我的脑海里。在我教过的几千名学员中，我对他的印象很深。

根特先生是费城一名成功的企业家，他刚参加我的训练班不久就邀请我和他共进午餐。在餐桌上，他倾身向前，对我说："卡耐基先生，我曾有许多机会在公众场合说话，但我总是试图逃避。现在我是一家大学的董事会主席，必须经常主持各种会议。你认为我在迟暮之年是否还能学会当众讲话？"

由于在我的训练班上像他这样的人很多，因此，我向他保证，他一定能够成功。

大约3年后，我们又一次在企业家俱乐部共进午餐。我们在以前那个餐厅的同一张桌上吃饭，又谈起了从前谈过的话。我问他我的预言是否实现了，他微微一笑，从口袋里面掏出了一个红色的小笔记本，向我展示了未来几个月已经预定的演讲日程表。"有能力做这些演讲，"他承认，"演讲时所获得的快乐，以及我能为社会提供更多的服务——这些都是我人生中最高兴的事。"

事情还远不止于此。根特先生还得意地告诉我，他所在的教区曾邀请英国首相来费城演讲，负责向人们介绍这位旅美之行的杰出政治家的人不是别人，正是根特先生。

正是这个人，3年前还在这张桌子旁问我，他将来是否能够当众畅谈自如？

他的演讲技巧取得了如此神速的进步，是否超乎寻常呢？当然不是！像根特先生这样成功的事例何止千千万万。

让我再举一个例子：

几年前，布鲁克林有一位医生，我们姑且称其为科蒂斯先生，他有一次前往佛罗里达州度假，这个度假地点离著名的"巨人"棒球队的训练场不远。他本来是一名热心的球迷，于是趁此机会经常去看球员们打球，渐渐和这些球员成了好朋友。

一天，科蒂斯医生应邀参加一次球队的宴会。服务员给众人送上咖啡和点心之后，一些著名的客人被请上台讲话。这时，他听见宴会主持人说："今晚。有一位医学界的朋友在场。他就是科蒂斯医生。让我们欢迎科蒂斯先生上台，给我们谈谈棒球队员的健康问题。"

在事先没有任何心理准备的情况下，科蒂斯医生对这个问题是否有充分的准备呢？当然有。可以说他是这个世界上对这个问题准备最充分的人，因为他是研究卫生保健的专家，行医也长达1/3个世纪。他可以坐在椅子上，与周围的人侃侃而谈，甚至一个晚上也不必停下来。但是，如果让他站起来，面对一群人讲同样的问题，却不那么容易了。科蒂斯他立即变得心跳加速，不知所措。

科蒂斯努力让自己安静下来。然而，他的心脏这时仿佛停止了跳动一样。他一生从来没有公开演讲过，面对众人，他的脑海中各种思想仿佛都长着翅膀一样飞走了。

这可怎么办呢？参加宴会的人全都在鼓掌欢迎，大家也全都注视着他。但是科蒂斯只能摇摇头，表示谢绝。没想到他这一举动却引来了更热烈的掌声。

"科蒂斯先生！演讲！演讲！"大家的呼声越来越高。

在这种极其沮丧的情绪的支配下，科蒂斯医生知道，自己一旦站起来演讲，必将闹出极大的笑话。他只好站起来，默不作声地走了出去，并且感受到了深深的难堪和耻辱。

回到布鲁克林之后，科蒂斯做的第一件事，就是报名参加我的演讲训练课程，他再也不愿意陷入这种哑口无言的困境之中了。

像他这样的学员，正是我最希望碰到的，因为他有着迫切的需要，渴望提高自己当众演讲的能力。由于他这种愿望是如此的坚定，使他毫无怨言地刻苦练习，从不会漏掉一堂课。

这种努力所产生的进步，令他自己都感到惊讶，结果大大超出了他的期望值。上完第一阶段的课程之后，科蒂斯的紧张情绪就消失了，而且信心也越来越强。两个月以后，他的演讲就成了一大亮点，并且开始应邀到各地演讲。现在，他很喜欢演讲时的那份欣喜的感觉和所获得的荣誉，更庆幸自己在演讲过程中结交了许多朋友。

纽约市共和党竞选委员会的一名委员听了科蒂斯医生的演讲之后，立即决定邀请他为共和党发表竞选演讲。假如这位政治家知道他在一年前曾经因为害怕面对观众而张口结舌，不得不在羞愧之中离开宴会的话，那他一定会大吃一惊而难以相信的。

要想获得自信、勇气和冷静而清晰的思考能力，并不是大多数人所想象的那么艰难。这就像学打高尔夫球一样，只要有强烈的愿望和充分的准备，任何人都可以发挥自己潜在的能力。

我这里还有另外一个例子：

已故的格力屈公司董事长大卫·格力屈先生，有一天来我的办公室说："在我的一生中，每次面对众人讲话时总是惊恐万状。而我作为董事长，又不能不主持会议。我和各位董事都十分熟悉；大家围着桌子谈话时我能够对答如流。但是当我站起身时，就会有一种恐惧，一个字也说不出来。这种情况已存在多年了。我现在想知道你是否能给我一些帮助。我觉得十分严重，这种情况持续多年了。"

"噢，"我说，"既然你怀疑我是否能给你帮助，那你为什么还来找我呢？"

"只有一个原因，"他回答说，"我有一个会计，他专门为我处理私人账目。他原本是一个害羞的小伙子，每天进自己的办公室时必须经过我的办公桌。许多年来，他一直都是蹑手蹑脚的十分小心，双眼紧盯着地面，也难得说一个字。但是他最近却改头换面了，变得神采奕奕，走进办公室时也敢抬头挺胸了，并且还大大方方地问候我。我对他的这种变化十分惊讶，于是问他为什么会发生这种改变。他告诉我说他参加了你的训练课程。正是因为我亲眼目睹了这个小伙子的改变，我才来寻求你的帮助的。"

我对格力屈先生说，如果他能定期来上课，并且按照我的要求训练，不出几个星期，他就敢在大众面前讲话了。

"如果你真的能改变我，"他回答说，"那我可真的是全美国最快乐的人了。"

他坚持上课，并且进步神速。3个月后，我请他参加了一次宴会，地点是在阿斯特饭店舞厅，参加者有3000人。我让他谈谈在演讲训练中的获益情况。由于他事先有约会，他对自己不能前来表示歉意，但是第二天他又给我打电话说自己要来。他说："我把约会取消了。我很高兴为你演讲。我要告诉人们这次训练带给我的好处，用我自己的故事来激励人们，消除那些正在摧毁他们生活的恐惧。"

我只让他讲两分钟时间，结果他面对3000人说了11分钟。

类似的奇迹，我曾在班上亲眼目睹过几千次。我看到了许多人的人生也因为参加了这项训练而得以改观：一些人获得了梦寐以求的提升，而另一些人则在商场、工作和沟通中大大获利。有时候，一场演讲就足以办成一件重要的事情。我们来看玛利欧·拉卓的故事。

几年前，我意外地收到了一封寄自古巴的电报。电报中说："除非你给我发电报阻止我，否则我将立即赶往纽约，接受演讲训练。"落款人是玛利欧·拉卓。我不知道这个人是谁，从前也没有听说过他。

拉卓先生到了纽约。他说："哈瓦那乡村俱乐部准备为创始人的50岁生日举行庆祝大会，安排我在晚会上担任主持人，并为他颁发纪念杯。虽然我是一名律师，但从来没有公开发表过演讲。一想到要当众讲话我就害怕。如果把事情办砸了，我和我太太该有多难为情啊！这将会大大影响我在我的委托人面前的形象。因此，我特意从古巴来向你求助。但我只能待3周。"

在那3周时间内，我让玛利欧从一个班换到另一个班，每晚都要作三四次演讲。3个星期之后，他在哈瓦那乡村俱乐部的盛大宴会上发表了一场演讲，这场演讲如此精彩，《时代周刊》还专门在国外新闻栏目中做了特别报道，称他为"银舌演讲家"。

听起来像是奇迹，是吗？它的确是一个奇迹——是20世纪的人们克服恐惧的奇迹。

二、时刻不忘自己的目标

当根特先生说到他新掌握的当众讲话的技巧给他带来的极大乐趣时，我认为这也正是他获得成功的原因（这一因素比其他因素更为重要）。他的确遵循了我们的指导，毫不懈怠地完成了任务。但是，我相信他之所以能坚持下来，完全是出于一种自我需要，他想让自己成为一名成功演讲家。他将自己投入到了对未来的良好形象的塑造中，然后不懈地努力，终于梦想成真。这也是你必须做的。

集中全部精力，时刻不忘自信与侃侃而谈的演讲能力，对你而言十分重要：想想由此结交的朋友在社交方面对你的重要性，想想自己为大众、为社会服务的能力将大大增强，想想它对你的人生和事业所产生的深远影响。总之，它将为你领袖群伦铺平道路。

国家现金注册公司董事会主席、联合国教科文组织主席艾林，在《演讲季刊》中发表了一篇文章《演讲与领导在事业上的关系》。他说：

"在历史上从事商业的人当中，有不少人是凭借在演讲方面的杰出表现而获得赏识的。许多年前，有一位青年，他当时主管堪萨斯一个小分行，但是当他发表了一场精彩的演讲之后，今天成了我们公司负责业务的副总裁。"

我正好还知道，这位副总裁是现任国家现金注册公司总裁。

能够从容不迫地站起来演讲，将使你的前途不可估量。我的一名学员亨利·布莱克斯通是美国舍弗公司的总裁。他说："和别人进行有效的交谈，并争取他们的合作，是我们所寻找的追求进步的人应具备的宝贵财富。"

想想，当你充满了自信，站起来与听众们共同分享你自己的思想和感觉时，该是多么的满足和舒畅啊！我曾多次做环球旅行，深知一个道理，那就是用语言的力量影响全场听众的那种愉悦感是其他任何事物都不能相比的。你会有一种力量感、一种强大感。有一位毕业生曾这样说："在演讲开始的前两分钟，即使用鞭子抽打我也无法开口。但到结束前的两分钟，我情愿挨枪子儿也不愿停下来。"

现在，闭上你的眼睛想象一下：面对听众，充满自信地走上演讲台，听听开场后全场的鸦雀无声，感觉一下听众们在你深入浅出、一语中的时的那种全神贯注，感受一下当你离开演讲台时听众们掌声的温馨，并带着微笑接受大家对你的赞赏。请相信我，这里有一种魔力和一种永难忘怀的惊喜。

哈佛大学最卓越的心理学教授威廉·詹姆斯曾写过六句话，它们对你的一生可能会产生深远的影响。这六句话就是阿里巴巴勇探藏宝穴的开门秘诀：

不论什么课程，只要充满热情，就可以顺利完成。

如果你对结果足够关注，你就一定会得到它。

只要你想做好，你就一定能做好。

如果你渴望致富，你便会拥有财富。

如果你想博学，你就会学富五车。

只有真正地渴望这些事情，你才会心无旁骛，而不会白费心思、胡思乱想许多不相干的杂事。

学习有效地当众讲话，其好处不仅仅是可以做正式的公开演讲。事实上，即使你一辈子都不需要正式公开演讲，但接受这种训练仍有许多好处。例如，当众演讲训练可以帮助你培养自信。因为一旦你发现自己能够站起来，有条不紊地对着众人说话，那么当你和别人谈话时，一定会更有信心和勇气。很多来上我的"高效演讲"课程的人，大多是因为在社交场合中感到害羞和拘束。当他们发现自己站着和同事讲话天也不会塌下来时，便会发现自己的拘束是多么可笑。他们在训练中培养出来的自然洒脱，让他们的家人、朋友、事业伙伴和顾客刮目相看。许多毕业的学员也都是因为看到身边的人个性发生了巨大的变化才来上课的。如格力屈先生就是这样。

这种类型的训练，也会在不同方面影响人的个性，但不会立即显现出来。不久前，我曾问大西洋城一位外科医师、美国医学会会长大卫·奥尔曼博士，就心理和生理健康而言，接受当众演讲训练有什么好处？他笑着说："回答这个问题，最好是开一个处方，这个处方在药房里是抓不到药的，每个人得自己给自己配药；如果他认为自己不行，那他就错了。"

我桌上就放着这份处方，我每读一次，就觉得有所收获。以下便是奥尔曼博士开的处方：

"努力培养一种能力，让别人走进你的脑海和心灵。试着面对单独的人，或者在大众面前清晰地表达你的思想和理念。当你通过这种努力获得进步时，你便会发觉：你——你真正的自我——正在塑造一个别人以前从未见过的崭新的形象。

"你可以从这个处方中获得双倍的益处。当你试着和别人讲话时，你的自信心也会随之增强，你的性格也会变得越来越温柔美好。这就意味着你的情绪已经渐入佳境。既然情绪渐入佳境，那么身体也就会随之好起来。在我们这个世界，不论男女老少都需要当众讲话。我并不清楚这在工商业中究竟会带来什么利益，但我听说它们有无穷的好处。不过我的确了解它对于健康的益处。只要一有机会，就对几个人或许多人说话——你将会越说越好，我自己就是这样。同时，你会感到神清气爽，觉得自己完美无缺，而这是你从前所感受不到的。

"这是一种美妙的感觉，没有任何药物能给你这种感受。"

因此，第二项指引便是想象你自己正在成功地做着你目前所害怕的事，想象你已经能够当众说话并且被接纳，由此获得了很多益处。牢记威廉·詹姆斯的话："假如你对结果足够关心，你一定会实现它。"

三、下定成功的决心

有一次在一个广播节目中，我被要求用三句话来说明我曾学到的最重要的一课。我是这么说的：

"我所学过的最重要的一课，就是我们的思想非常重要。如果我知道你的所思所想，就能了解你这个人，因为正是你的思想造就了你。通过改变我们的思想，就能改变我们的一生。"

你的目标已经指向了建立自信和进行有效交谈。那么，从现在开始，你就要积极地设想自己的这些努力终将会成功。你必须对自己当众演讲的努力成果保持轻松乐观的态度。一定要把你的决心烙在每个词句、每项行动上，竭尽全力培养这种能力。

这里有一个故事，可以作为这一观点的强有力证明：任何人如果希望迎接语言表达的挑战，就一定要具备坚毅的决心。这个故事里的这个人，现在已经登上了企业最高层而成为商界的传奇人物。但是他在大学第一次站起来讲话时，却因为不善言辞而失败了。当时，老师规定每个人5分钟的演讲，他讲了不到一半，就脸色发白，不得不含着眼泪匆匆走下讲台。

虽然有这样的不幸经历，但他不甘心被击倒。他决心要成为一个优秀的演讲家，并且不懈地努力，最终成了世人尊敬的政府经济顾问。他名叫克劳伦斯·蓝道尔。在他富有思想性的作品之一《自由的信念》中，他提到了当众演讲的情况：

"我的演讲安排得十分紧凑，要参加各种聚会，如厂商协会、商务部、扶轮社、基金筹募会、校友会以及其他团体举办的聚会。我曾在密歇根州的艾斯肯那巴发表爱国主义演讲，谈到我投身于第一次世界大战的事；我还和米基·龙尼进行巡回慈善演讲，与哈佛大学校长詹姆士·布朗特·柯南及芝加哥大学校长罗伯特·哈钦斯进行教育宣传；我甚至还曾以糟糕的法语发表过一次餐后演讲。

"我认为我了解听众想听什么，以及他们喜欢听到这些内容如何被讲出来。对于肩负重任的人来说，这里面的窍门就是，只要愿意学，就没有什么学不会的。"

我与蓝道尔先生深有同感。成功的决心，正是决定你能不能成为一个有效说话者的关键因素。如果我了解你的心思，知道你的意志强度，以及你是否有乐观的态度，那么我就几乎可以准确地预测你在改进沟通技巧上会有多快的进步。

我们看下面这个学员的例子：

在我中西部的一个班上，一位学员在第一天晚上就站起来信心十足地说，他不满足于当一名房屋建造商，他要做"全美房屋建筑协会"的发言人。他最想做的是在全国各地奔走，将他在房屋建筑业中遭遇的问题与获得的成就告诉人们。乔·哈弗斯蒂真的说到做到，他也正是那种让老师高兴的学生，有着狂热的追求。

他想讲的，不仅仅包括地方性的问题，还包括全国性的问题。对于这个想法，他没有三心二意，而是详细地准备自己的演讲，并认真地练习，从没有耽搁一堂课，即使是遇上一年中最忙的时节，他仍然一丝不苟地按照要求去做——结果他的进步连他自己都感到吃惊。在两个月内，他就成为班上的佼佼者，被选为班长。

大约一年以后，在弗吉尼亚州的诺佛克市管理这个班的教师这样写道："我已经完全忘了来自俄亥俄州的乔·哈弗斯蒂。有一天早晨，我正在吃早餐，我打开了《弗吉尼亚指南》，里面竟然有一幅乔的照片和一篇称赞他的报道。前天晚上，他在一次地区建筑商的盛大聚会中发表了精彩的演讲。我看到这时的乔可不仅仅是全国房屋建筑协会的发言人，简直就是会长！"

因此，要想成功演讲，就必须有强烈的欲望：高度的热忱，翻越高山的坚强毅力，以及相信自己一定会成功。

当裘里斯·恺撒从高卢奔驰而来，穿越海峡，率领他的军团登陆英格兰时，他是怎样确保自己的军队成功的呢？他想出了一个非常聪明的办法：他把军队带到了多佛海峡的白岩石悬崖上，让士兵们望着自己脚底下两百英尺的海面上曾运送他们渡海的船只被火焰吞没。由于置身敌国，与大陆的最后联系已经断绝，退却的工具已经被焚毁，唯一可做的事情就只有前进！征服！恺撒和他的军团就这样成功了。

这正是不朽的恺撒精神。当你想征服面对听众的恐惧时，为何不把这种精神用于自己身上呢？把消极思想全都扔进熊熊烈火中，并把身后通往犹豫退缩的大门紧紧关上。

四、抓住一切练习演讲的机会

第一次世界大战前，我在第 125 大街基督教青年会教的课程已经有了变化，不再像当年的情况。每年都会有新观念加入课程，而那些旧思想则被淘汰。但是有一点却一直没有改变，那就是每个学员至少要当众演讲一次，很多时候都是两次。为什么这样做呢？因为不当众说话，谁都不可能学会如何当众演讲，这好比一个人不下水就永远学不会游泳一样。就算你读遍了所有关于当众演讲的著作，包括本书，也仍然开不了口，对你也没有任何帮助。本书只是指引，你得付诸实践。

说话的机会随处都有，你不妨参加一些组织，从事一些需要讲话的工作。你可以在聚会上站起来说上几句，哪怕只是附和他人也好。开会时不要躲在角落里。说话吧！去教堂为人讲道！或者做一个童子军的领队，或者加入一个有机会参加各种聚会的团体。你只要看看自己周围，便会发现没有哪个工作和活动是不需要开口说话的，甚至连住宅小区里的活动也是如此。如果你不说话，就永远不知道自己会有怎样的进步。

"这些我也都明白，"一位年轻的商务主管曾对我说，"可我总是担心学习的严峻考验。"

"严峻考验？"我说，"赶快丢掉这种想法。否则你永远不会用正确的征服性的精神来看待这个问题。"

"那是什么精神？"他问。

"就是冒险精神呀！"我告诉他。接着我又对他谈了一些通过当众演讲而获得成功，并且使个性也因此开朗起来的真实例子。

"我也要试试，"他最后说，"我要去从事这项冒险。"

当你继续阅读此书，并将其付诸实践的时候，你也是在冒险。你将会发现，在这项冒险活动中，你的自我引导力量和观察力将会给你帮助。你还会发现，这项冒险会从里到外彻底改变你。

附：萧伯纳七十寿辰演讲

萧伯纳是世界著名文学家、诺贝尔文学奖获得者，但同时又是一位著名的演讲家。当有人问萧伯纳是如何获得气势逼人的当众演讲的经验时，他说："我借鉴了自己学滑冰的方法——固执地让自己一个劲儿地出丑，直到学会为止。"

萧伯纳年轻时，是伦敦最胆小的人之一，当他去找人时，常常在走廊上徘徊20分钟或更长时间，才敢鼓起勇气敲门。他承认："很少有人仅仅因为胆小而痛苦，或者深深地为它感到羞耻。"

终于，他无意中使用了最好、最快而且最有效的方法来克服羞怯、胆小和恐惧。他决定把这个弱点变成自己最强有力的资本。他参加了一个辩论学会，只要伦敦有公众讨论的集会他都会参加。萧伯纳全身心地投入到社会主义事业中，四处演讲，终于把自己变成了20世纪上半叶最有信心、也最出色的演讲家之一。下面这篇他在自己七十寿辰上的讲话，体现了他犀利且勇敢的演讲风格。

近几年来，公众千方百计地向我发难。一无所获之后，他们又转而将我当作伟人来看待。这对任何人来说都是可怕的灾难。现在显然有人企图再来这套把戏。因此之故，对于庆祝我七十岁生日的活动，我完全拒绝发表任何意见。不过，当我的工党老朋友们邀请我来这里时，我知道一切都不会有问题。

但是，现在无论如何我们已经建立了一个立宪党，我们把它建立在社会主义的基础上。我的朋友西尼·韦伯先生、麦克唐纳先生和我一开始就明确说过，我们必须要做的，就是把社会党变成一个立宪党，任何可敬而虔诚的人都能在个人尊严丝毫不受侵犯的情况下加入该党。我们革除了一切陈规陋习，这就是为什么和任何激进主义者相比，政府目前更怕我们的原因。

我们的立场简单明确，我们极大的优势就在于理解我们的立场。我们以社会主义反对资本主义。

按照资本家的观点，完全可以保证这个国家的每个人都能有工作。他们不主张支付高工资，因为如果支付高工资，一个人一个星期就可以攒下足够多的钱，下个星期就不会工作了。他们决定以仅能糊口的工资让人们不停地工作，而另一方面，他们却能攫取一份资本增值。

他们认为，资本主义不仅为工人保证了这一点，而且由于确保了巨额财富掌握在一小阶层手中，不论他们是否愿意，都会把钱攒下来，不得不用于投资。这就是资本主义，而我们这个政府却一直在妨碍资本主义。政府既不为一个人提供工作，又不让他挨饿，而是在肯定他已经为得到救济而先付税金之后给他一点救济金。政府给资本家补助金，又制定各种破坏自己制度的规定。政府一直在做这些。我们告诉政府这是破坏，但政府却不理睬我们。

我们在批评资本主义时说：你们的制度自从公布以来，就从未坚持过自己的诺言。我们的生产是荒唐可笑的。当需要建造更多的房屋时，我们却在生产80马力的汽车。当孩子们正在挨饿时，我们却在生产最豪华的奢侈品。你们颠倒了本末。你们不先生产国家最需要的东西，却反其道而行之。我们说分配已经变得极其荒谬，以至于在我国4700万人口中，只有两个人赞成现行的分配制度——一个是诺森伯兰公爵，另一个是班布里勋爵。

我们反对那种理论。明白无误的社会主义理论指出，你们必须注意的问题是你们的分配。我们必须由此着手，而私有财产如果妨碍公正分配的话，就必须废除。

一个掌握公共财产的人，必须受到公众制约，这好比我挂着手杖一样，不能拿着它为所欲为。我不能拿它敲你们的头。我们说，如果分配存在问题，一切都会出问题，包括宗教、道德、政府等等。因此，我们说（这是我们社会主义的全部意义），我们必须从分配入手，采取一切必要的步骤。

我想我们都能牢记这一点，因为我们的任务就是关注世界上财富的分配。正如我刚才对诸位说过的，而且我还要说，我认为在我国4700万人口中，不会有两个人或一个人，会赞成现行的财富分配。我甚至要进一步说，在整个文明世界中，你们也不会找到哪怕是一个赞同现行财富分配制度的人。这种分配制度已经成为极其荒谬的东西了。

我认为，我们把自己同资本主义者区别开来的一天总会到来。我们必须向民众公布某些指导思想。我们应该宣布，我们为之努力的并非陈旧的再分配观念，而是收入的再分配。要让它始终成为一个收入问题。

今晚在这里我非常高兴。我们今晚的主席说，你们认为我享有崇高的社会地位，并有些个人影响，对这种褒奖我完全理解。我不是一个易动感情的人，但对这一切我很感动。我知道这一切的价值，在年届七十之际（人生不会有第二个70岁，因此我只能说一次），它使我能说出许多人不能说的话，这使我感到极其快乐。

第2章 培养演讲的信心

"卡耐基先生，我5年前来到你举办演讲的饭店，走近了大门却不敢进去。我知道如果进去参加了训练班，迟早就要当众演讲。因此我的手僵在门把手上，不敢进去；最后，我只好转身离开了。

"当时假如我知道你能让我轻易克服恐惧，克服那种面对听众的恐惧的话，我就不会浪费这5年了。"

说这番肺腑之言的人不是在桌对面讲话，而是正在对大约200名听众大发感慨。这是纽约一个培训班的毕业聚会，这位学员发表讲话时，我对他的镇定和自信印象极深。我想，这个人一定能凭借他学到的语言表达能力和自信心，极大地提高处理各项事务的技巧。作为他的老师，我很高兴看到他能勇敢地战胜恐惧。想想吧，如果他在5年或10年前就战胜了恐惧，那么他现在肯定会有更多的成功和更多的快乐。

爱默生说："和任何其他事物相比，恐惧更能击溃人类。"这是多么让人无奈的事实啊！感谢上天，它使我有能力帮助人们从恐惧中解脱出来。我于1912年刚开始授课时，一点也不知道这项训练竟然是帮助人们消除恐惧和自卑的最好方法之一。我发现学习当众说话，是一种天然的方法，它可以帮助人们克服紧张，建立勇气和自信心。为什么呢？因为当众说话让我们控制了自己的恐惧感。

通过多年来的训练，我获得了一些方法，可以帮助你很快克服上台演讲的恐惧，在短短几周练习之后就会有信心。

一、了解当众讲话恐惧的根源

实情之一：害怕当众讲话并不只是个别现象。大学调查表明，上演讲课的学生百分之八九十刚上课的时候都会有上台的恐惧。在我的成人教育班里，课程刚开始的时候，学员登台的恐惧比例更高，几乎达到了百分之百。

实情之二：一定程度的登台恐惧是有利的。它是让我们具备应付环境挑战能力的自然方法。所以，当你感到自己的脉搏加快、呼吸急促时，一定不要紧张。这是你的身体对外来刺激保持的警惕，它正在为即将到来的行动做准备。假如这种生理上的准备正好适度，你会因此而思考得更快，话也说得更流畅，反而会比在普通情况下说得更精彩。

实情之三：很多职业演讲者都承认，他们从来都没有完全消除登台的恐惧。几乎每一次演讲前他们都会感到害怕，而且会持续到刚开头的几句话。要想当赛马而不当驮马，演讲者必须付出这样的代价。有些演讲者常把自己比喻成"像黄瓜一样冰凉"，其实更确切地说是像黄瓜一样皮厚和富有激情。

实情之四：你之所以害怕当众讲话，主要是因为你不习惯。鲁滨逊教授在《思想的酝酿》一书中说："恐惧源于无知与不确定。"对大多数人来说，当众讲话正是一个不确定的因素，因此心里就不免焦虑和恐惧。特别是对新手来说，这是一连串陌生而复杂的环境，这远比学打网球或开汽车困难。只有通过千万次的练习、练习、再练习，才能把这种恐惧的状况变得单纯而轻松。那时你就会发现，只要有了成功演讲的经验，当众讲话就不再是一种痛苦，而是一种快乐了。

杰出演讲家、著名心理学家阿尔伯特·爱德华·威格玛克服恐惧的故事，自我初读以后就一直激励着我。他说，在读中学时，他被叫起来做 5 分钟的演讲，一想到这件事他就非常害怕。他写道：

"当演讲的日子快要到时，我就病倒了。只要一想到那件可怕的事情，我就会血冲脑门，脸颊发烧，只好跑到学校后边去，把脸贴在那冰凉的砖墙面上，好让脸上的绯红尽快消退。读大学时我还是这样。

"有一次，我小心地背下了一篇演讲词的开头。但是当我面对听众时，脑袋里突然轰的一下，就不知身处何处了。我好不容易才勉强挤出开场白：'亚当斯与杰斐逊已经过世……'然后再也说不出一句话了，我只好向听众鞠躬，在如雷般的掌声中心情沉重地回到我的座位上。校长站起来说：'唉，爱德华，我们听到这则悲伤的消息真是太震惊了。不过，我们会尽量节哀的。'接着是哄堂大笑。当时我真想以死来解脱，然后我又病了几天。

"我在这世上最不敢期望的，就是当一名大众演讲家。"

离开大学一年后，他到了丹佛市。1896 年。掀起了一场"自由银币铸造"政治运动。他对"自由银币主义者"布莱安及其支持者的错误和空洞承诺很不满，因此他把自己的手表当了足够的盘缠，回到家乡印第安纳州。一到那里，他就自告奋勇地就健全的币制发表演讲。听众当中有不少人是他的老同学。

"刚开始时，"他写道，"我在大学演讲'亚当斯和杰斐逊'的那一幕又掠过我的脑海，我感到窒息，讲话结巴，什么都忘了。不过，就如乔西·德普常说的那样，听众和我都勉强挺过了绪论部分，这小小的成功鼓舞了我，我继续往下说了自以为大约只有 15 分钟的时间。让我惊讶的是，我说了一个半小时。

"结果，在以后的几年里，我成了全世界最感惊奇的人。我发现我竟然把当众演讲当成了谋生的职业。

"我终于体会到威廉·詹姆斯所说的'成功的习惯'的含义了。"

阿尔伯特·爱德华·威格玛终于认识到，要想克服对当众讲话的那种灭顶之灾的恐惧，最好的办法就是获取成功的经验，并以此为后援。

要学会当众讲话，应该有一定程度的恐惧，同时你也要学会凭借这种适度的恐惧感，使你说得更好。

即使这种登台的恐惧有时会一发而不可收拾，造成心灵障碍和言辞不畅、肌肉痉挛，你也不必绝望。这些症状在初学者中都很常见。只要你肯努力，就会发现这种恐惧很快就会减轻到适当的程度，成为一种助力而不是阻力。

二、做好适当的准备

几年前，有一位地位显赫的政府官员在纽约扶轮社的午餐会上担任主讲人。大家都在等他介绍他部里的一些情况。

显然，他没有做好准备。他开始想发表一番即兴演讲，结果却不知该说些什么。于是，他从口袋里掏出一叠笔记。然而笔记非常杂乱，就像一卡车碎铁片。他手忙脚乱地翻着笔记，说话时更显得尴尬而笨拙。时间一分一秒地过去，他越来越绝望迷惑。他不停地向大家道歉，还想从笔记里找出一点头绪来。他用颤抖的手端起一杯开水，凑到发干的唇边。此情此景实在是惨不忍睹——他完全被恐惧击倒了，就因为他没有提前做好准备。最后，他只好坐下来。

从这个人身上，我看到的是一个最没面子的演讲家。他的演讲正像卢梭所说的某些人写的情书："始于不知何所云，止于不知已所云。"

1912 年以来，出于职业原因，我每年都要担任 5000 多次演讲的评委。这给我上了最重要的一课，就像圣母峰高于群山之上一样：只有做好充分准备的演讲者，才会拥有自信。这好比上战场却带着不能用的武器，或者不带半点儿弹药，又何谈攻城略地呢？林肯说："如果我无话可说，就算是年纪一大把也会难为情的。"

假如你想培养自信，为什么不为演讲做好充分的准备呢？圣约翰说："完全的爱，会将恐惧置之度外。"丹尼尔·韦伯斯特也说，如果他不做好准备就出现在听众面前，就像是没有穿衣服一样。

1. 不要逐字背诵演讲

"充分的准备"是逐字背诵演讲吗？当然不是。为了保护自己，以免在听众面前大脑一片空白，许多演讲者会首选背诵演讲稿。一旦犯了这种毛病，就会浪费时间做这样的准备，而这只会毁掉整个演讲。

美国新闻评论家卡滕堡还在哈佛大学读书时，曾参加过一次演讲比赛。他选了一则短篇故事，题目叫《先生们，国王》。他把它逐字逐句背诵下来，并预讲了好几百次。比赛那天，他刚说出题目"先生们，国王"，然后脑子里就一片空白。岂止是空白？简直是一片漆黑。他差点儿吓蒙了。绝望之余，他只好用自己的语言来讲这个故事。当评委把第一名的奖项颁给他时，他简直不敢相信。从那天起，他再也不去背诵演讲稿了。这正是他在广播事业上取得成功的秘诀。他只做些简单的笔记，然后自然地对听众谈话。

写好演讲稿并背下来的人，不但浪费时间和精力，而且容易导致失败。我们平时与人说话都是很自然的事，从不会费心思推敲字眼。我们随时都在思考，当思想清晰时，语言就会像我们呼吸的空气，不知不觉地自然流出。

温斯顿·丘吉尔也是通过经验教训才学到这一课的。丘吉尔年轻时也会写讲稿、背讲稿。有一天，他正在英国国会背诵演讲稿，突然思路中断，大脑一片空白。他感到尴尬和羞辱。他重复了一遍上一句，但还是什么也想不起来，他的脸立即变成了猪肝色。他只好颓然坐下。从那以后，丘吉尔再也不背演讲稿了。

如果我们逐字背诵演讲词，面对听众的时候会忘记。而且即使没有忘记，讲出来可能也很呆板。为什么呢？因为它不是发自我们的内心，只是出于记忆。我们私下与别人交谈时，总是会一心想着要说的事，然后直接说出来，并不会特别留心词句。既然我们平时都是这么做的，现在为什么要改变呢？如果我们非要写演讲稿、背演讲词，很可能会重蹈凡斯·布什奈尔的覆辙。

凡斯毕业于巴黎波欧艺术学校，后来成为世界上最大的保险公司之一——平衡人寿保险公司的副总裁。多年前，他应邀在西弗吉尼亚的白磺泉召开的平衡人寿公司代表会议中发表演讲，来自全美的两千名代表参加了大会。当时，他从事人寿保险才两年，可是已经非常成功，所以他被安排发表20分钟的演讲。

凡斯十分兴奋，他知道这会让他声望大增。然而，不幸的是，他却把演讲词写下来再去背。他对着镜子演练了40次，对一切都做了精心准备：每句话、每个手势、每个表情……他认为自己完美无瑕。

可是，当他站起来演讲的时候，他感到一阵恐惧。他说："我在本计划里的职位是……"然后大脑一片空白。慌乱之中，他后退了两步，想重新开始，但脑子里仍一片空白。于是他再退后两步，想再次开始，他这样重复了三次。演讲台有4英尺高，后边没有栏杆，距墙只有5英尺宽。所以，当他第四次后退时，掉下了演讲台，跌进了隔缝中。听众们哄然大笑，有一个人还笑得跌下椅子，滚到了走道上。在平衡人寿保险公司出现这种滑稽表演，可谓前无古人。更让人拍案叫绝的是，听众真的以为这是公司特意安排的助兴节目。平衡人寿公司的一些资深员工现在还津津乐道他的演出！

可是凡斯·布什奈尔的感受如何呢？他亲口对我说，那是他一生中最没面子的事。他觉得万分羞愧，当即写了辞呈。

但是凡斯的上司说服了他，撕掉辞呈，并帮助他重建自信。后来，凡斯成了公司数一数二的演讲高手。不过，他再也不背演讲词了。我们应该以此为鉴。

我听说过很多人都背演讲稿，却不知道有谁把演讲稿扔进废纸篓后，反而说得更生动、更有效果，也更富有人性。其实，扔掉演讲稿，或许会忘掉其中几点，说起来也有些散乱，但至少会更有人情味。

林肯曾说过："我不喜欢听枯燥乏味的说教。当我听人布道时，我喜欢看到他像在跟蜜蜂搏斗。"他喜欢听演讲者自由随意且激情澎湃的演讲。背演讲稿是绝不会表现得跟蜜蜂拼命似的。

2. 预先汇集整理你的思想

那么，准备演讲的恰当方法是什么呢？很简单：要留心生活中那些有意义的、曾经给过你人生指导的经验，然后对这些经验中的思想、理念、感悟等进行汇集整理。真正的准备，是对演讲题目的思考。查尔斯·雷诺·布朗博士多年前曾在耶鲁大学演讲时说：

"谨慎思考你的题目，酝酿成熟之后，它会散发出思想的馨香……再把这些思想简要地写下来，表达清楚概念即可……通过这样的整理，那些零散的片段就很容易安排和组织了。"

这听起来并不难吧？事实上也确实不难，只需要一点专注和思考就行了。

3. 在朋友面前预讲

当你准备好之后，要不要试讲一下呢？完全有必要。这可以保证万无一失。用日常交谈的话语，把你的想法告诉朋友或同事，没有必要全部讲出来，只需要在吃午餐时朝他倾过身去，这样说："乔，你知道我那天遇到了一件不同寻常的事。我想告诉你。"乔可能愿意听你的故事。这时你要观察他的反应，听听他的想法，说不定他会给你提出有价值的建议。他并不知道你是在预演，而且即使知道也没关系，他或许会说"聊得真痛快"。

杰出的历史学家艾兰·尼文斯对作家也有类似的忠告："找一个对你的题材感兴趣的朋友，把你的想法详尽地告诉他。通过这种方式，你可以发现可能遗漏的见解、无法预料的争论，并找到最适合讲述这个故事的形式。"

三、给予积极的暗示

在第一章，你可能还记得这句话被用来指导建立对当众讲话训练的正确态度。现在你又面临用同样的法则去完成特定的目标，那就是将每一次演讲的机会当成一次成功的体验。有三种方法可以实现这一目标。

1. 确信自己的题目有意义

题目选好之后，根据计划进行整理，并和朋友聊聊，但这样的准备还不是很充分。你还要让自己确信这个题材是有意义的，而且还必须具备坚定的态度，以此来激励自己，坚信自己。怎样才能让自己确信这一点呢？这就要详细研究题材，抓住更深层的意义，问你自己，你的演讲将如何帮助听众在听过你的演讲之后会成为更优秀的人。

2. 避免想那些使你不安的事情

举例来说，假如你设想自己可能会犯语法错误，或中间突然讲不下去，这些消极想法很可能会使你在开始之前便没有了信心。演讲之前，尤其重要的是要将注意力从自己身上移开。集中精力听别的演讲者在说什么，把全部身心放在他们身上，这样就不会给你造成过度的登台恐惧了。

3. 自己给自己鼓气

除非有可以为之牺牲的远大目标，否则每一位演讲者都会对自己的题材产生怀疑。他会问自己是否适合这个题目，听众会不会感兴趣等，因此很可能一念之间就更改题目。这时候，消极的思想极有可能彻底毁灭自信，所以你应该给自己打气，用清晰明确的话告诉自己：这次演讲很适合你，因为它来自你的经验，来自你对生活的思考；告诉自己，你比任何一个听众都更适合做这番特殊的演讲；你也会全力以赴把它说清楚。这是一种古老的自我暗示法吗？也许是。但现代实验心理学家们都同意，这种由自我暗示而产生的动机，即使是假装的，也会成为人们快速学习的最有力的诱因之一。那么，根据事实所做的真诚的自我激励，效果就会更好了。

四、表现得信心十足

美国最著名的心理学家威廉·詹姆斯曾做过这样一番论述：

行动似乎产生于感觉之后，但事实上却是与感觉并行的。行动在意念的直接控制之下，通过制约行动，我们也可以间接地制约不受意念直接控制的感觉。因此，假如我们失去了自然的快乐，那么，变得快乐的最佳方法就是快快乐乐地坐着或者说话，好像快乐本来就存在一样。如果这种方法还不能让你快乐，那就没有别的办法了。所以，要让自己感觉很勇敢，就要表现得真的勇敢，运用所有的意念去达到这个目标，那么勇气就很可能会取代恐惧。

接受詹姆斯教授的忠告吧。为了培养勇气，面对观众的时候，你不妨表现得已经拥有了勇气。当然，除非你做好了准备，否则再怎么表现也不起作用。如果你对自己要讲的内容已经了然于胸，那就轻松地走出来，做一次深呼吸。深呼吸 30 秒，可以给你提神，给你信心和勇气。杰出的男高音简·德·雷斯基常说，如果你气充于胸，可以"席气而坐"，紧张就会消失。

身体站直，看着听众的眼睛，然后开始信心十足地演讲，好像他们每个人都欠你的钱，他们聚在那儿只不过是请求你宽限还债的时间。这种心理作用将会对你大有帮助。

如果你怀疑这种理论，可以找我班上任何一个同意这种观点的学员谈谈，不出几分钟，就会让你消除疑虑。如果你没有机会和他们交谈，就听听一个美国人说的话吧。他常常被视为勇气的象征。他也曾经非常胆小，通过这种自我鼓励的训练之后，才成为最勇敢的人——他便是反托拉斯斗士、常常左右听众、挥舞着巨杖的美国总统西奥多·罗斯福。

他在自传里说："小时候我总是病快快的，又很笨拙。年轻时，我最初既紧张又没有自信，因此不得不艰难而辛苦地训练自己，不只对身体，而且对灵魂和精神进行各种训练。"

幸运的是，他揭示了自己蜕变的经过："孩提时代，我在马利埃特的一本书里读到一段话，给我的印象极深。这段话中，一艘小型英国军舰的舰长向别人讲述如何才能做到无畏无惧。他说：刚开始的时候，每个人想有所行动，但都会感到害怕。应该学会驾驭自己，让自己表现得好像毫不畏惧。这样持之以恒，原先的假装就会变成事实，通过这种练习，就会在不知不觉中真的变成无所畏惧的勇者。

"这便是我训练自己的理论依据。刚开始的时候，我害怕的事情太多了，从大灰熊到野马，还有枪手，可是我故意假装不怕，慢慢地我就真的不再害怕。大家若是愿意，也能像我一样做到。"

克服当众讲话的恐惧，对我们做任何事情都会产生极大的影响。那些敢于接受这项挑战的人，会发现自己的人品正渐臻完善，战胜当众说话的恐惧会使自己脱胎换骨，进入更丰富、更美满的人生。

有一位推销员这样写道："在班上站起来几次之后，我觉得可以应付任何人了。一天早上，我走到一个平时特别凶悍的买主面前，当他还没来得及说'不'时，我已经把样品摊开在他的桌上了。结果他给了我一份最大的订单！"

一位家庭主妇也说："原来我不敢请邻居来我家里，我怕和客人不能融洽地谈话。但是上了几次课并站起来讲话之后，我决定开一次家庭舞会。那次舞会非常成功，我往来于宾客之间，尽情地与他们谈笑。"

在一个毕业班上，一名职员说："我很害怕和顾客说话，每次总是战战兢兢的。在班上演讲几次之后，我觉得有自信而且从容不迫了。我开始理直气壮地说出不同的意见。我在班上演讲后的第一个月，销售业绩便上升了45%。"

他们发现，他们已经能够很容易地克服恐惧或焦虑；从前可能失败的事现在却成功了。你也会发现当众讲话会让你满怀信心地面对每一天的献礼。

你也可以获得一种新的胜利感，迎接生活的挑战。那么，那些曾经接二连三地袭来的困境，就会变成生活中增添情趣的愉快挑战。

附：丘吉尔战时演说

温斯顿·丘吉尔在第二次世界大战的危难时刻出任英国首相，他不仅拥有卓越的领导才能，而且具有很高的文学造诣，他发表的数百篇演讲都文采四溢，他也曾因此而被誉为近百年来"世界上最有说服力的八大演说家之一"。1941 年 6 月 22 日，法西斯德国军队大举入侵苏联，当晚丘吉尔就发表了援助苏联、抗击德国法西斯的演说。

今晚，我要借此机会向大家发表演说，因为我们已经迎来了战争的关键时刻。

今天凌晨四点，希特勒已进攻并入侵苏联。德国既没有宣战，也没有下最后通牒，却突然在苏联城市上空雨点般地投下了炸弹，德国军队大举侵犯苏联边界。一小时后，德国大使拜见苏联外交部长，称两国已经处于战争状态。然而，却正是这位大使昨天晚上还在喋喋不休向苏联人保证德国是朋友，而且几乎是盟友。

希特勒是个十恶不赦的、杀人如麻且欲壑难填的恶魔；除了贪得无厌和种族统治之外，纳粹制度并无其他的主旨和原则。它凶狠残暴，野蛮侵略，是人类最卑劣的行径。过去的一切连同它的罪恶及愚蠢和悲剧，都一闪而逝了。我看见了苏联士兵站在祖国的大门口，守卫他们祖先自远古以来辛勤耕耘的土地。我看见了他们正守卫着自己的家园，他们的母亲和妻子在祈祷——啊，是的，有时人人都要祈祷，祝愿亲人能够平安，祝愿他们的赡养者、战斗者和保卫者归来。

我看见了数以万计的苏联村庄正在耕种土地，艰难地获取生活资料——在那里，依然有着人类的基本乐趣，少女们在欢笑，孩子们在玩耍。我看见了纳粹的战争机器正从他们身上压过去，穷凶极恶地展开了大屠杀。我看见了全副武装，佩剑、马刀和战靴叮当作响的普鲁士军官，还有刚刚威吓、压制过十多个国家的阴险奸诈的特工高手。我还看见了一大批愚蠢迟钝，被训练得唯命是从的凶狠残暴的德国士兵，正像一大群爬行的蝗虫一样蹒跚前进。我看见了德国轰炸机和战斗机在空中盘旋，它们对于英国的多次痛击依然让我心有余悸，却正因为找到了一个自以为唾手可得的猎物而得意忘形。从这嚣张气焰和这场突然袭击的背后，我看到了一小撮恶棍，正是他们策划、组织并向人类发动了这场恐怖战争。

于是，我的思绪回到了若干年前：正是坚忍不拔、英勇善战的他们帮助我们赢得了战争的胜利，但他们后来却完全同这一切隔绝开了——虽然这并非我们的过错，我亲身经历了所有这一切。我在此表述我自己的心意，你们是会原谅我的。但是我现在必须宣布国王陛下政府的决定。我确信，伟大的自治领地在适当的时候是会一致同意这项决定的。然而，我们必须现在、必须立即宣布这项决定，一天也不能拖延。我必须发表这项声明——我相信，你们绝不会怀疑我们将要采取的措施。

我们只有一个目标——唯一而不可更改的目标——我们决心消灭希特勒，消灭纳粹制度的一切痕迹。什么都改变不了我们的决心。什么也不能！我们绝不谈判，绝不同希特勒或他的任何党羽谈判。我们将在陆地、在海洋、在天空同他作战，直至上帝保佑，铲除他在地球上的阴影，并把全人类从他的枷锁下解放出来。

任何一个反抗纳粹主义的人或国家都将得到我们的援助，任何一个与希特勒同流合污的人或国家都将是我们的敌人。这一点不仅适用于国家，而且适用于卑劣的吉斯林之流的所有败类，他们充当了纳粹制度的工具和爪牙，反对自己的同胞，反对自己的祖国。这些败类就像纳粹头目自身一样，如果不被他们自己的同胞干掉（干掉就会省下很多麻烦），就会在胜利的第二天送交同盟国法庭审判。这就是我们的政策，这就是我们的声明。

因此，我们将尽力向苏联和苏联人民提供一切援助。我们将呼吁世界各地的朋友和盟国采取同样的方针，并且同我们一样坚定不移地进行到底。

我们已经向苏联政府提供了力所能及的、可能对他们有用的技术和经济援助。我们将持续不断、规模越来越大地轰炸德国，向它投掷大量炸弹，使它每个月都尝到并吞下它给人类造成的更加深重的痛苦。

值得指出的是，皇家空军昨天深入法国腹地，以极小的代价击落了28架侵犯、玷污并扬言要控制法兰西领空的德国战机，但这仅仅是一个开端。从现在起，我们将加速扩充空军。在今后的六个月，我们从美国得到的援助，包括各种战争物资尤其是重型轰炸机，将开始显现出其重大意义。这不是阶级战争，而是一场整个大英帝国和英联邦的、不分种族、不分信仰、不分党派的全面投入的战争。

希特勒侵略苏联，仅仅是他图谋侵略不列颠诸岛的前奏。毫无疑问，他打算在冬季到来之前结束这一切，并在美国海军和空军干涉之前击溃英国。他企图故伎重演，扩大规模，各个击破——他一直是靠这种伎俩来得逞的。那时，他就以为清除了最后行动的障碍，也就是说，他就要迫使西半球屈服于他的意志了，而如果做不到这一点，他的一切征服都将落空。

因此，苏联的危险，就是我国的危险，就是美国的危险；苏联人民保家卫国的战争，就是世界各地自由人民和自由民族的战争。

让我们从残酷的经验中吸取教训吧！让我们在生命尚存、力量还在之际，加倍努力，合力奋战吧！

丘吉尔曾经因为背诵演讲稿而毁掉了自己的演讲，但他后来通过不断努力，终于成为他那个时代最伟大的演讲家之一。在这篇演说中，丘吉尔揭露了希特勒及法西斯德国凶狠残暴、野蛮侵略的卑劣本质，不仅充满感情地赞扬了苏联人民抗击法西斯的卫国战争，而且态度坚决地表明了英国绝不与法西斯妥协谈判的立场，提出了联合反击法西斯的战争纲领，为第二次世界大战的胜利奠定了基础。

在演讲的最后，丘吉尔呼吁全世界爱好和平与自由的民族及其人民共同起来奋战，使演讲在达到高潮之际结束。

这篇主题鲜明、气势磅礴的演讲，体现了丘吉尔杰出的演讲才华。

第3章 简单有效的演讲方法

我平时很少看电视，但最近有一位朋友建议我看看下午的某个电视节目，这个节目是专门针对家庭主妇的，收视率很高。这位朋友之所以让我收看，是因为他认为该节目中的观众参与可能会引起我的兴趣。的确如此，我看了几次，很欣赏那位主持人请观众参与谈话的方式，而观众的说话方式也引起了我的注意：这些人显然都不是职业演讲家，而且也没有受过什么沟通艺术方面的训练，甚至语法很差，还说错字。可是他们全都说得十分有趣，他们说话时似乎全没有那种上镜头的恐惧，还能吸引观众的注意力。

这是为什么呢？我找到了答案，因为我后来长期在训练中采用这种方法。这些普普通通的男人和女人，抓住了全国电视观众的注意力，他们谈的是自己：自己最困难的时刻，自己最美好的回忆，或是最初与自己的妻子或丈夫约会，等等。他们根本就没有想到什么绪论、正文和结论，也不在乎遣词造句，然而他们却获得了观众的赏识，观众们完全倾注于他们所要说的事情。我认为，这正是当众讲话三个简单而有效的法则。

一、讲述自己的亲身经历或知识

那些男男女女自己活生生的故事，使那个电视节目变得生动有趣，他们谈的全都是自己的亲身经历和自己精通的知识。如果他们被要求解释共产主义或描述美国的组织结构，想象一下这个节目会有多么单调乏味！但这正是无数演讲者在许多聚会中常犯的主要错误。他们认为必须讲一些自己毫无个人经历或个人兴趣与关注的东西。他们会随便拿起一个如爱国主义、民主或公正的题目，然后花上几小时无头绪地搜索什么格言集或各种场合的演讲者手册，又将他们曾在大学上的政治课中记住的一些模糊不清的通俗性概念拼凑在一起，然后上台发表一次毫无意义的冗长演讲。这些演讲者从都不知道，听众可能对产生这些高尚概念的真实故事更感兴趣。

几年前，卡耐基成人教育班的教师们在芝加哥的康拉德·希尔顿大饭店聚会。一位学员是这样开场的："自由、平等、博爱，这些都是人类词典中最伟大的思想。没有自由，生命就没有存在的价值。设想一下，如果我们的行动处处受到限制，将是一种什么样的生存状况？"

他讲到这儿的时候，指导教师立即请他停止，问他是否有什么证据或亲身经历可以支持他刚才所说的观点。于是，他讲了一个动人心弦的故事。

他曾是一名法国的地下革命者，他讲了他和家人在纳粹统治下受尽屈辱。他以生动形象的语言，描述了自己是如何躲过秘密警察的追捕逃到美国的。最后他说："今天，当我从密歇根街来到这家饭店时，可以自由地来去。我经过一位警察身边时，他也并不注意我。我可以不用出入卡就可以走进饭店。会议结束之后，我可以按自己的意愿去芝加哥的任何地方。因此，请相信，自由是值得奋斗的。"他刚一说完，就获得了全场起立欢呼。

1. 阐释生命对自己的启示

演讲者阐释生命的启示，绝不会没有人愿意听。但是经验也告诉我，这个观点很不容易让人接受——因为人们会极力避开个人经历，认为这些事情太琐碎、太局限。他们宁愿说一些一般概念或者哲理，可惜这些更让平凡的我们无法接受。这好比我们渴望新闻，可是他们却给我们社论。我们并不反对听社论，但是这应该由那些有资格的人来说，例如报纸编辑或发行者。因此，还是谈谈生命对你的启示吧，我将会成为你的忠实听众。

据说爱默生总是喜欢听人谈话，而不论其地位多么卑微，因为他觉得自己可以从任何人身上学到一些东西。我听过的成人谈话，或许比任何人都多。说实话，一个演讲者叙述生命给他的启示时，不论他说的多么琐碎、多么微不足道，我从不会觉得厌烦。

例如，几年前，我们的一位教师替纽约市一些资深的银行官员开了一门当众讲话的课程。当然，这些人的事情多得不能分身，常常感到要做好充分准备或他们心目中认为的准备很难。其实，他们一直都在思考自己的问题，有个人的信念，会从自身的角度看问题，而且积累了原始的经验。他们已经积累了40年的谈话资料，但他们有些人却不知道这一点。

在某个星期五，一位来自上区银行的先生来到训练班——因为某种原因，我们姑且叫他杰克逊先生——有45个人参加了这次训练。他准备讲什么呢？他离开办公室时，在报摊上买了一份《福布斯杂志》。在前往联邦储备银行上课所在地的地铁上，他看了杂志中的一篇文章《十年成功秘诀》。他读它并不是因为对它特别感兴趣，而是想找点谈资，以便上课时有内容可讲。

一小时后，他离开地铁，准备把这篇文章讲得妙趣横生。

可是结果呢？不可避免的结果是什么样的？

他并没有把阅读的东西消化，也没有吸收到自己想要说的东西。"想要说"这个词形容得很准确，因为他只是"想要"。他并没有想挖掘一些有深度的内容来谈，他的整个仪态和音调明显地透露了这一点。他怎么能期望听众比他自己更受感动呢？他不断地提到那篇文章，说那位作者如何如何。他的演讲里，我们了解了很多《福布斯杂志》的内容，遗憾的是对杰克逊先生自己的东西却了解得太少。

他演讲完后，指导老师说："杰克逊先生，我们对你讲的那位作者并不感兴趣，他不在这里，我们也看不到他。我们倒是对你和你的观点感兴趣。不妨告诉我们你是怎么想的，不要谈别人怎么讲。把更多的有关你自己的事情放在演讲里，下星期再用同样的题目演讲好吗？请把那篇文章再读一遍，问问你自己是否同意那位作者的论点。如果同意，就以你自己的经验来论证。如果不同意，告诉我们为什么。就以这篇文章作为一个引子，引出你自己的演讲。"

杰克逊先生重读了那篇文章，发现自己根本不同意作者的观点。他从记忆里搜寻事例来反驳，并以自己担任银行主管的经验详尽阐述论证自己的观点。因此，他的第二次演讲不再是翻抄杂志文章的内容，而是充满了根据他自身背景所得的理念，他给我们的是他自己矿场里的矿石，是他自己铸币厂里铸造的钱币。

你想，这两场演讲哪一场更能给班上学员强烈的印象？

2. 根据自己的经历寻找题目

有一次，有人请教我们的指导教师，初学演讲者所遇到的最大问题是什么？据统计发现，"教初学者根据适合的题目演讲"是初学演讲者最常碰到的问题。

什么才是适合的题目呢？假使你的生活中经历过它，或者是你经过思考使它属于你的，你就可以肯定这个题目适合你。那又该如何找题目呢？不妨翻开自己的记忆，从自己的生活背景中去搜寻生命中那些有意义，并且给你留下深刻印象的事情。几年前，我们曾在班上就能够吸引听众注意的题目做了一次调查，发现最受听众欣赏的题目都与某些特定的个人背景有关：

第一，早年成长的历程。

与家庭、童年回忆、学校生活有关的题目，一定会引起人们的注意，因为别人在成长过程中如何应对艰难的经历，最能引起我们的兴趣。

不论何时，只要有可能，都应该把自己早年的故事融进演讲中。许多脍炙人口的戏剧、电影和故事讲的都是人们早年遇到的挑战，这就足以证明关于成长历程的题材是很有价值的，当然也适用于演讲。但是如何验证别人会对你小时候经历的事感兴趣呢？有个很简单的方法：多年以后，只要某件事情依旧鲜明地印在你的脑海中，随时都可能呼之欲出，那几乎可以保证听众会感兴趣。

第二，早年出人头地的奋斗。

这是充满了人情味的经历。例如，回忆自己早期为追求成功所做的努力，一定能吸引听众。你是如何从事某种特别的工作或行业的？是什么机遇造就了你的事业？告诉人们，你在这竞争激烈的世界创业时所遭遇的挫折、你的希望以及你的成功。如果谦虚地描述一些个人的真实生活，几乎是最保险的题材。

第三，爱好及娱乐。

这方面的题目可以根据个人的不同来定，因此，也是能引起听众注意的题材。讲一件完全是个人喜欢的事，一般不会出现失误。你对某一项特殊的爱好发自内心的热忱，有助于你把这个题目讲得生动有趣。

第四，特殊领域的知识。

如果你多年在同一个领域里工作，会使你成为这个领域的专家。如果你能用多年的经验或研究来讲述自己的工作或职业方面的事情，也会引起听众的注意与尊敬。

第五，不同寻常的经历。

你有没有见过名人？

你有没有经历过战争？

你有没有经历过精神上的危机？

……

这些经历都可以成为最佳的演讲材料。

第六，个人信仰与信念。

你或许花了许多时间和精力去思考自己应该对当今世界所面临的重大问题持何种态度。那么，你当然有资格谈论它们。不过，在这样做的时候，你一定要举例子来说明你的论点，因为听众并不爱听空泛的演讲。千万不要以为随意读些报纸文章，就可以谈论这些题目。如果你自己所知的不比听众的多，还是避而不谈为妙。反过来说，既然你曾经投入了多年的时间研究某个问题，这显然是你该说的题目，因此你绝对要用它。

前面我已经指出，准备演讲并不只包括在纸上写些字，或者背诵一连串的字句，也不是从匆忙读过的书或报纸文章中抽取别人第二手的观点。而是要在你自己的脑海及心灵深处挖掘，并将贮藏在那儿的信念随时提取出来。不必怀疑那里有没有材料！那里当然有，而且贮藏丰富，正等待你去发掘。也不要以为这样的题材太个人化、太轻微，听众可能不会喜欢听。其实，正是这样的演讲才让我感到快乐和深受感动，甚至比我听过的那些职业演讲家的演讲更让我快乐，更让我感动。

只有讲那些你有资格谈论的事情，才会使你达到学习快速有效地当众讲话的第二个要求。下面就是这一要求：

二、对演讲的题目充满热情

并不是你我有资格谈论的话题就一定会让我们充满热情。例如，我是一个天天干家务的忠实丈夫，我确实有资格谈谈关于洗盘子的事。可是我对此并没有热情，事实上我根本不愿想它，你想我能把这个题目讲好吗？但是，我却听过家庭主妇们把这个题目说得精彩极了。她们内心当中或许对永远洗不完的盘子有一股怒火，或许发现了一种新方法可以处理这恼人的工作——不管怎样，她们对这个题材更喜欢，所以她们可以对这个题目说得津津有味。

这里有个问题，可以帮你确认某个题目是否适合你演讲：如果有人站起来直接反对你的观点，你是否有百分之百的信心为自己激烈地辩护？如果有的话，这题目一定适合你。

我1926年曾去瑞士的日内瓦参观国际联盟第七次大会，后来对当时的情形做了笔记。最近我无意间翻看了这些笔记。以下是其中一段：

"在三四个死气沉沉的演讲者念完手稿之后，加拿大的乔治·佛斯特爵士上台发言。他没有带任何纸张或字条，我不禁大为欣赏。他对他要讲的事情非常专注，常常通过手势来强调他的观点。他很想让自己的思想被听众了解，热切地把那些珍贵的理念传达给听众。这种情形十分清楚，犹如窗外澄明的日内瓦湖。我一直在教学上倡导的那些法则，在他的演讲中展现得完美无缺。"

我常常想起乔治爵士的演讲。他真诚而热心。因此，只有对演讲的题目有真实感受，才会有如此的感情显露。富尔顿·辛主教是美国最具震撼力的演讲家之一，他从早年的生活中也学到了这一课。他在《不虚此生》一书中写道：

"我被选出来参加学院的辩论队。在一次辩论的前一晚，我们的辩论教授把我喊到办公室，责骂了我一顿。

"'你真是饭桶！本院有史以来还没有一个演讲者比你更差的！'

"'那，'我说，我想替自己辩解，'既然我是一个大饭桶，为什么还挑我参加辩论队？'

"'因为你会思考，而不是你会讲。'他回答道，'到那边去，从演讲词中抽出一段，把它讲出来。'我把这段话反反复复地讲了一个钟头，然后他说：'你看出其中的错误了吧？''没有。'于是接下来又是两个半钟头。最后我筋疲力尽。他说：'你还看不出错在哪里吗？'

"过了两个半钟头，我终于找到了问题的关键。我说：'看出来了，我没有诚意。我心不在焉，没有真实的情意。'"

就这样，辛主教学到了他永生难忘的一课：把自己沉浸在演讲中。他开始让自己对演讲的题材产生热情。直到这时，博学的教授才说："现在你可以讲了！"

如果我班上有学员说"我对什么事都不感兴趣，我过的是平凡单调的生活"，我们的指导老师便会问他闲暇时都做些什么。有人说看电影，有人说打保龄球，有人则说种玫瑰花。

例如，有一位学员告诉指导老师，他收集有关火柴的书籍。于是，老师继续问他这个不同寻常的嗜好，他渐渐来了精神。不一会儿，他便兴致勃勃地描述起自己收藏火柴书的小书柜来。

他告诉老师，他几乎收藏了世界各国关于火柴的书。等他对自己最喜爱的话题产生兴趣之后，指导老师打断他："为什么不谈谈这个话题呢？我觉得挺有意思的。"

他说他从来没想到会有人感兴趣！这个人几乎耗尽了一生的心血，对自己这一嗜好充满了感情，几乎成了一种狂热，而他却否定它的价值，认为它不值一谈。指导老师告诉他，要想知道一个话题有没有趣味和价值，最好的方法就是问自己对它有多感兴趣。

后来，他以收藏家的姿态兴高采烈地畅谈了一个晚上。后来我又听说他去参加各种午餐俱乐部，向人们演讲有关火柴书籍收藏的话题，因此得到了地方人士的推崇。

如果你希望迅速而轻易地学会当众讲话，那么这个例子正好可以引出第三条法则。

三、激发听众的共鸣

演讲由三种因素构成：演讲者、演讲内容和听众。本章的前两条法则讨论了演讲者和演讲内容之间的相互关系，但仅止于此，还不是真正的演讲。只有当演讲者把自己的演讲与听众发生联系以后，演讲才真正完成。演讲也许准备周详、演讲者也许对自己的话题充满热情，然而要真正演讲成功，却还有另一个因素必须考虑：演讲者必须使听众觉得他所说的对他们很重要。他不仅要自己对这个话题富有热情，还必须把这种热情传达给听众。历史上那些著名的雄辩家都具有这样的王婆卖瓜的本领，或者是传播福音之术。高明的演讲者总是热切地希望听众感受到他的感受，同意他的观点，并做他认为该做的事，与他一同分享他的快乐，一同分担他的忧愁。他会以听众为中心，而不是以自我为中心。他明白自己演讲的成败不是由他来决定，而是由听众的头脑和心灵来决定。

在推行节俭运动期间，我到美国银行学会纽约分会培训了一批人。其中有一个人无法和听众沟通。要帮助他，首先要让他对自己的题目燃起热情之火。我告诉他，先一个人静静地待在一边，把自己的题目反复想几遍，直到对它产生热情。我要让他记住这样一个事实：纽约遗嘱公证法庭记录显示，80%的人去世时没有留下分文，只有3.3%的人留下10000美元或更多的财产。我还让他明白，他现在不是去求别人施舍，或者要求别人做根本无法做到的事。他应该这样对自己说："我是在替这些人着想，要使他们老了以后衣食无忧，过上舒适安逸的生活，并且给妻儿留下安全的保障。"我还让他相信，他是在做一项了不起的社会服务工作。总之，他必须把自己当作一名斗士。

他考虑了这些事实，终于使自己热血沸腾，激发出兴趣和热情，并开始觉得自己的确是身兼重任。于是，他外出演讲时，那满载信念的语言感染了人们。他将节俭的利益告诉大家，因为他热切地想帮助他们。他不再是个只知道陈述事实的演讲者，他已经成了一名为理想事业而改变信仰的传教士。

在我的教学生涯中，曾经非常依赖教科书中的教条。我只是照搬我的老师们长年灌输给我的一些坏习惯，而他们也没能从虚浮的演讲风气中有所突破。

我永远都忘不了我的第一次演讲课：老师让我将双臂轻轻地垂放在身体两侧，手掌朝后，所有手指都蜷曲一半，大拇指轻触大腿。然后，举起手臂，画出优美的弧线，以便让手腕优雅地转动。接着张开食指，然后是中指，最后是小指。当这一整套合乎美学的、装饰性的动作完成之后，手臂还必须回溯刚才的那道弧线，再放于双腿两侧。这整套表演显得虚假而做作，既没有意义，也不真实。

我的老师并未教我将个性融于演讲之中，也不让我像平常人那样富有朝气地与听众谈天说地。

请把这种机械的演讲训练方式与我在这一章所介绍的三项主要原则互相对比一下。这三项原则是我"高效演讲训练"全套方法的根本。你将会在本书中一再看到它们。在下面三章中，将逐条详细解释这些法则。

附：安东尼演说力挽狂澜

马尔库斯·安东尼是古罗马恺撒大帝的部将之一，公元前 44 年担任执政官，两年后战胜布鲁图斯、卡西乌斯等共和派，成为古罗马帝国统帅。安东尼是古罗马历史上一位出色的军事家，但其演说才能也相当优秀。公元前 44 年，恺撒大帝被部将布鲁图斯刺死，以布鲁图斯为代表的元老院共和派和以安东尼为代表的恺撒党立即展开了权力斗争。为了掌握主动权和赢得国民的支持，共和派在刺死恺撒的当天，就由布鲁图斯在罗马广场上发表演讲，逐渐控制了人们的情绪。这时，安东尼领着恺撒党人抬着恺撒的尸体走入广场，面对不利的形势，在群情激奋的罗马广场上发表了下面这篇著名演讲：

我今天是来安葬恺撒的，而不是来为他歌功颂德的。我发现，人活在世上，犹如"好事不出门，坏事传千里"，但这话好像只是针对恺撒说的，布鲁图斯无疑是一位正人君子。他告诉大家，说恺撒有野心，如果事实的确如此，那当然是恺撒的大错。如今恺撒已死，也算是弥补了他的罪过。今天，承蒙布鲁图斯的好意，准许我演说，所以我无论如何也要在恺撒面前说几句话。布鲁图斯真的可以称得上是一位君子，所以与他合谋者也应该是当之无愧的君子。恺撒原来是我的亲密朋友，他待我诚挚而公平，但是在布鲁图斯这位君子眼中，却偏说他私怀野心。当年，恺撒打了胜仗之后，将缴获的财物全部归公，这难道是野心吗？每当他听到贫民哀嚎时，就会流下同情的泪水，野心家能有这样的慈悲怜悯之心吗？遗憾的是，布鲁图斯却一定坚持说他有野心，而布鲁图斯又是一位堂堂正正的君子，我又能对他怎么样呢？那天，在露泊卡雨节的时候，你们曾亲眼目睹了我再三劝他登基，但他都拒绝了，这能算是有野心吗？……从前，你们都非常爱戴他，我想那肯定不是没有缘由的。今天，他死了，可是你们反而不替他难过伤心，这真使我难以理解。唉，难道良心跑到禽兽身上去了吗？人的理智又到哪里去了？此时，我的心已随恺撒进棺材了。我要等他回来，只有他回来我才能再说话！

（安东尼讲到这里大哭起来，并有意停了下来，让听众在下面议论。有些人说安东尼讲的有道理，有些人则说恺撒死得冤枉。)

不错，昨天恺撒的一句话足以天摇地动，何等尊严！而今天他却躺在这里，无人理睬。如果我的话能唤醒你们的良知，那我就对不起布鲁图斯，也一定对不起卡西乌斯等人，因为他们这些人是正人君子，我又能怎么样呢？我情愿对不起死者，也情愿对不起我自己和你们大家，却不能对不起这些正人君子。可是，我手上有一份遗书，上面的内容我不愿读出来，因为假如我读出来的话，即使再愚蠢的人听见了，也会抱着恺撒的尸体痛哭，用手帕去沾他的圣血，或许还会有人要从他身上拔一根毛发回家留作纪念，而且还会像宝贝一样让子孙后代传下去的！

(听众中有人大声呼喊："请你快将遗书读给我们听。")

你们不要急，我无论如何都不能读给你们听。因为一旦你们知道了这份遗书对你们的关怀，恐怕就会坏事了，你们不是木棒，你们的心一定会燃烧，你们一定会发疯的。假如你们不知道自己正是恺撒的继承人，或许还好些，可是你们一旦知道了这一切之后，我真的很难猜想大家会闹出什么乱子来！

(下面听众中有许多人狂叫："让他念遗书。")

难道你们现在一定要听吗？等一会儿都不行吗？我真后悔刚才脱口说出那句话，恐怕我已经对不起那些杀死恺撒的正人君子了。我真不该！

(下面有人说："什么正人君子？他们是乱臣贼子，是坏蛋！你快念遗书吧！")

你们实在要逼我念，那么请大家站开，在恺撒的尸体外面站成一圈，先让我把写这份遗书的人指给你们看。请问你们让我下来吗？

(安东尼走下来，站在恺撒尸体旁，面对听众。)

你们若是有眼泪，现在就请尽情地流吧。你们都应该熟悉恺撒这件大袍吧？我还记得，恺撒第一次穿上这件大袍是在一个夏天的晚上，那天正是征服爱威领地的伟大日子。现在，你们看，卡西乌斯的刀是从这里刺进去的；你们看，加斯加在这里刺了一刀；你们看，这个地方正是恺撒最宠爱的布鲁图斯刺的。你们看，当刀子被抽出来时，恺撒满身鲜血，好像在问："恺撒是那样地爱布鲁图斯，布鲁图斯竟然会忍心下此毒手吗？"啊！神灵知道，恺撒是多么的爱布鲁图斯啊！他这一刀太无情了。恺撒看见他们都来杀他，"无情"的感觉对他造成的伤害远比刀刺厉害得多。他简直气炸了心肺，鲜血长流，扑倒在罗马将军旁培的雕像后面，脸藏在袍子下面。各位，请想一想，这是多么大的一场劫难啊！如果再让他们这样凶残下去，我们大家都难逃厄运！你们怎么也哭了？我发现你们也是有良心的人啊！

大家都流出了伤心的泪水，你们这些善良的人啊，还没有看见恺撒的尸体，只不过看见他的一件袍子就这么悲痛；你们看，他的尸体就在这里，已经被这些大逆不道的叛徒弄成这样了！

（这时听众们大哭大闹、大喊大叫，都骂布鲁图斯是叛贼，发誓要为恺撒报仇。）

各位朋友，不要慌乱，不要因为我的话而让大家如此生气。杀死恺撒的人都是正人君子，我实在不知他们为何下此毒手。既然他们都是正人君子，这样做定有道理。朋友们，我并不是来煽动你们的。我不会说话，也没有布鲁图斯那样的口才。你们都知道我笨嘴拙舌，只知道爱我的朋友；就是杀死恺撒的人也深知我的为人，所以他们不肯让我当众演讲。

我既没有智慧，也没有财富，既没有口才，也没有手段，又如何会鼓动人心呢？我只是随便说说，知道什么就讲什么；我之所以让你们看恺撒的伤口，只是想让这些哑巴的嘴替我说话。我想，假如布鲁图斯是我，他可能会在恺撒的每个伤口上都栽一个舌头，会感动得罗马的每块顽石都跳动起来，都燃烧起来！

（听众怒不可遏，立即要去烧毁布鲁图斯的住宅。）

我请你们再听我说几句：你们现在只是要行动，要去干什么？我想问你们：为什么恺撒让你们如此爱戴？你们还是不知道吧！让我来告诉你们吧。你们忘了我先前不是说过有一份遗书吗？遗书就在这里，上面有他的印章，上面写着：凡是罗马的公民，每人都分得75德拉克玛（注：德拉克玛是古罗马的一种钱币），他的花园树木也都送给大家，作为永远的公共游乐场所，让我们的子子孙孙共享欢乐。世界上还能找到第二个像恺撒这样的人吗？

安东尼在进行这次演讲之前，布鲁图斯就已经控制了群众的情绪，使人们站在了他这一边，因此要想将这些感情沸腾的听众再拉回来，安东尼必须精心谋划，而不能操之过急。于是，安东尼采取了欲擒故纵、层层推进的方法，在演讲中一开始就反话正说，以平静而自然的语气承认布鲁图斯是一个正人君子，使听众能够静心听他演讲。然后，安东尼又运用逻辑手段来证明恺撒没有野心，并列举了恺撒的功德，推翻了布鲁图斯所说的"恺撒野心勃勃"的说法，从而有力地证明了布鲁图斯不是君子。

接下来，安东尼讲到了听众对恺撒情感的今昔对比，使听众明白自己受到了蛊惑和愚弄；又通过对人性和良知的呼唤，给听众造成了一种生离死别的伤感，逐渐融化了听众的心。

紧接着，安东尼又巧妙地通过恺撒遗书这个悬念，没有急于公布遗书的内容，而是故意反复渲染，并借助听众的心理开始叙述恺撒遇害的经过，指出卡西乌斯、加斯加和布鲁图斯等人是凶手，而且特意在布鲁图斯前面加上了"恺撒最宠爱的布鲁图斯"，从而暗示人们布鲁图斯才是主凶。

安东尼又详细地描述了布鲁图斯刺杀恺撒的一瞬间，使得布鲁图斯这个背信弃义的伪君子、凶狠残忍的刽子手的形象完全暴露在听众面前，彻底推翻了自己在一开始提到的布鲁图斯是一个正人君子的说法，达到了反话正说的效果。

经过这番铺垫，安东尼激发了听众的共鸣，使听众的情绪渐至愤怒的极点；然后，安东尼仍层层推进，再次把人们的情绪推向高潮，以致怒不可遏地要立即去烧毁布鲁图斯的住宅。

此时，时机成熟了！安东尼不失时机地宣读了恺撒遗书，将听众的情绪推到了最高潮。安东尼终于凭借自己的演说，力挽狂澜，扭转了数万名听众的情绪，最终反败为胜，击败了对手，掌握了主动权。

第二篇

演讲、演讲者和听众

本部分我们要讨论演讲的三角关系——每次演讲中的三个方面。

首先，是演讲本身。我们知道，演讲的内容必须从我们的亲身经历中再创作出来。

其次，是演讲者本身。在这里我们要讨论思想、身体和声音的特性，它们必须使演讲的表词达意富有活力。

最后，是听众本身。听众是演讲瞄准的目标，而且是演讲者信息传递成功与否的最终裁判。

第4章　做好演讲前的准备

　　准备演讲，是不是只需要写下一些漂亮的词句，然后把这些词句简单地堆集在一块儿呢？是不是把一些偶然出现，但是对你个人而言却没有什么意义的思想机械地拼凑在一起呢？绝对不是这样的。

　　所谓"准备"，就是把"你自己的思想"、"你自己的观念"、"你自己的想法"和"你自己的原动力"有机地集合在一起，而且你真的拥有这种思想和这种原动力。事实上，你白天不缺少它们；到了夜晚，它们甚至会成群结队地出现在你的梦中。你的生命中一直充满了新的东西，你也一直在收集新的经验。这些东西深深地留在你大脑深处，就好像海滩上的圆石子。因此这种事先的准备，就是思考、回忆并选择最能吸引你注意力的事物，然后对它们加以修饰，将它们整理成为你思想的精品。

　　这听起来并不很难吧？确实也不难。针对目标，全身心地投入、注意和思考，就行了。

　　下面介绍几个实用方法，教你怎样准备演讲的材料，保证你一定能吸引听众。如果你能遵循这些步骤去准备你的演讲，你便掌握了方法，就会吸引听众的注意了。

一、将内容具体化

　　多年以前，有两个人同时参加了我在纽约的一个训练班。一个是哲学博士，在大学当教授；另一个是在街头流动的小摊贩，他年轻的时候曾是一名英国海军，为人豪爽而粗鲁。但令人奇怪的是，那位流动摊贩的演讲远比大学教授的更吸引人。这是为什么呢？大学教授上台演讲时，总是以漂亮的词汇发言，台风优雅，讲话条理清楚；但是他缺少了一个必备的因素——具体化。他的谈话太不明确了，太过空泛了。他从未用个人经历解释过什么观点。他的演讲只不过是用一条逻辑的绳子连接在一起的抽象的理念。

至于那位流动摊贩，却正好相反：他开口之后，就可以立即抓住问题的核心，内容具体而明确。他的演讲充满了生活气息。他说出一个观点，然后用他生意中发生的真实事件来证明。他讲了他与之打交道的人，以及遵守各项规则的头痛之事。他那男人的气质和新奇的词句，使他的演讲非常吸引人。

我之所以举这个例子，并不是因为它是大学教授或流动摊贩的典型，而是因为它正好说明只有充满生气、说话具体而且明确的人，才会吸引别人的注意力。

在演讲中，这一原则太重要了，因此我下面必须举几个例子，以便把它深深地刻在你的脑海中。我希望你们能永远记住它，绝不要忘记。

例如，提到马丁·路德小时候的故事时，可以说他"既倔强又顽皮"，但如果换一种方法，说马丁·路德曾承认，他的老师经常打他手心，有时候"一个上午甚至要打上 15 次之多"，这样不就更有趣，也更吸引人了吗？

因为"既倔强又顽皮"这样的用词很难吸引人们的注意力；相反，如果说打了多少下，这样听起来就具体多了。

写古代人物传记时，也常常使用许多意思不明确的概括性语句，对此亚里士多德称之为"懦弱思想的避难所"，可谓一针见血。而现代传记的写作方法则要求写出具体而明确的事实，要求语意自然而清晰。

例如，以前的传记作者会写约翰·杜伊有着"穷苦但诚实的父母"；而新的传记作家则会这样写：约翰·杜伊的父亲穷得买不起鞋套，因此下雪时必须用麻布袋包好鞋子，以使他的双脚保持干燥暖和；但是，尽管如此贫穷，他却从不在牛奶中掺水，也不曾把生病的马以次充好卖给别人。

这两种说法同样是写约翰·杜伊的父母"穷苦但诚实"，但后一种方法不是比说"穷苦但诚实"更有趣一些吗？

这种方法不仅对现代传记作家大有帮助，对于现代演讲家来说，当然也同样有效。

二、限定题材范围

演讲的题目一旦选好，第一步就是要确定演讲所包含的范围，并且把话题严格限定在其中。不要妄想讲一个无所不包的话题。

例如，有一个年轻人想就《公元前500年的雅典至朝鲜战争》这个题目讲两分钟。这几乎是痴人说梦话！因为他刚讲完雅典城的建造就该下台了。他想在一场演讲中包含太多的东西，最终却只有失败，而且不明不白。当然，这只是个极端的例子。

我曾听过许多演讲，都因为范围不确定，结果都出于同样的原因——包含了太多的论点，以致无法吸引听众的注意力。为什么呢？因为人们的注意力不可能一直放在一连串单调的事实上。如果你的演讲听起来像是一部世界年鉴，那么你根本无法长时间抓住听众的注意力。

假设你选了一个简单的题目，如《黄石公园之旅》，那么大多数演讲者都会十分详细地介绍公园中每个景色，不肯遗漏半点东西。虽然这样听众会被引导着由这一点到另一点，但最后只能记住一些模糊的瀑布、山岭和喷泉。如果演讲者把自己的话题限定在公园的某一个方面，例如野生动物或者温泉，这场演讲将会令人难以忘怀！这样，你便有时间来介绍那些生动而有趣的细节，将黄石公园那鲜明的颜色和无穷的变化栩栩如生地展现在听众眼前。

这个道理用于任何题目都很有效，不论它讲的是销售术、烤蛋糕、减免税赋或者是炸弹。在演讲开始以前先对题材加以限制和选择，把题目缩小至某一个范围，这样就会适合自己的时间。

在短短的不超过5分钟的演讲里，我们只能期望说明一两点。就算是30分钟的演讲，但演讲者若想包含4个或5个以上的主要概念，也很少会成功。

三、深入思考题材

做浮光掠影的演讲，要比深入事实的演讲容易得多。但前者仅能让听众获得很少的印象，甚至全无印象。因此，在题目范围确定之后，下一步就要问自己一些问题，加深自己的了解，使自己可以用权威的口吻来讲述这个题目："我为什么会相信这一点？我在现实生活中有没有看到？我究竟想要证明什么？它是怎样发生的？"

像这样一类问题的答案可以使你深入思考演讲题材，让听众集中注意力。据说植物界的天才路德·伯班克，为了寻找一两种高级品种而培养了100万种植物品种。演讲也是如此，围绕主题汇集100种思想，然后舍去其中90种。

"我总是搜集比我要使用的材料多10倍的东西，有时甚至达到上百倍，"约翰·甘德不久前这样说。他是畅销书《内涵》的作者。他在这里说的是准备写作或演讲的方法。

有一次，他的行动恰好印证了他的话。当时，他正准备写一系列关于精神病院的文章。他前往各地的医院，和院长、护士及病人分别谈话。我的一位朋友跟随他，为他的研究工作提供了一些小的帮助。后来我朋友告诉我，他们从这栋大楼到另外一栋大楼，不停地上下楼梯，日复一日地沿着走道不知走了多少路。甘德先生记录了许多笔记。在他的办公室，到处都放着政府与各州的报告、私立医院的报告、各委员会的统计资料。

"最后，"我朋友说，"他写了4篇短文，简单而又趣味横生，是很好的演讲题材。写成文章的几张纸也许只有几盎司。可是，那些密密麻麻的笔记本以及其他材料，也即他创作出这几盎司产品的依据，却超过了20磅。"

甘德先生知道自己的回报不值一提，但他也知道自己不应该忽视任何一部分。他是这一行业的资深专家，他把心思全放在上面，然后筛选出金块。

我的一位外科医生朋友也说："我可以在10分钟内教会你如何取出盲肠。然而，要教你出了差错时该如何应付，却要花4年时间。"演讲也是如此：必须做好周密准备，以应付变化。例如，可能由于前一名演讲者的观点，你不得不当场决定改变自己观点的重心；或者是在演讲后的讨论时间里，回答听众关注的更多问题。

选好题目之后，应尽快对其深入思考。千万不能等到演讲的前一两天才去做。如果及早确定了题目，你的潜意识便能为你发挥很大的作用，这对你大有好处。在每天工作完成后的零散时间里，你可以深入思考自己的题材，提炼你想传达给听众的理念。在驾车回家的途中、在等候公共汽车或乘地铁时，你也可以将这些时间用来思考自己的演讲题材。也许灵光一闪的顿悟，正巧来自这段孕育的过程，因为你已经提前思考了题材，你的大脑早已对它做了潜意识的加工。

诺曼·托马斯是世界一流的演讲家，即使面对强烈反对他的政治观点的听众他也能驾驭自如，获得他们的敬佩。他说："如果一篇演讲真的十分重要，演讲者就应该和其主题或内涵融为一体。他必须在头脑里反复思考。他会惊讶地发现，不管是走在街上，还是在看报纸，或者准备睡觉，或者清晨醒来时，自己观点的例证和演讲方式就会自动涌现。平庸的思考只能产生平庸的演讲；这种不可避免的现象，正是因为对题目认识不清楚的结果。"

当你置身于这一过程中时，你会感到一种强烈的诱惑，总想把自己的演讲内容写下来。但千万不要这样做，因为你一旦写下来，它就成了一个固定的形式，你自己也许会觉得很满意了，就会停止更有价值的思考。而且，你甚至会陷入背诵的陷阱。

马克·吐温曾这样评论背诵讲稿：

笔写的东西不是为演讲而准备的；因为它的形式是文学的，生硬而缺乏灵活性，无法再通过嘴来愉悦而有效地传达。如果演讲的目的是想让听众感到快乐，而不是说教，就需要把它们变得温和、简洁，使之尽量口语化，使用一种就像平时并不怎么经过认真思考就说出来的方式。否则，就会烦死整屋子的人，而不是让他们高兴。

查尔斯·吉特林的发明天分促成了通用汽车公司的成长，他也是美国最著名、最真诚的演讲家之一。当他被问到有没有把演讲的内容部分或全部写下来的时候，他说：

"我认为，由于我要讲的话实在太重要了，所以我不能在纸上写下来。我必须把自己一丝一毫的东西都写进听众的脑子里，写进他们的情感中。在我和我尽力想感动的听众之间，纸条是没有存在的空间的。"

四、列举实例使演讲生动有趣

在《流畅的写作艺术》一书中，鲁道夫·弗烈屈在其中一章这样开篇："只有故事才真正具有可读性。"然后他引用了《时代杂志》和《读者文摘》来作为例子。他说，在这两份雄踞畅销排行榜首位的杂志中，几乎每一篇文章都充满了趣闻轶事。因此，在当众讲话中，要想具备驾驭听众注意力的能力，也应该学习这两本杂志中文章的写作方法。

诺曼·文森特·皮尔牧师的讲道，曾通过收音机和电视机而被无数人接受。他说，在演讲中，他最喜欢举出实例来支持自己的论点。他对《演讲季刊》的采访者说：

"用真实的例子，是我知道的最好的方法。它可以使一个观点变得清晰而有趣，更具有说服力。我通常同时采用好几个例子来证明每一个主要论点。"

凡是看过我的书的读者很快也会发现，我同样喜欢用有趣的事例来概括总结我的观点。《人性的弱点》一书中的法则，列出来其实只有一页半，而其余230页全都是故事和例证，解释别人是如何使用这些法则取得实效的。

那么，在演讲中应该怎么做呢？概括起来有5种方法：人性化、个人化、详实化、戏剧化和视觉化。

1. 使演讲富有人性

如果你总是谈事情或观念本身，只会让听众产生厌烦心理；但当你谈到人的问题时，肯定能吸引他们的注意力。在美国所有的土地上，在那些隔着篱笆的后院中，或者在茶几和餐桌上，每天都有几百万人在交谈。那么，他们在谈论什么呢？可以说90%以上的话题都是关于人的：这个说某某太太做了什么事，那个说他看到谁干了什么事，或者谁又发了一笔"横财"，等等。

　　我曾和美国、加拿大的许多小学生一同聚会，并在大会上发表演讲，我很快就总结出一条经验：要想引起他们的兴趣，必须和他们说一些与人有关的事情。每当我谈到一些比较空泛抽象的概念时，孩子们就坐不住了：不是乔尼显得不耐烦而在座位上不停地摇摆，就是汤米对旁边的同伴大做鬼脸，或者贝利又把什么东西扔向另一排座位的同学身上。

　　有一次，我要求一群在巴黎的美国商人以"成功之道"为题做演讲。他们大多数人都只列举了一大串抽象的东西，给了一大堆勤奋工作、持之以恒或者远大目标的说教。

　　于是，我打断了他们："我们都不想听别人说教，也没有人会喜欢。记住，你的话必须让我们感到愉快和有趣，否则不论你说什么我们都不会听的。同时要记住，世界上最有趣的事情，都是那些精致典雅、妙语连珠的趣闻轶事。所以，请说说你所认识的两个人的故事，并分析为什么一个人会成功，而另一个人却失败了。我们会乐意听这样的故事，会记住它，可能还会从中获益。"

　　这个班有个学员，他总觉得要提起自己的兴趣或激发别人的兴趣太难了。可是这天晚上，他就抓住"人的兴趣"的建议，给大家讲了他大学两个同学的故事：一个人小心谨慎，以至于买衬衫也要在不同的商店各买一件，并制出表格显示哪一件最经得起洗熨，穿得最久，以便让每一块钱的投资获得最大的效用。他的心思只在钱上。可是，这个人从工学院毕业后，自视甚高，不愿像别的毕业生那样从基层开始做起。因此当 3 年后同学聚会时，他仍旧在画他的衬衫洗熨表，还在等待好差事凭空降临，结果什么也没有等到。从那时候起，过了 25 年，那个人满腹怨恨与不满，一辈子都在一个小职位上。

　　然后演讲者将这个失败者与另一个同学相比。现在这个同学已经超越了当初的自我期望。他与人相处融洽，大家都喜欢他。他不乏雄心壮志，想成就一番事业，但却从绘图员做起。不过他一直在寻找机会。当时，纽约世界博览会正处在规划阶段，他知道那儿需要工程人才，所以辞去了费城的职务，迁往纽约。他与人合伙，搞起了承包工程的业务，承揽了很多电话公司的业务，最后被博览会高薪聘请。

　　我这里写下来的，仅仅是那位演讲者所说的概述。他本人的讲述中还有许多有趣而充满人情味的细节，使他的演讲妙趣横生。他不停地说着——这个人平时是说不了 3 分钟的——这次他却吃惊地发现自己讲了足足有 10 分钟。由于他讲得太精彩了，大家似乎都觉得太短了。这也是他第一次演讲成功。

　　每个人都可以从这个故事中得到一些启示：如果平淡的演讲能穿插一些

富含人性的趣味故事，将会引人入胜。演讲者应该只提出自己的论点，然后用具体的事例来作为例证。这样的演讲，肯定能抓住听众的注意力。

如果有可能的话，我认为这些故事还应该谈到成功者的奋斗历史，以及经过奋斗而获得成功的过程。我们每个人都对奋斗有十分浓厚的兴趣。有句老话说"世人皆爱情人"，而事实上世人也都喜欢争斗。例如，人们最喜欢看两个男人为了追同一个女孩子而大打出手。

如果你还不相信的话，不妨去读任何一本小说、短篇故事，或看任何一场电影。你将会看到，当所有的障碍都被清除，男主角终于追到女主角时，观众们都意犹未尽地离开戏院。5分钟后，清扫戏院的妇女们就要一面打扫，一面喋喋不休地谈论了。这些完全可以证明我说的是事实。

所有杂志上的小说，也几乎全都是以这种方式来写出来的。那些作者都是先尽一切可能，使读者们喜欢上故事中的男女主角，让他们去追求梦想，但这种梦想首先要显得似乎无法实现，然后再描述男主角或女主角如何通过奋斗而终于获得成功。

一个人如何在恶劣的环境中进行艰苦奋斗，并最终走向成功，这类故事一直都是最激动人心的，也最容易引起人们的兴趣。一位杂志编辑曾告诉我说，关于任何人的真实的个人生活都是很有趣的。如果某个人经历了挣扎与奋斗，只要他把自己的故事准确地说出来，就会引起人们的兴趣。这一点是毫无疑问的。

当然，这种人性化故事最丰富的源泉，正是你自己的生活背景。不要因为觉得不该谈自己，便犹豫不敢说出来。只有当一个人满怀敌意、狂妄自大地谈论自己的时候，听众才会讨厌；否则，听众对演讲者所说的亲历故事都会极感兴趣。亲身经历是抓住听众注意力最可靠的方法，千万不要忽视。

2. 用人名使演讲富有个性

如果讲故事的时候要提到某个人，那就一定要讲出他的名字。不过，为了保护别人的隐私，可以用个假名。即使用的是"史密斯先生"或"乔·布朗"这种不具个人特性的名字，也比使用"这个人"或"一个人"更能使故事生动有趣。姓名有证明和显现个体的功能，就像鲁道夫·弗烈屈指出的："没有什么比名字更能增加故事的真实性了。隐姓埋名是最虚假不过的。"试想一下，如果故事里的主角没名没姓，将是什么样子？

如果你的演讲中使用了具体的名字与个人的代称，你的演讲将会有很强的可听性，因为它已经具备了人性化这一可贵的要素。

3. 使演讲充满细节

对此你可能会存有疑惑："这确实不错，可是我如何才能让我的演讲有足够的细节?"有一个方法可以做个测试,即使用新闻记者写新闻故事时遵循的"5W":时间、地点、人物、事件和原因。如果你依照这五要素来准备,你的举例便会详尽周到,栩栩如生。让我拿自己一件趣事来加以说明吧。这则趣事曾刊登在《读者文摘》上:

"离开大学后,我在铁甲公司当了两年销售员,一直在南达科他州四处跑。我搭乘运货卡车来完成我的旅途。有一次,我正在莱德菲尔,两小时后才能搭上一列南行的火车。由于这里不是我负责的区域,所以我不能利用这段时间去推销。再过不到一年我就要去纽约美国戏剧艺术学院读书,所以我决定利用这段空闲来练习台词。我漫无目的地走过车场,开始演练莎士比亚的戏剧《麦克白》中的一幕。我举起双臂,戏剧性地高呼:'难道我眼前所见是匕首吗?它的手柄正朝着我。来吧,让我抓住你!我抓不着你,但我依然看见了你!'

"正当我沉浸在表演中时,4名警察突然朝我扑来,问我为什么恐吓妇女?就算他们指控我抢劫火车,我都不会这么惊异的。他们告诉我,有一个家庭主妇在30米远的厨房窗帘后面一直看着我。她从没有见过这样的情况,所以打电话给警方。他们到达时,正好听到我在鬼哭狼嚎地表演关于匕首的情节。

"我告诉他们我是在演练莎士比亚戏剧,但是直到我出示了铁甲公司的订货簿以后,他们才放我走。"

请注意,这则故事是如何体现上述五要素的。

不过,细节过多又比没有细节更糟。每个人都会被冗长而肤浅的细节搞得厌烦透顶。你们看,我叙述自己在南达科他州差点儿被捕的经历时,对每一个要素只做了简明扼要的叙述。因此,如果你的演讲全是鸡毛蒜皮的事,听众必然会不耐烦,不会听你讲话。最糟糕的演讲,莫过于不能抓住听众的注意力了。

4. 利用对话使演讲戏剧化

假设你要举例说明自己如何应用人际关系的原则成功地平息了一位顾客的愤怒,你可能会这样开始:

"前几天,有个人闯进了我的办公室。他非常愤怒,因为我们上一周送到他家里去的洗衣机不能正常工作。我对他说,我们将竭尽所能弥补失误。过了一会儿,他平静下来,对我们全心全意要把这件事情做好显得很满意。"

这则小故事有个优点,就是十分详细。可是它缺少姓名、特殊的过程,而且最关键的是缺少能使这件事活生生地呈现在人们面前的真实对话。这里我就给它添加一些对话材料:

"上星期二，我办公室的门砰的一声被推开。我抬起头来，只看见查尔斯·伯烈克逊先生怒气冲天。他是我的一位常客。我还没有来得及请他坐下，他劈头就说：'艾德，我要让你帮我做最后一件事：你马上派一辆卡车去，把那台洗衣机给我从地下室运回来。'

"我问他出了什么事。他气急了，几乎无法清楚地回答。

"'它根本不能用，'他大吼道，'衣服全缠在一起，我老婆讨厌死它、烦死它了。'

"我请他坐下来，让他解释得更清楚些。

"'我才没时间坐呢。我上班已经迟到了！我想我以后再也不会来你这里买电器了。请相信，我再也不买了。'说到这儿，他伸出手来又是拍打桌子，又是敲我太太的照片。

"'听我说，查理，'我说，'你坐下来把情况都告诉我，我愿意替你做你要我做的一切事，好吧？'听了我这话，他这才坐下，我们总算平静地把事情讨论清楚了。"

当然，不可能每次都能把对话加进演讲。不过，你应该可以看出来，上面例子直接引用对话，对于听众而言有助于增加戏剧性。如果演讲者还有模仿技巧，把原来的声调语气表现出来，那么这些对话就更见效果了。而且，对话是日常生活中的会话，可以使演讲更为真实可信。它使你听起来像个充满了真情实意的人，是在隔着桌子说话，而不是像个老学究在学富五车的学会会员面前宣读论文，或像个大演讲家对着麦克风穷吼。

5. 使演讲内容视觉化

心理学家告诉我们，85%以上的知识是通过视觉印象传递给我们的。这正好解释了电视成为广告与娱乐的主要媒介并收效显著的原因。当众讲话也是一样，是一种听觉艺术，同时还是一种视觉艺术。

采用细节来丰富演讲，最好的方法就是在其中加入有利于视觉吸收的展示。例如，你也许要花数小时告诉我如何挥动高尔夫球杆，而我却可能听烦了。可是，如果你站起来表演把球击下球道时该怎么做，那我就会全神贯注地听了。同样，如果你以手臂和肩膀来描绘飞机飘移不定的情形，我肯定会更关注你讲的故事。

我记得在一个工业界人士培训班上的一场演讲，其中的视觉细节实在是一篇杰作。演讲者模仿视察员和效率专家们检查损坏的机器时所做的各种手势与滑稽动作，比我在电视上所看过的一切都形象生动得多。这些视觉细节使那场演讲很难被忘记——至少我是忘不了的。我也相信，其他学员至今一定还会谈到它。

问问自己"我怎样才能给我的谈话加入一些视觉细节"是个好主意。然后就会像古代中国人所观察到的那样，证明"百闻不如一见"的道理。

请听听英国历史学家麦考莱对查理一世的下面这一段谴责。请注意，麦考莱不仅使用了图画，还运用了强烈的对比。这种强烈的对比，一向能吸引我们的兴趣：

"我们指责他破坏了自己的加冕誓言；但是有人却说他维持了婚姻誓言！我们指责他放弃了他的子民，使他们遭受到脾气暴躁的主教的无情打击；而有人却替他辩解说，他把他的小儿子抱在膝上亲吻！我们指责他在答应遵守《权利宣言》之后，却又触犯了其中的条款；而我们却被告知，他每天都在清晨6点做祈祷！"

五、充分利用听众熟悉的语言

演讲者的第一目标是把握听众的注意力。在此过程中，还有一项极为重要的技巧，然而，它却完全被忽视了。一般的演讲者似乎并没有注意到它的存在，恐怕也从未有意识地想到过它。我所指的这一技巧，就是使用能形成图画般鲜明景象的字眼。能够让听众听来轻松愉快的演讲者，最善于在听众眼前塑造鲜明的景象。使用模糊不清、繁琐乏味语言的演讲者，只会让听众打瞌睡。

景象！景象！景象！它就像你呼吸的空气一样，是免费的呀！可是当你把它点缀在你的演讲中时，你就更能让听众感到快乐，也更具影响力。

比如，你想说明尼亚加拉大瀑布每天浪费掉的潜在能量极为惊人，如果你只是平铺直叙地讲述，然后说这些能量如果能够被利用起来，会让更多的人受益，那么你这样的讲述有没有趣呢？当然没有趣。

下面引述爱德文·史洛森在《每日科学新闻公报》中对这件事的报道，看看他说的是不是精彩得多？

"我们知道，美国境内有几百万贫困人口，他们吃不饱、穿不暖。然而，在尼亚加拉瀑布这儿，每小时却平均浪费了25万个面包。我们可以在脑海中这样想象，每小时有60万个新鲜鸡蛋从悬崖上掉下去，在漩涡中制成了一个大蛋糕；或者是印花布不断从一架像尼亚加拉河那样宽1300米的织布机上被织出来，这也就说明有同样数量的布料被浪费掉了；如果把卡内基图书馆放在瀑布底下，大约在一两个小时内就能把整座图书馆装满各种好书。或者，我们还可以想象，一家大百货公司每天从伊利湖上游漂下来，把它的各种商品冲到50米以下的岩石上。这将是一场极为有趣而壮丽的景观，会和目前的尼亚加拉瀑布一样吸引人，而且不必再花钱去维护。"

我们来看看这里面有哪些图画般的词句：

25 万个面包

60 万个鲜蛋从悬崖上掉下去

漩涡中的大蛋糕

印花布从 1300 米宽的织布机上织出来

卡内基图书馆被放在瀑布下、书籍

一个漂浮的大百货公司被冲落

……

它们在每一个句子中跳跃、奔跑，就像澳洲草原上的野兔一样栩栩如生。人们要想不理会这样的演讲或文章，几乎很难，这就像不去看电影院正在放映的电影那样困难。

赫伯特·斯宾塞早就在他那篇著名的论文《风格哲学》中指出，优秀的文字能够激发读者对鲜明图画的联想：

"我们并不做一般性的思考，而是要做特殊性的思考……我们应该尽量避免这样的句子：

"'一个国家的民族性、风俗及娱乐如果残酷而野蛮，那么，他们的刑罚必然也很严厉。'

"我们应该把它改写成：

"'一个国家的老百姓如果喜爱战争、斗牛，并从奴隶公开格斗中取乐，那么他们的刑罚将包括绞刑、烧烙及拷打。'"

《圣经》和莎士比亚的著作中同样充满了图画般的字句，就像蜂蜜围着苹果汁一样多。例如，一位平凡的作家在评论某件事是多余时，他会说这种努力完全是想把已经很完美的事情再加以改善。但莎士比亚又会怎样表达呢？他可以写出不朽的图画般的字句："替精炼过的黄金镀金，替百合花上彩油，把香水洒在紫罗兰上。"

你有没有注意到，那些世代相传的谚语几乎全都具有视觉效果？"一鸟在手，胜过两鸟在林"、"不雨则已，一雨倾盆"、"你可以把马牵到水边，却不能逼它喝水"。在那些流传了好几个世纪而且被广泛使用的比喻里，我们也不难发现同样的图画效果："如狐狸般狡猾"、"僵死得像一枚钉子"、"像薄煎饼那样平"、"硬得像石头"。

林肯也一直使用有视觉效果的语言来讲话。当他厌烦每天送到他白宫办公桌上的冗长而复杂的官方报告时，他并不是用毫无色彩的话来反对，而是用几乎不可能忘记的图像词句来反对。"当我派一个人出去买马时，"他说，"我并不想这个人告诉我这匹马的尾巴有多少根毛，我只希望知道它有什么特点。"

你看，林肯并没有用那种平淡的语句来表达他的意思。

我们要用具体、耳熟能详的语言描绘出内心的景象，使它突出、显著、分明，就像落日余晖映照着公鹿头角的长影。例如，"狗"这个词一般会让人想起某种动物的具体形象——也许是只短腿、长毛、大耳下垂的小猎犬；也许是一只苏格兰犬；也许是一只圣伯纳犬，或者是一只波密雷尼亚犬。但是演讲者如果说出"牛犬"时（一种短毛、方嘴、勇敢而顽强的犬），请注意你的脑海里浮出的形象会更加具体。"一只有斑纹的牛犬"是不是让你有了更鲜明的印象？"一匹黑色的雪特兰小马"，是不是比说"一匹马"形象得多？"一只白色、断了一条腿的矮种公鸡"，是不是比"鸡"这个词更能给人以具体的图像效果？

小威廉·史特茨在《风格之要素》中说道：

"那些研究写作艺术的人，如果说他们的观点有一致的地方，那么这个观点就是：能够抓住读者注意力的最稳妥的方法就是要具体、明确而详细。像荷马、但丁、莎士比亚等最伟大的作家，他们的高明之处，就在于他们在处理特殊的情境和关键的细节时，他们的语句能唤起读者脑海里的景象。"

写作是这样，讲话也同样如此。

多年以前，我和参加"高效演讲"课程班的学员进行了一项实验：讲述事实。我们订了一个规则：演讲者必须在每个句子里加入一个事实、一个专有名词、一个数字或一个日期。这次实验极其成功。学员们拿它当游戏，彼此指出对方的毛病。没花多长时间，他们便不再说那些只会让人感到晦涩不明的语言了，他们说的全都是大街上普通人都能明白的活泼的语言。

法国哲学家艾兰说："抽象的风格总是不好的。在你的句子里，应该全是石头、金属、椅子、桌子、动物、男人和女人。"

日常对话也是如此。事实上，本章所说的一切有关当众讲话的技巧，同样也适用于日常交谈。正是细节使谈话充满了光彩。任何人要想成为一个高超的谈话者，只要牢记这些忠告，就会大有收获。推销员使用它，会发现它特有的魔力；那些公司主管、家庭主妇和教师也将会发现，自己在下达命令和传播知识、传达消息时，因为使用了具体、详实的细节，效果会大大改进。

附："芝加哥杯"获奖演说

让我们来看一篇获奖演说，它可以称得上使用这些原则的典范。

主持人以及各位朋友：

140年前，在我居住的费城，我们伟大的美利坚合众国诞生了。因此，这样一个有着光荣历史的城市，应该有着强烈的美国精神：不仅使它成为我们这个国家最伟大的工业中心，同时也成为全世界最伟大、最美丽的城市。

费城的人口将近200万，面积相当于米尔瓦基和波士顿两地区之和，或者是巴黎与柏林两地区的面积之和。而在我们这个城市209平方公里的土地上，我们将大约5336公顷的好地规划用来建设美丽的公园、广场和林阴大道，使我们的市民有适当的休闲娱乐场所，给每一位正当的美国公民创造了属于自己的优良环境。

朋友们，费城不仅是一个伟大、干净、美丽的城市，也是举世闻名的世界性大工厂。它之所以被誉为"世界性大工厂"，是因为我们有40万人在9200家公司工作，每一个工作日的每10分钟，我们就能生产出价值10万美元的产品。

据一位著名的统计学家统计，在美国没有哪一个城市能和费城那样，生产出同样多的木制品、皮制品、针织品、纺织品、毡帽、五金制品、工具、电池、铁皮船及其他物品。不论白天或黑夜，我们每两个小时就能生产出一辆火车头。在我们国家有一半以上的人都乘坐由费城生产的电车。我们每分钟生产1000支雪茄。

在过去的一年里，我们的115家袜厂为全国的每一位男士、女士及小孩生产了两双袜子。我们这里生产的地毯，比英国和爱尔兰的总和还要多。事实上，我们的商业交易金额是如此巨大，以至于去年我们银行的总交易额达到了370亿美元，这一数字可以偿付美国在第一次世界大战时发行的所有战时公债。

但是，朋友们，尽管我们对我们这个城市伟大工业的发展感到十分骄傲，虽然我们对这个国家最大的医学、艺术及教育中心深感荣耀，但更令我们感到荣耀的是，费城所拥有的私人住宅数量远远超过了世界上任何一座大都市。仅仅在费城，就拥有近40万栋私人住宅。如果把这些住宅一栋紧挨着一栋，放在8米宽的地面上，全长将达到3027公里，可以从费城一路排到我们现在所在的堪萨斯市会议厅，还要继续排到丹佛市。

我们的家庭、我们的教育制度以及我们庞大的工业，全都因为我们城市所具有的真正美国精神而诞生，这是我们祖先所遗留下的传统，所以费城不是适合欧洲君主制度生存的肥沃之地。

费城是这个伟大国家的母亲之城，也是美国自由的基础。第一面美国国旗是在这个城市诞生的，第一届国会也是在这个城市召开的，《独立宣言》也是在这个城市签字的。

也就是在这个城市里，最受爱戴的美国国宝"自由钟"，激励了我们数以百万计的同胞。因此，我们深信，我们有一项神圣的使命：不是崇拜金牛，而是传播美国精神，让自由的火种继续燃烧。因此，在上帝的恩准下，华盛顿、林肯以及罗斯福的政府，将是对全人类的一种启示。

这篇演讲是几年前在全国房地产协会上发表的。它从其他27篇演讲中脱颖而出，获得了第一名，而且即使在今天，它也同样会获奖。这篇演讲结构完美，事实丰富，而且叙述清晰、生动、有趣，里面充满了自由精神，勇往直前，非常值得阅读和研究。

让我们来分析这篇演讲稿。首先看看它的结构：它的结构非常完整，这是很难得的，比你所能想象的还要好。它从一点出发，像大雁振翅般直接飞抵目的地；它从不东游西逛，没有浪费一点儿时间。

这篇演讲具有很强的个性，而且有很强的新鲜感。演讲者一开始就提到了费城的一大特点，其他演讲者不可能用这个特点来说他们的城市：这座城市是美国的诞生之地。

在说到这座城市是世界上最大、最漂亮的城市时，如果仅仅这样说，那就太普通俗套了，也不能给人留下什么印象，演讲者深知这一点。所以，为了说得更具体，演讲者用了这样的话："费城的面积等于米尔瓦基和波士顿两地区之和，或巴黎和柏林两地区的面积之和。"这就很具体、明确而有趣，而且令人感到惊讶。这远比一整页的统计数字更加直观。

接着，他称费城是"举世闻名的世界性大工厂"。这听起来有点夸张，不是吗？而且他这更像是在做宣传。要是他一开始就谈论这个问题的话，可能没有人相信他，也不会注意他的演讲了。但他并没有这样做，而是列举了费城的各种产品：木制品、皮制品、针织品、纺织品、毡帽、五金制品、工具、电池、铁壳船。这样一来，就不像是在做宣传了吧？

接下来又讲费城"不论白天或黑夜，我们每两个小时就生产出一辆火车头；我们国家有一半以上的人都乘坐由费城生产的电车"。听到这儿，我们一定会这样想："哦，我怎么从来不知道这回事？说不定我昨天来的时候坐的就是费城生产的电车。我明天一定要注意看看，我们镇上的电车是从哪里买的。"

当他说到"每分钟生产1000支雪茄……为全国的每一位男士、女士及小孩生产两双袜子。"这时我们的印象更深刻了，也许你会想："或许我最喜欢抽的雪茄就是由费城生产的；还有，我现在脚上穿的这双袜子也是……"

我们再来看看这位演讲者接下来是怎么做的。他是不是又返回到最初提到的费城面积大小的问题，并把他当时忘记的另外一些事实告诉我们呢？不，他没有这样做。对一个小问题，谈完了就不必再回头去谈它。我非常赞赏这一点。

如果一位演讲者从一个问题跳到另一个问题，然后又回过头来再谈前一个问题，就像蝙蝠在黑夜中乱打乱撞，还会有什么比这种演讲者更令人困惑和糊涂的呢？然而，有很多演讲者却经常这样做，他们并没有根据问题的先后次序来讲述，而是像一位橄榄球队队长呼号般地谈论各种问题，甚至比这个还要糟糕。而这位演讲者则按照预定的方向，既不闲逛，也不回头；既不转向，也不偏离，一路向前进行下去。

不过，这篇演讲稿中还是有一个小小的缺点：他说费城是"这个国家最大的医学、艺术及教育中心"，但他只说到这里，然后就急急忙忙地谈论别的事情。其实，这短短的一句话，就想向听众生动地描述事实，还想把它嵌入听众的脑海，这是根本不可能做到的。人的大脑并不是录音机。他对于这个问题只用了这么短的时间，而且如此简单，又不是很具体，恐怕连他自己也不一定会有什么印象，那么对于听众来说，就几乎等于零了。

那么，对这个问题他应该怎么做呢？他当然明白，可以使用和刚才解释"费城是世界性大工厂"一样的技巧。但他也知道，在演讲比赛时，旁边有人拿着跑表在给他计时。而他只有5分钟，一秒钟也不能多；因此，他必须忽略这一点，或是忽略其他的几点。

再看他是如何加深听众对于"费城拥有的私人住宅比世界上任何城市都要多"这句话的印象的。

第一，列举了数据：近40万栋。

第二，将这一数据进行了具体化："如果把这些住宅一栋紧挨着一栋，放在8米宽的地面上，全长达到3027公里，可以从费城一路排到我们现在所在的堪萨斯市会议厅，还要继续排到丹佛市。"

如果他只是简单地列举数据，可能他的话还没有说完，听众就已经忘掉了这些数字。但听众会不会忘记他所描述的场景呢？那就不太可能了。

尽管来源于资料的冷冰冰的事实很重要，但雄辩的口才并不是从它们本身发挥出来的。演讲者深知要制造一个高潮，就必须打动听众的心，触动他们的感觉。所以，当他在提到家庭问题时，使用了情绪性的资料——他赞扬费城是"美国自由之基石"。

自由！这是一个神奇的词语，一个充满了感情的词语，有几百万人为它牺牲了宝贵的生命。这个句子本身就很不错，但演讲者使它变得更为精彩，举出了历史事件和文件资料来支持他的论点，这对于听众来说，是十分亲切而神圣的：

第一面美国国旗在这个城市诞生

第一届美国国会在这个城市召开

《独立宣言》在这个城市签字

自由钟

一个神圣的任务

传播美国精神

让自由之火种继续燃烧下去

……

"因此，在上帝的恩准下，华盛顿、林肯以及罗斯福的政府，将是对全人类的一种启示。"这一下使演讲立即达到了高潮！

这篇演讲的布局，有许多可取之处。但最值得称道的是，如果这篇演讲稿只是以一种缺乏情绪和活力的平静态度讲述出来的话，那么它很可能会失败，而且显得一无是处。但这位演讲者在演讲时，充满了最真挚的情感和热忱。这篇演讲稿能够获得头奖，捧到"芝加哥杯"也就不足为怪了。

第5章　赋予演讲旺盛的生命力

　　在演讲中，旺盛的精力是很吸引人的。我在聘请演讲班的演讲者和指导老师时，首先会要求他们要充满活力，还要具有活泼、热忱等美德。因为人们总喜欢聚集在精力旺盛的演讲者身旁，犹如野鸟总喜欢聚集在秋天的麦田里寻食一样。

　　第一次世界大战刚结束，我就到伦敦，和罗维尔·托马斯共事。他当时正在为阿拉伯的阿伦比和劳伦斯发表一连串精彩绝伦的演讲，听众连连爆满。有一个星期天，我散步走进海德公园。在公园的大理石拱门入口附近，各种思想、种族、政治、宗教信仰的演讲者都可以畅所欲言，不受法律的干预。我先是听了一位天主教徒解释教皇无谬论，然后我又向前走，听到一位社会主义者在谈论卡尔·马克思主义。后来我又走到第三个演讲者那里，他正在阐释一个男人应该有4个妻子才算恰当！然后我站在远处，观察那三群人。

　　反正信不信由你，那个鼓吹一夫多妻制的家伙听众是最少的，屈指可数。另外两个演讲者身边的人群却越来越多。我问自己这是为什么？难道是因为不同的题目吗？我想不是。我观察后认识到，问题出在三位演讲者身上。那位大谈娶4个老婆如何好的家伙，自己却不像有兴趣讨4个老婆的样子；而另外两个演讲者，却针对所有对立的观点来阐释观点，沉浸在自己的演讲中。他们在拼着性命地演讲，舞动双臂做着激烈的手势，声音高昂而充满信念，散发出无穷的热情与活力。

生命力、活力及热情——这三种因素我一直认为是演讲者首先必须具备的条件。人们聚集在生龙活虎的演讲者四周，就像野雁围着秋天的麦田旋转。

那么，怎样才能做到这种富有活力的演讲，牢牢地吸引听众的注意力呢？本章将教你 3 个妙方，帮助你将自己的热情和激情融入演讲中。

一、选择熟悉的话题

在第三章一再强调，对自己的演讲题目要有深刻的感受。除非你对这个题目有特别的偏爱，否则别想让听众相信你。道理很简单，如果你对这个题目有实际接触和经验，对它充满了热情，或者是你已经对题目做过深入思考，有个人的关注（例如你的社区需要更好的学校），那你就会满腔热情，不愁演讲时不会热心了。我至今还记得 20 多年前的一场演讲，因为演讲者的热诚而造成的说服力现在还鲜明地呈现在我的眼前，还没有一场演讲比它更精彩的。我听过很多令人心服的演讲，可是这个被我称之为"兰花和山胡桃木灰"的演讲实例，却因为以热诚战胜常识而独树一帜。

原来，纽约一家极具知名度的销售公司，有一位极优秀的销售员提出了一个反常的观点，说他已经能够使"兰花"在既无花种、又无草根的情况下生长。据说他曾将山胡桃木灰撒在新犁过的地里，然后兰花在眨眼间便长出来了！所以他坚信山胡桃木灰——而且只有山胡桃木灰——才是兰花草长出来的原因。

评论时，我温和地向他指出，如果他这种非凡的发现是真的，将使他在一夜之间暴富，因为兰花的种子价值不菲，而且这项发现还将使他成为人类历史上杰出的科学家。但是我告诉他，事实上没有一个人曾经完成，或有能力完成这个奇迹——从无机物中培植出生命。

这个错误是如此的明显，以至于根本没有必要反驳，所以我平静地告诉了他这些。我说完后，其他学员也看出了他谈话的荒谬之处，但是他却不这么看。他想都没有想，立刻站起来告诉我说他没有错。他对自己的发现极其热衷，甚至到了不可思议的地步，他还大声说没有引用论据，只是陈述了他自己的经验而已。他知道自己在说什么。然后他继续往下说，并扩大了原先的论述，提出了更多的资料，举出了更多的证据，声音中透露出了完完全全的真诚。

我只好再次告诉他，他不可能是正确的，他正确的可能性是零。他马上又站了起来，提出要和我赌 5 美元，让美国农业部来解答这件事。

你猜想发生了什么？这个班的好几个学员开始相信他，还有许多人开始怀疑了。我相信，要是来一次表决的话，这个班有一半以上的商务人士不会同意我的观点。我问他们为什么改变自己最初的观点？他们异口同声地说，是演讲者的热诚和确信使他们对常识产生了怀疑。

既然这样，我只好给农业部写了一封信。我对他们说，问这样幼稚的问题很不好意思。他们当然回答说，要使兰花或其他东西从山胡桃木灰里长出来，是根本不可能的。他们还说收到了另一封同样的信，原来那位销售员真的很相信他自己的发现，因此也给农业部写了信。

这件事给了我一个永难忘记的启发——如果演讲者真的确信某件事，并充满热情地谈论它，便能让人们相信，即使是宣称自己能从尘土和灰烬中培植出兰花也没有关系。既然这样，如果我们大脑中归纳、整理出来的信念是正确的常识和真理，那该会多么令人信服啊！

几乎所有的演讲者都会对自己选择的题目能否引起听众的兴趣心存疑虑。其实，要让人们对你的题目感兴趣，方法很简单：激发你自己对题目的狂热之情，就不愁没有办法激发人们的兴趣。

不久前，我们巴尔的摩培训班的一位学员警告人们，说如果继续用现在捕捞奇沙比克湾石鱼的方法捕石鱼的话，这里的石鱼将会绝迹。他真的非常关注这个问题，因为这件事很重要。他的一言一行无不表明了这一点。在他讲话之前，我并不知道在奇沙比克湾有什么石鱼，我想大多数听众也所知甚少，而且也不怎么感兴趣。可是，由于他表现得如此热切，他还没有讲完，我们都愿意联名，向立法机关请求立法保护石鱼。

有人曾问美国前驻意大利大使理查·华胥本·乔尔德，作为一个意趣无穷的作家，他成功的秘诀是什么？他回答说："我非常热爱生命，所以不能静止不动。我只是觉得必须告诉人们这点罢了。"每个人都会被这样的演讲者或作家情不自禁地吸引。

我有一次在伦敦听人演讲，演讲完后，我的一个同伴本森先生评论说，这场演讲的最后一部分比第一部分更精彩。本森先生是位知名的英国小说家。我问他为什么，本森先生回答说："演讲者自己对最后一部分的兴趣似乎更大一些，而我一向都很注重演讲者的热情和兴趣。"

这里还有一个例子，说明了选择演讲题目的重要性。

有一位先生，我们姑且叫他弗莱恩先生，参加了我们在华盛顿的训练班。在课程开始的一天晚上，他要介绍首都华盛顿。他从一家地方报纸发行的一本小册子里匆匆忙忙地搜集了一些资料，然后为我们演讲。虽然他在华盛顿住了许多年，但却没有举出一个亲身经历来说明他为什么喜欢这个地方，所以听起来十分的枯燥、无序而生硬。他只是一味地陈述一连串枯燥无趣的事实，大家听了不舒服，他自己也很别扭。

但是在两个星期后发生了一件事情让他感触极深：他刚买的新车停放在路边上，被人开车撞坏了，并且司机还驾车逃逸。弗莱恩先生不可能要求保险理赔，只得自掏腰包。这件事来自他的亲身经历。当他介绍华盛顿时语言枯燥，让自己和听众都很难受。当他说起自己的车被撞坏时，却讲得十分真切，滔滔不绝，好似维苏威火山爆发。两星期前，大家听他的演讲时还觉得枯燥无味，现在却发出了热烈的掌声。

我一再指出，如果演讲题目选好了，想不成功也很难。比如谈自己的信念这种题目，就很容易吸引听众！你对自己的生活必然会有强烈的信仰，因此你不必再四处寻找，它们通常就在你的意识当中，你时常都会想到它们。

不久以前，电视台播出了立法委员就死刑举行的听证会。许多证人出席了这次会议，对这个问题提出正反两方面的意见。其中一个证人是洛杉矶警员，他显然对这个议题很有想法。他有 11 位警察同事都死于和罪犯的搏斗中，所以他曾对这个问题再三思考，产生了需要死刑的强烈信念。他饱含真情地说出了自己的理由，引起了听证会上人们的轰动。

历来最伟大的雄辩都来自于演讲者的强烈信念和感觉。真诚是建立在信仰之上的，而信仰则出自内心当中对自己所要说的话题的热爱，出于头脑的冷静思考。"心灵会拥有连理性都不知晓的理性。"我在许多班上都曾见证了帕斯卡这句犀利的话。我记得有一位波士顿律师，他仪表出众，说话畅达，但是他演讲完了之后大家都说："好一个精明的家伙。"原来，他给人一种虚浮的表面印象，在他漂亮词句的背后人们看不到一点真的情感。同一个班上有一个保险公司的推销员，个子很小，长得毫不起眼，说话当中还不时停下来思索接下来该说什么。可是当他演讲时，没有人怀疑不是出自他的真心。

林肯在华盛顿福特戏院遇刺几乎有 100 年了，但是他的一生、他的言辞和真诚情感，却永远留在了我们的记忆里。如果只就法律知识而言，他同时代的许多人都远远超过了他。他缺少优雅、顺畅和精致，但是他在葛底斯堡、古柏联盟和华盛顿国会山上发表演讲的真诚，历史上却无人能够超越。

有个学员对我说，他没有强烈的信念和兴趣。对此我总是很惊讶。我对他说："忙碌起来，让自己对事情产生兴趣！"

"对什么事，比如说？"他问我。

我告诉他说："就鸽子吧。"

"鸽子？"他有些不明白。

"是的！"我告诉他，"就是鸽子。你可以到广场上去看看它们，给它们喂东西，到图书馆去阅读有关鸽子的书，再回来讲你对鸽子的看法。"

他真的这样做了。当他回来演讲时，没有什么能阻止他了。他刚一开始便以养鸟者的狂热来谈鸽子。当我想要他停下来时，他正说到有关鸽子的40本书，他把它们都读了一遍！他作了我曾听过的最有趣味的演讲之一。

我还有一个建议：对自己认为很好的演讲题目，要尽量多了解一些。你对某件事了解得越多，便会越热情。《销售的五大法则》的作者帕西·华廷告诉推销员，对自己推销的东西必须有所了解。他说："对一项优良产品知道得越多，便会对它越热情。"这同样适用于演讲题目——对它们懂得越多，你对它们也就越充满热情。

二、表达自己的真实感受

如果你想告诉听众由于你开车超速，警察把你拦下来的经历，你可以以一个旁观者的身份来讲述。但这事发生在你身上，你会有某种切身感受，这种感受会使你的讲述更加明确。以第三人称的方式表述，是不能给听众留下什么深刻印象的。他们想知道的是，当那个警察开罚单给你时，你是什么感受。所以，你越清楚地描述当时的情形和你当时的感受，你就越能生动逼真地表达自己。

我们去看话剧、电影的原因之一，就是因为我们想要见到或听到感情的表露。我们很害怕当众表露自己的感情，因此去看话剧，以满足这种感情表达的需要。

所以，当众说话时，你就可以根据自己倾注于谈话中的热心程度，来表现自己的热忱与兴趣。不要抑制自己的真挚情感，也不要在自己真实感人的热情上面加个闭气阀。要让听众们看到你对自己谈论的题目有多热忱，你就会抓住他们的注意力。

三、表现出十足的热情

当你走到听众面前准备演讲时，应该表现出对演讲的企盼神态，而不要像一个登上绞刑架的犯人。轻快的步伐也许大部分是假装出来的，但它却能为你创造奇迹，让听众感受到你有东西渴望交流谈论。演讲之前，再深吸一口气。不要靠着讲桌。抬起头，仰起下颚，告诉自己：你现在就要给听众讲一些有价值的事情，因此你全身的每一部分都应该清楚无误地让他们知道这一点。要把自己想象成大权在握，就像威廉·詹姆斯所说的那样，要表现得好像是这样。如果能将你的声音传到大厅的后方，这样的音效会让你更有信心。如果一开始就能使用手势，它们更能令你振奋。

　　杜纳德和伊林诺·雷尔德把这项法则描述为"预热我们的反应"。它适用于任何需要心灵感觉的场合。在他们的著作《有效记忆的技巧》中，雷尔德夫妇认为西奥多·罗斯福总统是这样一个人："活泼而愉快地度过了一生，充满了雀跃、活力、冲撞和热情。这些正是他的标记。他总是对自己要处理的一切事情兴趣浓厚，浑然忘我，或者假装得就像这个样子。"罗斯福也的确是威廉·詹姆斯哲学"表现得热烈，你对自己所做的一切自然会热烈起来"的活生生的阐释者。

　　总之，要牢牢记住这句话：表现出热切，你就会感受到热切。

附：孙中山日本演说

孙中山是中国伟大的资产阶级民主革命先行者，又是中国近代史上一位杰出的演讲家。1905 年 8 月，孙中山在日本东京的中国留学生欢迎大会上发表了《中国决不会沦亡》的演讲，其文如下：

兄弟此次东来，蒙诸君如此热心欢迎，兄弟实感佩铭。窃恐无以符诸君欢迎之盛意，然不得不献兄弟见闻所及，与诸君商定救国之方针，当亦诸君所乐闻者。兄弟由西至东，中间至美国圣路易斯观博览会，此会为新球开辟以来的一大会。后又由美至英、至德、至法，乃至日本。离东二年，论时不久，见东方一切事皆大变局，兄弟料不到如此，又料不到今日与诸君相会于此。近来我中国人的思想议论，都是大声疾呼，怕中国沦为非、澳。前两年还没有这等的风潮，以此看来，我们中国不会亡国了。这都由我国民文明的进步日进一日，民族的思想日长一日，所以有这样的影响。从此看来，我们中国一定没有沦亡的道理。

今日试就我游历过各国的情形，与诸君言之。

日本与中国不同者有二件：第一件是日本的旧文明皆由中国输入。五十年前，维新诸豪杰沉醉于中国哲学大家王阳明知行合一的学说，故皆具有独立尚武的精神，以成此拯救 4500 万人于水火中之大功。我中国人则反抱其素养的实力，以赴媚异种，故中国的文明遂至落于日本之后。第二件如日本衣、食、住的文明乃由中国输入者，我中国已改从满制，则是我中国的文明已失之日本了。后来又有种种的文明由西洋输入。是中国的文明开化虽先于日本，究竟无大裨益于我同胞。

渡太平洋而东至美国，见美国之人物皆新。论美人不过由四百年前哥伦布开辟以来，世人渐知有美国；而于今的文明，即欧洲列强亦不能及。去年圣路易斯的博览会为世界最盛之会，盖自法人手中将圣路易斯买来之后，特以此会为纪念。美国从前乃一片洪荒之土，于今四十余州的盛况，皆非中国所能及。兄弟又由美至英、至法、至德，见各洲从前极文明者，如罗马、埃及、希腊、雅典等皆败，极野蛮者如条顿民族等皆兴。中国的文明已有数千年，西人不过数百年，中国人又不能由过代之文明变而为近世的文明；所以人皆说中国最守旧，其积弱的缘由也在于此。殊不知不然。不过我们中国现在的人物皆无用，将来取法西人的文明而用之，亦不难转弱为强，易旧为新。盖兄弟自至西方则见新物，至东方则见旧物，我们中国能渐渐发明，则一切旧物又何难均变为新物？如英国伦敦，先无电车而用马车，百年后方用自行车而仍不用电车。日本去年尚无电车，至今而始盛。中国不过误于从前不变，若如现在的一切思想议论，其进步又何可思议！又皆说中国为幼稚时代。殊不知不然。中国盖实当老迈时代。中国从前之不变，因人皆不知改革之幸福，以为我中国的文明极盛，如斯已足，他何所求。于今因游学志士见各国种种的文明，渐觉得自己的太旧了，故改革的风潮日烈，思想日高，文明的进步日速。如此看来，将来我中国的国力能凌驾全球，也是不可预料的。所以各志士知道我们中国不得了，人家要瓜分中国，日日言救中国。倘若是中国人如此能将一切野蛮的法制改变起来，比美国还要强几分的。何以见之？美国无此好基础。虽西欧英、法、德、意皆不能及。我们试与诸君就各国与中国比较而言之：

日本不过我中国四川一省之大，至今一跃而为头等强国；

美国土地虽有清国版图之大，而人口不过8000万，于今美人极强，即欧人亦畏之；

英国不过区区海上三岛，其余都是星散的属地；

德、法、意诸国虽称强于欧西，土地人口均不如我中国；

俄现被挫于日本，土地虽大于我，人口终不如我。

则是中国土地人口，世界莫及。我们生在中国，实为幸福。各国贤豪皆美慕此英雄用武之地，而不可行。我们生在中国，正是英雄用武之时，反而都是沉沉默默，让异族儿据我上游，而不知利用此一片好山河，鼓吹民族主义，建一头等民主大共和国，以执全球的牛耳，实为可叹！

所以西人知中国人不能利用此土地也，于是占旅顺、占大连、占九龙等处，谓中国人怕他。殊不知我们自己能立志恢复，他还是要怕我的。即现在中国与美国禁约的风潮起，不独美国人心惶恐少，欧西各国亦莫不震惊。此不过我国民小举动耳，各国则震动若是，倘有什么大举动，则各国还了得吗？

所以，现在中国要由我们四万万国民兴起。今天我们是最先兴起一日，从今后要用尽我们的力量，提起这件改革的事情来。我们放下精神说要中国兴，中国断断乎没有不兴的道理。

即如日本，当维新时代，志士很少，国民尚未大醒，他们人人担当国家义务，所以不到三十年，能把他的国家弄到为全球六大强国之一。若是我们人人担当国家义务，将中国强起来，虽地球上六个强国，我们比他还要大一倍。所以我们万不可存一点退志。日本维新须经营三十余年，我们中国不过二十年就可以。盖日本维新的时候，各国的文物他们国人一点都不知道；我们中国此时，人家的好处人人皆知道，我们可以择而用之。他们不过是天然的进步，我们这方才是人力的进步。

又有说中国此时的政治幼稚、思想幼稚、学术幼稚，不能猝学极等文明。殊不知又不然。他们不过见中国此时器物皆旧，盖此等功夫，如欧洲著名各大家用数十余年之功发明一机器，而后世学者不过数年即能造作，不能谓其躐等也。

又有说欧美共和的政治，我们中国此时尚不能合用的。盖由野蛮而专制，由专制而立宪，由立宪而共和，这是天然的顺序，不可躁进的；我们中国的改革最宜于君主立宪，万不能共和。殊不知此说大谬。我们中国的前途如修铁路，然此时若修铁路，还是用最初发明的汽车，还是用近日改良最便利之汽车，此虽妇孺亦明其利钝。所以君主立宪之不合用于中国，不待智者而后决。

又有说中国人民的程度，此时还不能共和。殊不知又不然。我们人民的程度比各国还要高些。兄弟由日本过太平洋到美国，路经檀香山，此地百年前不过一野蛮地方，有一英人至此，土人还要食他，后来与外人交通，由野蛮一跃而为共和。我们中国人的程度岂反比不上檀香山的土民吗？后至美国的南七省，此地因养黑奴，北美人心不服，势颇骚然，因而交战五六年，南败北胜，放黑奴二百万为自由民。我们中国人的程度又反不如美国的黑奴吗？我们清夜自思，不把我们中国造起一个20世纪头等的共和国来，是将自己连檀香山的土民、南美的黑奴都看作不如了，这岂是我们同志诸君所期望的吗？！

所以我们决不能说我们同胞不能共和，如说不能，是不知世界的进步，不知世界的文明，不知享这共和幸福的蠢动物了。

若使我们中国人人已能如此，大家已担承这个责任起来，我们这一份人还稍可以安乐。若今日之中国，我们是万不能安乐的，是一定要劳苦代我四万万同胞求这共和幸福的。

若创造这立宪共和二等的政体，不是在别的缘故上分判，总在志士的经营。百姓无所知，要在志士的提倡，志士的思想高，则百姓的程度高。所以我们为志士的，总要择地球上最文明的政治法律来救我们中国，最优等的人格来待我们四万万同胞。

若单说立宪，此时全国的大权都落在人家手里，我们要立宪，也是要从人家手里夺来。与其夺来成立宪国，又何必不夺来成立共和国呢？

又有人说，中国此时改革事事取法于人，自己无一点独立的学说，是事先不能培养起国民独立的性格来，后来还望国民有独立的资格吗？此说诚然。但是此时异族政府禁端百出，又从何处发行这独立的学说？又从何处培养起国民独立的性格？盖一变则全国人心动摇，动摇则进行自速，不过十数年后，这"独立"两字自然印入国民的脑中。所以中国此时的改革，虽事事取法于人，将来他们各国定要在中国来取法的。如美国之文明仅百年耳，先皆由英国取法去的，于今为世界共和的祖国；倘是仍旧不变，于今能享这地球上最优的幸福不能呢？

若我们今日改革的思想不取法乎上，则不过徒救一时，是万不能永久太平的。盖这一变更是很不容易的。

我们中国先是误于说我中国四千年来的文明很好，不肯改革，于今也都晓得不能用，定要取法于人。若此时不取法他现世最文明的，还取法他那文明过渡时代以前的吗？我们决不要随天演的变更，定要为人事的变更，其进步方速。兄弟愿诸君救中国，要从高尚的下手，万莫取法乎中，以贻我四万万同胞子子孙孙的后祸。

这篇演讲发表于中国同盟会成立之前七天，反映了孙中山先生的"驱逐鞑虏，恢复中华，建立民国，平均地权"的斗争纲领和"民族、民权、民生"的三民主义精神。从这篇演讲中，我们不难体会到孙中山的满腔爱国主义热情。

孙中山在演讲中热切地向听众阐明了博采众长、实行民主共和的主张，有力地证明了中国决不会沦亡的主题。全文立驳结合得当，既没有直接点名，又有力地批驳了改良派的谬论，坚定了改革的自信心，鼓舞了听众。尤其是多处设问和反问，更充分体现了孙中山先生朴实严谨、气势雄伟的演讲风格。

第6章　与听众融为一体

鲁塞·康威尔著名的演讲《钻石宝地》，总共发表过近6000次。你或许会想，重复这么多次的演讲，可能已经根深蒂固地刻在演讲者的脑海里，演讲时的字句音调该不会再变了吧？事实却并非如此。康威尔博士知道，听众的情况各不相同，因此他明白必须让听众感到他的演讲是个性化的、活生生的东西，是特意为他们准备的。

他是如何在一场接一场的演讲中成功地维系演讲者、演讲和听众之间轻松愉快的关系的呢？

"当我到了某个城市或某个镇时，"他写道，"总是先去拜访那些邮政局长、理发师、旅馆经理、学校校长、牧师，然后走进店里同人们交谈，了解他们的历史和他们所拥有的发展机会。然后，我才发表我的演讲，对那些人谈论适合他们当地的话题。"

康威尔博士很清楚，成功的沟通有赖于演讲者使他的演讲成为听众的一部分，并且使听众成为演讲的一部分。这也正是《钻石宝地》成为最受欢迎的演讲，但我们却找不到一本演讲词的副本的原因。由于康威尔博士聪敏、洞察人性，而且又勤奋谨慎，所以这一相同的题材尽管已经给大约6000场的听众讲过，但同一次演讲不会说两次。

从康威尔博士的例子中你应该有所领悟：准备演讲时，头脑里应该想着特定的听众。这里有一些简单的法则，可以帮助你建立起与听众之间和谐密切的关系。

一、根据听众的兴趣演讲

这正是康威尔博士采用的方法。他会在自己的演讲中加入许多当地俗谈和实例。听众之所以对他感兴趣，就是因为他的谈话与他们有关，与他们的兴趣有关，与他们的问题有关。这种与听众本身及其兴趣相关联的内在联系，能够牢牢抓住听众的注意力，保证沟通渠道的畅通无阻。艾力克·琼斯顿是美国前商会会长，现为动作电影协会会长，在他的每一场演讲中几乎都应用了这种技巧。下面来看看他在俄克拉荷马大学的毕业典礼上是如何巧妙地使用这个方法的：

各位俄克拉荷马的公民，对于那些习惯危言耸听的小商小贩们应是再熟悉不过了。各位只需稍稍回想一下，便会想起来，他们一向将俄克拉荷马州排除在外，认为它是永远绝望的冒险。

噢，在 20 世纪 30 年代，所有绝望的乌鸦都告诉其他乌鸦，最好是避开俄克拉荷马，除非他们自己携带干粮。

他们认为俄克拉荷马是美洲新沙漠中永远难以改变的一部分。他们这样形容道："这里永远都不会有东西开花。"但是到了 40 年代，俄克拉荷马却成了花园，连百老汇也要举杯为它祝福。因为在那儿，"当雨后微风吹来，便有小麦波浪起伏，散发出清香。"

在短短的 10 年之内，这个曾经干旱肆虐的地区，到处都是茂盛的玉米秆。

这是信仰的结果——也是有计划地冒险的结果……

因此，我们在考察自己时代的时候，应该总是看到美好的远景，而不是停留在昨天的阴影之中。

当我准备访问这里的时候，我先看过了《俄克拉荷马日报》卷宗，知道了这里 1901 年春天的景象。我想体会一下 50 年前本地的生活。

结果我发现了什么？

噢，我发现它描述的全是俄克拉荷马的未来，重心都放在了对将来的希望上。

这是一个根据听众兴趣来演讲的极好例子。艾力克·琼斯顿采用的这一有计划的冒险事例源自听众身边，使听众们觉得他的演讲不是油印出来的拷贝文件，而是特意为他们准备的。演讲者根据听众的兴趣来演讲，听众当然不会转移注意力。

要先问问自己，你的演讲如何帮助听众解决他们的问题，怎样才能达到他们的目标？然后开始讲给他们听，这样就会让他们全神贯注。如果你是个会计师，你的开场白可以这样："我现在要教你们如何节省 50 到 100 美元税收。"或者如果你是一位律师，你可以告诉听众如何立遗嘱。你肯定会让听众兴致勃勃地听下去。事实上，在每个人的知识积累中，必然会有某个题目能对听众有所帮助。

曾有人问英国报业巨子诺斯克利夫爵士，什么东西能够激发人们的兴趣，他回答说："人们自己。"他就是根据这一单纯的事实建立了一个报业帝国。

詹姆斯·哈维·鲁滨逊在《思想的酝酿》一书中，形容幻想是"一种出于自然的、最受欢迎的思想"。他接下去说，在幻想中，我们允许自己的思想各自沿着它的方向前进，而它的方向又取决于人们的希望或恐惧；取决于人们的成功或幻灭；取决于人们的喜、怒、哀、乐等情绪。世上再也没有比我们自己更令我们感兴趣的事了。

许多人在演讲时，只谈论自己感兴趣的事情，但是听众对这些事情却感到无聊至极，所以他就不能成为一名成功的演讲者。所以，你不妨反过来做：引导别人谈论他们自己的兴趣、他们自己的事业、他们自己的高尔夫成绩、他们自己的成就；例如，当对方是一位母亲时，你不妨谈谈她的孩子。专心聆听他人的谈话，你会给他人带来很多乐趣。那么，即使你说话很少，你也会被他人认为是一位很好的谈话对象。

来自费城的哈罗德·杜怀特，在一次毕业宴会上做了一场非常成功的演讲。他依次谈到了桌边的每个人。他说刚上演讲课的时候，自己并不善于讲话，而现在进步多了。他一边回忆同学们所做的演讲和讨论过的题目，一边夸张地模仿其中一些人，逗得大家开怀大笑。

像他这样的演讲，是不可能失败的，这是绝对理想的谈话题材。天底下没有什么题目比这更能令大家感兴趣的。杜怀特先生真是通晓人性。

几年前，我替《美国杂志》写过一系列文章，有幸和约翰·西德达先生交谈。当时他正主持杂志的《有趣人物》专栏。

"人都是自私的，"他说，"他们只对自己感兴趣。他们并不怎么关心政府是否应该把铁路收归国有，但他们却想知道如何才能获得晋升，如何才能得到更多的薪水，如何保持健康。如果我是这家杂志的总编辑，我将告诉读者如何保护好他们的牙齿，如何洗澡，如何在夏天保持清凉，如何找到一份好工作，如何应付雇员，如何买房子，如何记忆，如何避免文法错误，等等。另外，人们也总是对别人有趣的经历感兴趣，所以我会邀请一些大富翁谈谈他们如何在房地产中赚进几百万美元。我还要请一些著名的银行家及各大公司的总裁，谈谈他们是如何从底层奋斗到有权有势的地位的。"

不久，西德达真的当上了总编辑。当时这家杂志的销量很小。西德达立即按照自己的构想开展工作。结果怎样呢？情况发生了巨大变化，销售量急剧上升，达到 20 万份、30 万份、40 万份、50 万份，以至于更多，因为它的内容是一般民众想知道的。没多久，杂志每个月销售量就达到了 100 万份，然后是 150 万份，最终达到了 200 万份。但它并没有就此停住，而是持续上升了许多年。西德达满足了读者们的兴趣，因此获得了成功。

当你下次面对听众时，要把他们想象成急切地想听你说什么——只要对他们有用就行。演讲者如果不考虑听众自我中心的天然倾向，就会发现自己面对的是一群烦躁不安的听众。他们会局促不安，表现出不耐烦，不时地看手表，并且渴望离开。

二、真心诚意地赞美听众

听众由单个的人组成，他们的反应亦如个人的反应。公然批评听众，必然会导致愤懑。如果你对他们所做的值得称赞的事情表示赞美，你就会赢得通往他们心灵的护照。但这常常需要你去认真研究。例如这样肉麻的句子"各位是我曾见过的最有智慧的听众"，也许会被大多数听众认为是空洞的谄媚而招致反感。

我想引用著名演讲家琼西·德普的话：你必须"告诉他们一些有关他们的事，这些事情他们没想到你可能会知道"。

例如，有个人最近要在巴尔的摩的基瓦尼俱乐部发表演讲，却找不到该俱乐部的特殊资料，只知道在该俱乐部会员里曾有一位出任国际会长、一位出任国际董事。这些情况对俱乐部的人来说并不是新闻。但这个人却使大家感到了与众不同的东西。他是这样开场的："巴尔的摩基瓦尼俱乐部是 101898 个基瓦尼俱乐部中的一个！"会员们听了有些奇怪：这个演讲者大错特错——因为全球只有 2897 个基瓦尼俱乐部。然后这位演讲者接着说：

"就算各位不相信，它仍然是事实，至少在数学方面是这样。各位的俱乐部是 101898 个当中的一个，不是 10 万或 20 万个当中的一个，而确实是 101898 当中的一个。

"我是如何计算出来的呢？不错，国际基瓦尼组织只有 2897 个俱乐部。但是，巴尔的摩俱乐部过去曾出过一位国际会长和一位国际董事。从数学的观点来看，任何一个基瓦尼俱乐部想同时出一个国际会长和董事的几率是 $1:101898$。我有琼斯·霍普金斯大学的数学博士学位，可以证明我计算出来的数字的准确性。"

表示赞美的时候要确实出自真心诚意。没有诚意的话偶尔会骗过一两个人，却不能永远欺骗听众。例如"这样高度智慧的听众……"、"来自霍霍柯斯、新泽西的美女和侠士的特别聚会……"、"我真高兴在这儿，因为我爱你们每一位"……千万不要这样肉麻！如果你表示不出真心诚意的赞美，最好什么也别说。

三、与听众建立友谊的桥梁

演讲时，要尽快指出你正与之谈话的听众之间存在某种直接的关系。如果你感到被邀请很荣幸，不妨说出来。哈罗德·麦克米兰在印第安纳州绿堡的德堡大学跟毕业班学生讲话时，一开始就这样建立了沟通的纽带。

"我很感激各位亲切的欢迎词，"他说，"身为大不列颠首相，我应邀前来贵校，的确非比寻常。不过我感到，我现在就任的政府职位，恐怕不是各位盛情邀请我的主要原因。"

接着，他提到自己的母亲是美国人，出生在印第安纳州，而他的父亲则是德堡大学首届毕业生。

"我可以向各位保证，能和德堡大学有些关系，使我感到无上光荣，"他说，"并以能重温故乡的传统而骄傲。"

可以肯定，麦克米兰提到这所美国学校，以及母亲和身为该校先驱的父亲，立刻为自己赢得了友谊。

另一种建立友谊的方法，就是提及听众中某些人的名字。

在一次宴会上，我紧挨着坐在主讲人边上。我很奇怪他对每一个人都非常好奇。他不停地向宴会的主人打听，比如那个穿蓝色西装的人是谁，或那位帽子缀满了鲜花的女士芳名叫什么。直到他站起来讲话时，我才了解他为什么好奇——他非常巧妙地把他刚才打听到的名字用到了自己的演讲中，我看到那些名字被他提到的人脸上洋溢着欢乐，而这个简单的技巧也为演讲者赢得了听众温暖的友情。

再来看看通用动力公司总裁小弗兰克·佩斯是如何使用几个名字便使演讲产生效果的。他在纽约美国生活宗教公司一年一度的晚宴上做的演讲：

"从很多方面来讲，今晚对我而言是一个愉快而且很有意义的晚上，"他说，"首先，我的牧师罗伯·阿勃亚便坐在听众席中。他的语言、行为和领导，已使他成为我个人、我的家人以及我们所有听众的一种激励和启示……其次，路易·施特劳斯和鲍伯·史蒂文斯两人对宗教的热诚，已从他们对公共事业的热情支持上表露无遗。能坐在他们二位中间，是我莫大的快乐……"

不过有一点需要小心：如果你准备在演讲中用到陌生的名字，而这些名字是你通过询问得知的，那你必须确保正确无误，必须确实了解自己使用这些名字的原因，而且只能以友好的方式提到它们，当然还得有一定的节制。

让听众始终保持高度注意力的另一个方法，就是在演讲中使用第二人称代词"你们"，而不是使用第三人称"他们"，这样可以让听众保持一种亲自参与的感觉。我在前面已经指出，演讲者如果想抓住听众的注意力和兴趣，是不能忽视这一点的。下面摘录了我们纽约培训班一位学员题为《硫酸》的演讲词的几段来作为实例。

我们一般用品脱、夸脱、加仑或桶等单位来计量液体。比如我们说几夸脱酒、几加仑牛奶，或者几桶蜂蜜。在发现新油井之后，我们会说它的产量是多少桶。不过，有一种液体，由于它的生产和消耗量都太大了，必须以吨作为计量单位——这种液体就是硫酸。

硫酸和我们的生活联系密切。如果没有硫酸，你们的汽车就不能行驶，因为提炼汽油和制造汽车时，必须用到硫酸。不论是你们办公室的电灯，还是你们家里的灯，如果没有硫酸就不会点亮。

在你们放水洗澡时，那镍质的水龙头在制造过程中也要使用硫酸。你们使用的肥皂也可能是用油脂和硫酸制成的。你们发刷上的鬃毛和假象牙梳子，如果没有硫酸也制造不出来。你们的刮胡刀在经过锤炼后，也一定要浸在硫酸中做处理。

你每天都要穿上内衣，套上外套，扣好纽扣。但你知道吗？布匹的漂白和染色没有硫酸也不能完成；制造纽扣的人也会感到，制造纽扣少了它也不行。皮革制造者使用硫酸来处理你脚上穿的皮鞋的皮革；当我们把皮鞋擦亮时，硫酸又发挥了它的作用。

接着你下楼用早餐。如果你使用的杯子和盘子刚好不是纯白色的，那就更是少不了它。因为硫酸一直被用来制造镀金和其他装饰性染料。如果你的汤匙、刀叉是镀银的，也要在硫酸中浸过。

你每天吃的面包或卷饼由小麦做成，但这些小麦在生长过程中，要使用磷酸盐肥料，而这种肥料的制造更需要大量的硫酸。如果你吃的是荞麦饼和糖浆，也少不了它……

总之，在你每天的每一个时间里，在你生活的每一个层面，它都会影响到你。不管走到哪儿，你都无法逃过它的影子。没有硫酸，我们不但打不了仗，也不能建设和平的生活。因此，这种对人类极为重要而且是最基本需要的硫酸，真的不应该被忽视……但是很不幸，大家真的忽视了它。

这位演讲者通过巧妙地使用"你们"，把听众融入了具体的情景中，因此吸引了听众的持续注意。不过，有些时候使用"你们"却是很危险的，它可能不是在你和听众之间建立友谊的桥梁，而是会造成分裂。例如，当你以智者的身份居高临下地对听众讲话或说教时，这种情形便会发生。这时候，最好是说"我们"，而不是"你们"。

美国医药协会健康教育主任包尔博士，在广播和电视演讲中就经常使用这种技巧。"我们都想知道如何选个好医生，是不是?"他在一次谈话中说，"如果我们想从医生那里获得最好的服务，那我们是不是需要知道如何做个好病人呢?"

四、鼓励听众参与演讲

你是否想过，怎样用点小小的表演技巧，就能让听众紧跟着你的讲话?如果你在演讲时让听众协助你展示某个观点，或者把你的观点戏剧化地表现出来，那么听众对你的注意力就会明显提升。这是因为当听众中的一个人被演讲者带入"表演"中时，听众们就会敏锐地注意到所发生的事。如果在讲台上的人和讲台下的人之间有一堵墙——就像许多演讲者所说的那样——利用听众的参与就可以推倒这堵墙。

我还记得，有个演讲者为了说明汽车在刹车后，还必须前进多长的距离才能够停住，请了前排一位听众出来，帮他展示汽车在不同速度下这个距离有什么变化。这个听众拿着钢卷尺的一端，沿着走道把它拉长到45尺处演讲者示意他停下来的地方……在这位听众演示的过程中，我注意到其他听众也是全神贯注。他使用的那条卷尺除了能生动地展现演讲者的论点之外，还成了演讲者与听众之间沟通的桥梁。若不是使用这一展示方法，听众可能还在想着晚饭吃什么，或者晚上看什么电视节目!

我最喜欢使用的让听众参与演讲的方法，就是提问并让听众回答。我喜欢请听众站起来，跟着我重复一句话，或举手回答我的问题。帕西·华廷有一本书叫《如何在演讲和写作中运用幽默》，也提出了一些如何让听众参与进来的忠告。他建议让听众对一些事情进行表决，或邀请他们共同解决问题。

"确保自己的思想是正确的，"华廷先生说，"正确的思想会让演讲不像是在背诵，它可以引起听众的反应，把听众变成企业的伙伴。"

我很喜欢他把听众描述为"企业的伙伴"。这是本章所讨论的重点。如果能让听众参与进来，你就把合伙人的权利送给了他们。

五、保持谦虚谨慎的态度

在演讲者和听众之间的所有关系中，真诚是最重要的。诺曼·文森特·皮尔给了一位牧师一些有用的忠告——那个牧师讲道时简直没有办法抓住听众的注意力。他让牧师问自己，他对每个星期天早晨都要布道的人们怀有什么样的感情——是否喜欢他们？是否愿意帮助他们？是否认为自己比他们智力高出一等？皮尔博士说，他登上讲坛时，每次都对即将面对的男男女女怀着强烈的感情。演讲者如果自认为在智力或社会地位上比别人高出一等，听众一听就会很清楚。所以，如果演讲者想得到听众的爱戴，最好保持谦虚谨慎的低姿态。

艾德蒙德·穆斯基担任缅因州参议员时，曾在波士顿的美国辩论协会的一次讲话中展示了这种技巧。

"今天，我被派来履行自己的职责，心里确实有些担心。"他说，"首先，我很清楚你们全都是专家，我在这里是班门弄斧，在你们犀利的目光下只会暴露自己的愚蠢，不知我这样做是不是明智之举。第二，这是一次早餐会，而早晨又是一个人警觉性最差的时候，对于一位政客来说，如果失败，后果将不堪设想。第三，我要讲的题目是'辩论对我公仆生涯的影响'。由于我在政坛上比较活跃，这对我的选民的影响很可能会形成尖锐的意见分歧。

"面对这些担心，我感觉自己就像一只蚊子，无意间闯入了天体营，不知从哪儿开始才好。"

穆斯基议员就这样开始，发表了一场精彩的演讲。

阿德莱·史蒂文森在密歇根州立大学毕业典礼上的演讲，一开始也采取了低姿态。他说：

"在这样的场合，我总是感到心有余而力不足。我想起了有一次塞缪尔·巴特勒被问到如何充分利用生命时的谈话。他说：'我甚至不知道如何很好地利用下面的 15 分钟呢。'现在我对这 20 分钟也有相同的感觉。"

如果你想让听众敌视你，最好的办法就是让他们感觉你高高在上。演讲时，就如同把自己放在橱窗里展示，你人性中的每一侧面都暴露出来了，只要你稍稍有一点自夸，就注定要失败。但你若表现出患得患失、没有信心，那也是很糟糕的。你可以谦虚，但不能表现出患得患失、没有信心的样子。只要你表示出要尽力讲好，并说自己才识有限，听众就会喜欢你，尊敬你。

美国电视界竞争非常残酷，每一季收视率最高的演员都要陷入这种竞争。在这里能够保持常胜的演员只有艾德·萨利文。他不是电视专业人员，而是一位新闻从业人员。他在竞争激烈的电视圈里只算是个业余选手。他之所以能够在竞争中取胜，是因为他没有把自己看得很高，只认为自己就是业余的。他在镜头前会有些不自然的举动，别人也都可能会认为这是一种失误，他会手撑下巴，弓着两肩，拉扯领带，说话结巴……但这些缺陷都无损于他；即使有人批评他，他也不计较。他每个季度至少要请一位模仿高手在电视里惟妙惟肖地模仿自己，并夸大自己的缺点。他会和别人一样对这些可笑的动作哈哈大笑。他欢迎批评，观众也因此而喜欢他。因为观众喜欢谦逊，厌恶自大自夸的卖弄者。

亨利和丹纳·李·托马斯在他们的著作《现代宗教领袖传》中这样评述孔子："他从不向人们炫耀自己的知识。他只是用自己的仁德之心，设法启迪人们。"如果我们能有这样的包容，我们便掌握了打开听众心扉的钥匙。

附：鲁塞·康威尔《钻石宝地》

鲁塞·康威尔是与卡耐基同时代的著名人士，他一生做过校长、律师、牧师、组织者、思想家、作家、讲演家、教育家、外交官和领导，以其巨大的成就而闻名于世。但令康威尔闻名于世的，还是他那篇先后作了6000次的著名演讲《钻石宝地》。在谈到这篇演讲之所以成功的奥秘时，康威尔说："当我到了某个城市或某个镇时，总是先去拜访那些邮政局长、理发师、旅馆经理、学校校长、牧师，然后走进店里同人们交谈，了解他们的历史和他们所拥有的发展机会。然后，我才发表我的演讲，对那些人谈论适合他们当地的话题。而《钻石之地》所包含的思想始终如一，这个思想就是：在我们国家，每个人凭着自己的本领、自己的活力和自己的朋友，都有机会比自己目前更有作为。"

康威尔的演讲激励了成千上万年轻人，使他们为了梦想而去努力奋斗。下面这篇演讲就是康威尔博士在费城的演讲内容：

很多年前，我随着一队英国旅行者沿底格里斯河和幼发拉底河顺流而下。我们在巴格达雇了一位阿拉伯老向导。我常想，这位向导在某些精神特征上和我们多么相似。他认为带我们顺流而下，做他已经得了酬劳的事不仅是他的责任，而且还用一些稀奇古怪的故事来让我们开心，这些故事既有古代的也有现代的，既有我们陌生的也有我们熟悉的。这些故事有许多我已经忘了，我也愿意这样，但是有一个故事我永难忘记。

老向导牵着缰绳领着我的骆驼，沿那条古老的河流向前走，给我讲一个又一个故事，直到我听得厌烦，不想再听了。当我不想再听时，老向导就会生气，而我却从不生气。我还记得他脱下土耳其帽，挥舞成一个圆圈，以便引起我的注意。我可以从眼角瞥见他的动作，但决定不再正眼看他，担心他会再讲另一个故事。虽然我不是女人，可我还是忍不住看了他一下，他果然马上又讲起另一个故事来。

他说："我要讲一个只为特殊朋友讲的故事。"当他强调"特殊朋友"时，我用心听起来，我很高兴这样做。我真的由衷地感激，1674位年轻人也正是因为这一演讲的鼓舞而读完了大学，他们也高兴我当初听了那个故事。老向导告诉我：从前，在印度河不远的地方，住着一个老波斯人，他叫阿里·哈菲德。老向导说：阿里·哈菲德有一个很大的农场，那里有果园、谷地和花园；他靠利息挣钱，是一个富有而满足的人。他因为富有而满足，又因为满足而富有。一天，一位老和尚拜访了这位波斯老农，这位和尚是东方的贤明之士。他坐在炉火旁边，告诉老农我们这个世界是如何形成的。他说，这个世界曾经只是一团浓雾，佛把手指伸入浓雾中，开始慢慢转动他的手指，速度越来越快，直到最后把浓雾旋转成一个实心火球。然后，火球旋转着穿越宇宙，燃烧着穿过其他浓雾，使外表的湿气浓缩，最后它酷热的表层遇上大雨，外层地壳冷却下来。然后，它内部的火焰从地壳喷射出来，将我们这个美妙世界的大山小丘、山谷、平原和大草原猛然掀起。如果这种内部的熔化物质喷射出来后很快冷却，就会变成花岗石；如果冷却的速度慢一些就会变成铜，再慢一些就会变成银，再慢一些就会变成金，再后来就会变成钻石。

老和尚说："钻石是阳光凝结后掉下来的物质。"从科学的角度来讲这是真的，钻石确实来自太阳的碳性沉积物。老和尚告诉阿里·哈菲德，如果他有一颗拇指大小的钻石，就可以买下整个县；如果他有一座钻石矿，就可以利用其巨大财富让他的孩子们登上宝座。

阿里·哈菲德听到了钻石的所有情况，知道它们那么值钱，因此那天晚上睡觉时觉得自己是个穷人。他没有失去什么，之所以感到贫穷是因为不满足，之所以不满足是因为害怕贫穷。他说："我想要一座钻石矿。"他整个晚上都没有睡着。

次日一大早，他就去找那个僧人。我凭经验知道和尚一大早被叫醒是会非常生气的。阿里·哈菲德把那个老和尚从梦中摇醒后就问：

"你愿意告诉我在哪里能找到钻石吗？"

"钻石！你要钻石做什么？"

"啊，我想变得异常富有。"

"噢，那么，就去寻找吧。你所要做的就是去寻找，然后你就会找到。"

"但是我不知道去哪里找。"

"噢，如果你能找到一条穿越白色沙滩和高山的河流，你总会在那些白色沙滩中发现钻石的。"

"我觉得不会有这样的河流。"

"噢，有的，有很多。你所要做的就是去寻找，然后你就会找到。"

阿里·哈菲德说："我愿意去。"

于是他卖了他的农场，带上钱，把家人交给一个邻居照顾，自己上路找钻石去了。他从月亮山脉开始寻找之旅，我认为这很恰当。后来他进入巴勒斯坦，然后流浪到欧洲，最后花光了所有的钱，衣衫褴褛，穷困潦倒。他站在西班牙的巴塞罗纳海湾岸边，这时一阵巨浪涌入赫尔克勒斯墩中间，这个贫穷痛苦、备受折磨、奄奄一息的人抵挡不住那极大的诱惑，纵身跳入涌来的浪涛中，沉入了泛着泡沫的浪尖下，结束了一生。

老向导给我讲完这个极其悲哀的故事后，让我骑着的骆驼停下来，回去把另一只骆驼上快要掉下来的行李固定好。在他离开的时候，我就有机会思考他的故事。我记得我问过自己，"为什么他只给'特殊朋友'讲这个故事？"故事似乎没有开头，没有中间，也没有结尾，什么也没有。这是我生平听到的第一个这样的故事，也将是我读到的第一个这样的故事，主人公一开始就死了。我只听到故事的一章，主人公就死了。

向导回来后，牵起我的骆驼的缰绳，继续讲故事的第二章，好像根本没有中断过：一天，那个买下阿里·哈菲德农场的男人把骆驼牵到花园饮水。就在骆驼把鼻子伸入花园的浅溪时，那个男人注意到溪水的白沙滩里现出一道奇异的亮光。他取出一块黑石头，看到了石头反射出的缤纷色彩。他把小石头带回家，将它放在屋中央火炉的壁炉架上，然后完全忘了这件事。

几天后，又是那位老僧人来看望买下阿里·哈菲德农场的男人。他一打开客厅的门，就看见了壁炉架上闪现的亮光。他冲上去大喊道："这是钻石！阿里·哈菲德回来了吗？"

"噢，没有，阿里·哈菲德还没有回来，那不是钻石。那不过是我们在自己花园里发现的一块石头。"

"可是，"老和尚说，"我告诉你，我一看就知道它是颗钻石。我肯定那是一颗钻石。"

然后，他们一起冲进那个老花园，用手指扒开白沙子。看啊！还有比先前更美丽、更贵重的宝石。"于是，"向导对我说——朋友们，这在历史上是真的——"戈尔康达钻石矿被发现了，它是整个人类历史上最好的钻石矿，超过了金伯利矿本身。世界上最大的英国和俄国国王王冠上的宝石'科依诺尔'钻石和'沃洛弗'钻石就产自此矿。"

当那个老阿拉伯向导告诉我故事的第二章时，他取下头上的土耳其帽，又在空中挥舞起来，好让我注意故事的寓意。那些阿拉伯向导爱让他们的故事深含寓意，虽然它们并非总是这样。他一边挥舞帽子，一边对我说："如果阿里·哈菲德待在家里，就在他自己的地窖、麦地下面或花园里挖掘，他就会得到'钻石宝地'，而不会遭遇悲剧，忍饥挨饿，在陌生的国度自杀。因为那个古老农场的每一亩地，是的，后来每铲一下，就会发现那些东西是后来被用于装饰君主王冠的宝石。"

他在故事中加入寓意时，我就明白了他为何只为"特殊朋友"讲这个故事。但我并没有告诉他我明白这一点。这就是那个精明的老阿拉伯人做事的方式，就像一个律师，不敢直说的话就绕着弯儿说，"他个人认为，那时有个年轻人沿着底格里斯河旅行，其实还不如待在美国的家里"。我没有告诉他我明白这一点，而是告诉他，他的故事让我想起了一个故事，我很快向他讲了这个故事；我想我也会把这个故事告诉诸位。

我告诉他，1847 年，加利福尼亚有个男人拥有一大片农场。他听说在加利福尼亚南部发现了金子，于是带着对金子的渴望，他把农场卖给夏特上校后就走了，再也没有回来。夏特上校在穿过农场的小溪上建了一个磨坊，一天他的小女儿把一些湿沙子从水沟带回家中，在炉火前将沙子从手指间筛下。从那落下的沙子中，一个客人看见了在加利福尼亚首次发现的闪闪发亮的真金碎屑。那个拥有大农场的人渴望金子，他本来只需在农场就可以得到。的确，自那以后从很少的几块地里就获得了 3800 万美元的财富。大约 8 年前，我在一座位于那个农场的城市发表这一演讲时，人们告诉我，一位持有 1/3 股份的农场主，无论睡着还是醒着，多年以来每 15 分钟就可获得 120 美元的金子，而且无需纳税。你们和我也可能享有那样的收入，如果我们不必纳税的话。

但是，比那更真实的是，更好的例子就发生在我们自己的宾夕法尼亚。如果说我在讲台上有更喜欢做的事，那就是在宾夕法尼亚找一个德国听众到我面前，向他连续提问，而且今晚我就乐意这样做。宾夕法尼亚曾有一个人，他和诸位见过的一些宾夕法尼亚人毫无区别。他拥有一个农场。如果我在宾夕法尼亚也有一个农场的话，那么他对农场的处置我同样会做——他卖掉了农场。但是在卖掉农场之前，他决定先得到替他表兄采集煤油的工作，他表兄在加拿大采油，他们在那里最先发现了这块大陆的石油。他们最初是从流动的溪水中把这些石油舀起来。于是这个宾夕法尼亚农场主写信给他表兄，要求找个工作。

你们看，朋友们，这个农场主可不是傻瓜。不，他不是。在没有找到别的事做之前，他不会离开他的农场。在天底下所有的傻瓜中，我还不曾听说有谁傻到在尚未找到新工作之前就丢掉现有工作的。这对于我的职业有特殊的参考价值，但对于一心想离婚的人却毫无意义。当他向表兄写信求职时，他表兄回复说："我不能雇你，因为你对石油生意一窍不通。"

于是，这位老农场主就说："我会知道的。"凭着最值得赞扬的热情

（坦普尔大学学生的特点），他开始学习整门学科。他从上帝创世纪的次日开始钻研，当时世界上覆盖着浓密茂盛的植被，它们后来转化成原始煤矿床。通过学习这门学科，他发现正是那些丰富的煤矿床排出的液体提供了值得抽取的煤油，然后又发现煤油是如何随着活泉流出来的。学习之后，他知道了煤油的形体、气味以及提炼方法。然后他在信中对表兄说："我懂得了石油生意。"他表兄回答道："那好，来吧。"

根据县志，他以833美元卖掉了他的农场。他刚离开，那个买下农场的人去安排让牲畜饮水。他发现农场先前的主人过去数年间曾把一块厚木板横放在谷仓后面的小溪上，木板边缘向外放入水中刚好几英寸。将木板那样放在小溪上，是为了把一种难看的悬浮物挡在另一边，否则连牲畜都不屑于闻那溪水。用木板将悬浮物挡在另一边之后，牲畜才愿意饮水。因此那个去加拿大的人23年来一直把大量煤油挡在了一边。10年后，宾夕法尼亚的地质学家对我们说，那些煤油即使在当时也价值1亿美元；4年前，地质学家又宣称这一发现价值10亿美元。现在那片土地上已建立了泰特斯维尔市，那个曾经拥有这片土地及"快乐谷"的男子，研究这门学科从上帝创世纪的第二天直到现在。他研究到完全掌握了它，然而据说他把那整块地只卖了833美元。我再说一遍，他太无知了。

不过我还需要另一个例子。我在马萨诸塞州发现了这个例子，我为此感到遗憾，因为我就是那个州的。这个马萨诸塞州的年轻人正好让我产生了另一种想法。他到耶鲁大学学习矿藏和采矿专业，成为一名出色的采矿工程师，因此被校方请去培训那些跟不上课的学生。他在高年级做培训时每周挣15美元，毕业时校方把报酬提高到每周45美元，并让他当教授。学校刚做完这些，他就径直回家到了他母亲身边。

如果校方把这个年轻人的报酬从15美元增加到15.6美元，他倒会乐意留下来并为这一职位感到骄傲；可是当校方一次性增加到45美元时，他却说："母亲，我不愿为每周45美元而工作。像我这种头脑的人一周只赚45美元，太不可思议了！我们去加利福尼亚吧，立桩标明金矿和银矿，就会成为巨富了。"

他母亲说："噢，查理，与其过得富有，不如过得幸福。"

"是的，"查理说，"但同时拥有富有和幸福不更好吗？"

他们说的都对。由于他是独子，母亲守寡，当然就按他的意愿做了。他们总是这样决策。

他们卖掉了马萨诸塞的家产，并没有去加利福尼亚，而是到了威斯康星州。在那里，他再次以每周15美元的报酬受雇于高级铜矿开采公司，不过在他的合同中有一个附加条件：在他为公司发现的任何矿藏中，他应该占有股份。我想他不会找到矿藏，假如我正直盯着那家铜矿公司任何一个股东的脸孔，你们就会希望他发现了什么。我有一些买不起门票而未能来这里听演讲的朋友，他们在那个年轻人受雇于该公司时还持有这家公司的股份。这个年轻人去了那儿，但我没有听到他的任何消息。我不知道他状况如何，也不知道他是否发现了矿藏，但我相信他永远也找不到。

不过我确实知道这个故事的另一面。他刚离开自己的老家，那个新来的主人就去挖土豆。他买下这个农场时土豆已在生长。当这个老农把一篮土豆带回屋时，篮子被紧紧卡在了石头围墙的缝隙中。你们知道，在马萨诸塞州，我们的农场几乎全都有石头围墙。在那儿必须保证前门的空间利用，要空出一些地方放石头。由于篮子被卡得太紧，他就把篮子放在地上，然后用力拉着篮子的一边，又推着篮子的另一边前行。就在这位农夫拉着篮子的时候，他注意到大门旁边那堵石墙的上角和外角有一块 8 英寸平方、未经提炼的银子。那位矿藏、采矿和矿物学教授对这门学科如此精通，以至于不愿为每周 45 美元工作，当他出售位于马萨诸塞州的宅子时，正好坐在那块银子上讨价还价。他生于此长于此，用衣袖在那石头上擦来擦去，直到它能映出他的面容，似乎对他说："这下面就是 10 万美元，拿走就是。"但他却不愿意拿。它就在马萨诸塞州纽伯里波特市一栋房子里，但人们没想到那儿会有银子，别处——噢，我不知道在哪里，他也不知道，只知道别处什么地方有，而他还是一位矿物学教授。

朋友们，那个错误太常见了，为什么我们要嘲笑他呢？我常常想知道他境况如何，可我却一无所知；但我会告诉诸位，作为美国人，我是怎么"猜想"的。我猜想他今晚就坐在炉火旁，周围聚集着他的朋友，他正对他们这样说道："你们认识那个住在费城的康威尔吗？""哦，是的，我听说过他。""你们认识那个住在费城的琼斯吗？""是的，我也听说过他。"

然后他开始笑，左右摇晃着对朋友们说，"噢，他们做了和我完全一样的事情。"而那会毁了整个笑话，因为诸位和我做的事情与他一样，当我们坐在这儿笑话他时，他更有权利坐在那儿笑话我们。我知道我犯了同样的错误，不过这没有关系，因为我们不能期望同一个人言行一致。

当我今晚来到这里环顾听众时，我又看到了这 50 年来一直看到的情景：人们正在犯完全相同的错误。我常常希望能看见更年轻的听众，希望这所学校今晚坐满了高中生和初中生，这样我就能和他们交流。尽管我更喜欢他们那样的听众，因为他们最容易受到影响，他们尚未长大到像我们那样持有偏见，没有形成顽固不化的习惯，也没有遇到我们曾遇到过的失败；尽管我给他们那样的听众带来的好处或许胜过给成年人的好处，我也会尽最大努力用好我所掌握的素材。我已经告诉过诸位，在你们正生活着的费城，就有"钻石宝地"。"噢，"你们会说，"如果你认为这里有任何'钻石宝地'，你就不可能十分了解这座城市。"

我对报纸上关于一个年轻人在北卡罗来纳州发现钻石的报道非常感兴趣。这是至今被发现的最纯的钻石之一，在同一地点附近有过几位先行者。我拜访过一位著名的矿物学教授，问他那些钻石来自何处。这位教授取来了美洲大陆地图，在上面寻找。他说或者是来自适合出产钻石的石炭纪岩层，它向西穿过俄亥俄和密西西比州，或者更可能向东穿过弗吉尼亚州，沿着大西洋海岸而上。那里出产钻石也是事实，因为钻石在那里被发现并有出售，漂流时期它们还被从北部一些地区运过来。现在，谁能说费城的某个人不会带着钻子在地底下什么地方发现钻石矿的蛛丝马迹呢？啊，朋友们！你们不能说自己脚下没有世界上最大的钻石矿之一，因为像那样的钻石正来自地球上最有利可图的矿藏。

不过这只是为了阐明我的思想，由此我要强调的是：如果你们没有真正的钻石矿，也会拥有一切对你们有益的东西。正因为这个原因，英国女王以其穿戴而迎得了美国女性未曾有过的极大称赞，她在英国最近的一次招待会上根本没戴珠宝，此时钻石的用途几乎消失。如果你们希望显得端庄，要关注的就是少戴些首饰，其余的不妨换成钱。

现在，我再说一遍：走上致富之路获得大笔财富的机会，就在今天，就在这里，就在费城。今晚听我讲话的每个男女几乎都有这种机会，我说的可是真的。在这种情况下我到这个讲台上来可不是向你们背诵什么。我来告诉你们在上帝眼里我所相信的真实的东西；假如说这些年来我的生活还有些价值，并获得了一些生活常识的话，那么我知道自己做的是对的。今晚坐在这儿的男女，买一张演讲门票或参加这次聚会也许都感到困难，但仍可以到达"钻石宝地"，有机会变得相当富有。世上从没有一个地方比今天的费城更适合致富，世界历史上也从没有一个穷光蛋像现在这样有如此多的机会在我们的城市迅速而诚实地致富。我这是真话，也希望你们相信；因为如果你们认为我只是来背诵什么的，那我宁可不来。我没有时间浪费在那样的演讲中，我只是说我相信的事，除非我今晚的话能帮助你们中的一些人更加富有，否则我就是在浪费时间。

我说你们应该致富，而致富也是你们的责任。有许多次，我虔诚的教友们对我说："作为一名牧师，你为何要花这么多时间往返于全国各地，向年轻人宣传赚钱致富的思想呢？""是的，我当然要这么做。"我回答说。他们又问："这不可怕吗！为什么你不宣讲《福音》，却讲什么赚钱之道呢？""因为诚实地赚钱就是宣讲《福音》。"这话是有道理的。致富的人可能是社会上最正直的人。

"噢，"今晚在此也许会有年轻的朋友说，"我一直听人说，一个人如果有了钱，就会很不诚实，变得卑鄙可耻。"我要说："朋友，那正是你没有钱的原因，因为你对人怀有偏见。你那种看法从根本上就错了。让我在此简明扼要地告诉你吧——虽然这个话题是可以讨论的，只是这儿时间不允许——美国98%的富人都是诚实的。他们因此而富有，因此而有钱，因此而创办大型企业，让许多人和他们一起工作。就因为他们是诚实的人。"

另一个年轻人也许会说："有时我听说，一些人是靠欺骗手段获得几百万美元的。"你们当然听说过，我也听说过。可事实上他们为数极少，以致报纸总把他们当作新闻而大加谈论，使你们觉得所有其他的有钱人都是非法致富的。

朋友们，如果你们开着车，就带我到费城郊区走走，我将会看到那些在这座大城市周围拥有家园的人，那些房子都有花园和鲜花，都有美妙可爱的艺术造型；同样，我也将让你们看到他们无论思想品质还是冒险精神在这座城市中都是最出色的，你们知道我会这样做的。一个人只有拥有了自己的家之后才是一个真正的人，他们也会因此而变得更高尚、更诚实、更纯洁，变得更朴实、节俭和认真。

因为一个人有钱，甚至有大量的钱，本来是一件很正常的事。你们知道，我们在讲坛上是反对贪婪的，而且经常长时间地提出反对意见，并大量使用"不义之财"的词眼，以至于只要我们站在讲台上，基督徒们就认为我们相信任何有钱人都是邪恶的；而当他们出去募捐时，却又诅咒那些不多给一点钱的人。唉，多么矛盾的教育啊！

金钱就是权力！你们应该理智而具有雄心地去得到它。之所以应该，是因为你有钱比没钱能做更多的好事。有钱才能印出《圣经》，才能建起教堂，有钱才能请教士，而如果不支付他们报酬，你就请不到他们。我总希望教会给我加薪，因为支付报酬最多的教会总是最容易加薪的。你们一生也看不到例外。一个获得高额薪金的人，可以凭着自己的能力做出最好的事情。只要他有正确的思想来利用所获得的金钱，他当然能做到。

我想说，你们应该拥有金钱。如果你们能在费城诚实地致富，那是你们作为基督徒的神圣职责。有些虔诚的人认为，你们若要虔诚就必须一贫如洗，这是一个可怕的错误。

一些人问："难道你不同情穷人吗？"我当然同情，否则这些年来我就不会演讲了。但是，虽然我同情穷人，我仍坚持我的观点；不过需要同情的人并不太多。对上帝因其罪过而加以惩罚的人进行同情，并在上帝仍对他进行公正处罚时去帮助他，这无疑是错误的，我们应该帮助那些更值得帮助的人。当我们同情上帝的穷人时——即那些不能自助的人——请记住，美国没有一个穷人不是因为他自己或别人的缺点而变穷的。无论如何，贫穷都不是好事。咱们暂且不争论这个，将它搁置一边吧。

这时后面一位绅士站起来，说："难道你不认为世上有比金钱更美好的东西吗？"我当然认为有，可我现在是在谈论金钱。当然有比金钱更高贵的东西。噢，是的，凭着自己庄严的职责，我明白这个世界还有比金钱更高贵、更甜蜜、更纯洁的东西。我也很清楚，有些东西比金子更高贵、更重要。爱是这个世界最崇高的东西，但幸运的是有爱心的人也有大量的金钱。金钱就是权力，金钱就是力量，金钱既可以做好事又可以做坏事。在好人手里金钱能够而且已经做了好事。

我现在必须说一件事。在我们市里的一次祷告会上，我听说有一个男人站起来，感谢上帝自己是"上帝的一个穷人"。唉，我很想知道他的妻子对此有何想法。家里的收入全部来自于她，而他却在阳台上抽烟花掉了其中一部分。我不想再见到那种上帝的穷人，我相信上帝也不愿意见到。然而有些人却认为，对上帝虔诚就必须又穷又脏。那是根本行不通的。我们一方面要同情穷人，另一方面则不要宣讲那样的信条。

然而，这个时代就是带着偏见，反对让基督徒（或如犹太人所说，一个虔诚正直的人）变得富有。我认为这种偏见非常普遍，而且由来已久，所以我无法准确说出是哪一年，坦普尔大学神学院有一个年轻男子，他认为他是那个系唯一虔诚的学生。一天晚上，他走进我的办公室，在桌子边上坐下，对我说："校长先生，我认为自己有责任来同你谈谈。"

"现在发生什么了？"他说，"我听说你在这个学院、在皮尔斯学院的毕业典礼上说，你认为年轻人渴望拥有财富是一种高尚的抱负，而且你认为这会让他变得节制，盼望有一个好名声，使他变得勤奋。你说一个人希望拥有金钱有助于他成为一个好人。先生，我来是要告诉你，《圣经》说'金钱乃万恶之源'。"

我告诉他，我从没见到《圣经》中说过这句话，并建议他到教堂去把《圣经》拿来让我看看那句话。于是他就出去拿《圣经》，不久便大踏步走进我办公室，拿着打开的《圣经》，完全是一副狭隘的宗派主义者或那种将自己的基督精神建立在曲解《圣经》基础上的人的顽固傲气。他把《圣经》甩到我桌上，尖叫着对我说："拿去吧，校长先生。你可以自己看看。"

我对他说："噢，小伙子，等你再长大一些后就会明白，你不能让另一教派的人替你读《圣经》。你是属于另一个教派的。但是，你在这个神学院学到的就是强调对《圣经》的诠释。现在，你拿着《圣经》自己读一下，并对它做恰当的解释好吗？"

他拿起《圣经》，得意地读起来："'爱恋金钱乃万恶之源'。"

这次他纠正过来了，只有当一个人正确地引用这本古老的《圣经》时，他才会引用到绝对的真理。我经历了半个世纪来《圣经》最激烈的战斗，并在有生之年看见它的旗帜自由飘扬；因为世界史上的伟人们普遍认为《圣经》是正确的——完全正确——正如当代伟人们认为的一样。

所以我说当他引用正确的真理时，他当然就会引用到绝对的真理。"爱恋金钱乃万恶之源。"一心想成为暴发户或以不诚实手段致富的人，无疑会堕入深渊。什么是爱恋金钱？就是金钱崇拜，十足的金钱崇拜处处会受到《圣经》和人们常识性的谴责。崇拜金钱而不是想着应该发挥其作用的人，仅仅以金钱为偶像的人，将金钱藏入地窖或长袜，或拒绝拿去投资以有利于世人的守财奴，把金钱抱得紧紧的直到老鹰都尖叫的人，他身上才有万恶之源。

我想我现在可以把这件事放置一边，来回答几乎你们所有人都在问的问题："在费城有机会致富吗？"噢，瞧，发现财富在何处是一件多么简单的事啊！一旦你们发现它在哪里，它就是你们的了。后面的一些老先生站起来说："康威尔先生，你在费城生活了31年，难道不知道在这个城市淘金的时代已经过去了吗？""不，我可不这样认为。""但情况就是这样。我已试过了。""你做什么生意？""我在这儿开了家商店整整20年，可是赚的钱从来没超过1000美元。"

"噢，那么，你可以根据这个城市给你的报酬来衡量你对它的贡献，因为一个人根据他所获得的报酬就能够很好地判断自身的价值；也就是说，判断他此时对于这个世界的意义。如果你在费城20年来赚的钱没超过1000美元，那么还不如让人们在19年9个月前把你赶出这个城市。一个人如果20年赚不到至少50万美元，即便是在非商业区街角的一家杂货店，他就无权在费城开店。"你们会说，"现在开一家商店5000美元都赚不到。"哦，朋友，你们只需到4个街区去转一转，看看人们需要什么，你应该供应些什么，并用铅笔记下来，算一下如果你供应他们这些东西会赚到多少利润，那么你很快就会明白这一点。财富就在你们身边。

有人说："你对生意一窍不通。说教者对生意一点都不懂。"噢，那么我不得不证明我是一个内行。我可不喜欢这样做，但又不得不这样，因为如果我不是专家的话，我的话就没有人会信了。我父亲开了一家乡村店铺，如果说天底下有什么地方可以让人获得各种各样的商业交易经验，那就是在乡下的店铺里。我并不对自己这种经历感到骄傲，不过有时我父亲出去时，他就会让我照看店铺，虽然这种情况对他来说不算太频繁。但是这种情况的确出现过许多次，朋友们：一个男人会走进店铺，问我："有折刀吗？""没有，没有折刀。"我吹着口哨到一边去了。我是否关心那人做什么呢？之后另一个农夫走进来问："有折刀吗？""没有，没有折刀。"我又哼着另一支调子转身走开了。然后第三个男人从同一扇门走进来问："有折刀吗？""没有。为什么这儿每个人都要买折刀呢？你们以为我们开这个店就是为了给附近所有的人供应折刀吗？"你们费城有那样的店铺吗？问题就在于我当时没有明白对上帝虔诚的基础与生意上成功的基本原则是完全一致的。说"我不能把信仰用到生意中"的人，只表明他或者不善做生意，或者正走向破产，或者是一个窃贼，肯定是三者之一。他几年之内就会败落。如果他不把信仰用到生意中只，当然会失败。如果我按照基督教的神圣计划去照看我父亲的店铺，我就会在第三个顾客要买折刀时卖给他。那样我实际上是在为他做好事，我自己也会得到报偿，这也是我应该享有的。

一些过分虔诚的基督徒认为，如果你在出售的任何东西上赚取利润，那么你就是一个邪恶的人；相反，如果你出售商品的价格比成本还低，那么你又是一个罪人。你没有权力那样做。你不能把你的钱托付给一个连自己的钱都管不好的人。你不能将你的家庭托付给一个对妻子都不忠诚的人。在这个世界上，你不能相信一个不以自己的心灵、个性和生活为起点的人。卖给第三个或第二个顾客折刀并确实从中获利，本来是我的责任。我没有权力出售商品而不赚取利润，正如我没有权力超过其价值谋取不当之财一样。但是我所卖的每一批货物都应该让顾客从中获得与我相等的利益。

自己生活与让人生活是《福音》的原则，也是普通生活常识的原则。噢，年轻人，听我说吧：要好好地活下去，不要等你们到我这样的年纪才开始享受这样的生活。假如我过去有数百万美元，或它的一半——这些年我一直努力在挣这笔钱，那么它们对于我的好处还不如我今晚在这个几乎是神圣的场所得到的好处。噢，是的，我今晚因为分享自己的思想，正如这么多年来我在一定程度上始终努力的那样，我得到了超过100倍的报偿。我本来不应该那样说的，这听起来有些自负，但我现在一大把年纪了，也得为此找个理由。我本来就应该帮助我的同胞，我也这样尽力了，每个人都应该努力，并从中获得幸福。一个人回家时如果想到那天他偷了1美元，想到他抢走了另一个人靠诚实劳动获得的应有报酬，那么他是不会安宁的。第二天早晨起床时他会疲惫不堪，并带着肮脏的良心去工作。虽然他也许存有数百万美元，但他根本不是一个成功者。但一生都在与其同胞分享成果，既要求获得自己的权利，又给予别人权利的人，每天才会过得充实；不仅如此，而且这正是通向伟大财富的康庄大道。成千上万百万富翁的经历表明了这一点。

那边那个说他在费城开店赚不到什么钱的人一直在以错误的原则经营店铺。假设我明天早上走进你的商店问："你认识不远处 1240 号的某个邻居吗？""哦，是的，我遇见过他。他在那个拐角的商店做生意。""他来自哪里？""不知道。""他家里有多少人？""不知道。""他投谁的票？""不知道。""他上哪个教堂？""不知道，而且我也不关心。你问所有这些问题干什么？"

假如你在费城有一家商店，你会那样回答我吗？如果是那样，那么你也正像我在马萨诸塞州沃辛顿经营我父亲的生意一样。你的邻居迁到费城来时你不知道他从哪里来，而且你也不关心。而如果你关心的话，你现在就会是一个富人。而如果你对他足够关心，对他的事情感兴趣，知道他需要什么，那么你就会成为富人。可是你到处都在说："根本没有机会致富！"其实错误就在你自己身上。

但是那边另一个年轻人又站起来说："我可不能从事商业。"（我谈到"trade"一词时是指各行各业）"为什么你不能从事商业？""因为我没有任何资本。"唉，真是不明事理、懦弱无能的纨绔子弟！看见这些小纨绔子弟站在角落说："唉，如果我有很多资本，我就会变得富有。"会让人感到泄气。"年轻人，你认为有了资本就会变富吗？""当然。"噢，我说："当然不会。"如果你母亲有很多钱，她将会资助你经商，你倒会将她牵扯进去，"让她开始经商"。

年轻人一旦得到的金钱数量超过其实际努力所获得的数量，那一刻他就已经遭到了诅咒。让青年男女继承钱财对他并没有帮助。把钱留给孩子对他们毫无意义，但如果你让他们接受教育，把崇高的品质传给他们，让他们广交朋友，让他们有一个好名声，那么远比让他们得到金钱要好。而把所有的钱都留给他们，无论对其个人还是对国家都更为不利。唉，年轻人，如果你继承了金钱，不要认为这是一种帮助。它在今后的岁月里将会诅咒你，夺走你人生中最美好的东西。最可怜的人，莫过于我们这一代人中那些富贵人家毫无生活经验的公子小姐。我可怜富家子弟，他们根本不知道生活中最美好的东西。

我们人生中最美好的事情之一，就是一个青年男子能够自食其力，与某个可爱的姑娘订婚，并决定建立他自己的家庭。然后，怀着同样的爱，他又产生了神圣的情感，希望获得更美好的东西，于是他开始存钱。他开始放弃不良习惯，把钱存入银行。当他有了几百美元时，便来到郊区寻找住房。他也许去储蓄银行贷一半的款，然后再娶妻子。他第一次把新娘接进门时说话的口才让我自叹弗如："我靠自己建立了这个家。它是我的，我要和你一起分享。"这正是人生最庄严伟大的时刻。

但富家子弟根本不会知道这些。他或许把新娘带进一幢更加豪华的住宅，但是一路上却不得不对他妻子说："我母亲给了我这个，我母亲给了我那个，我母亲还给了我这个。"直到他妻子希望嫁的是他母亲。我可怜这样的富家子弟。

马萨诸塞州的统计数据表明，富家子弟去世时仍然富裕的不到 1/17。我可怜富家子弟，除非他们也像德高望重的企业巨头范德比尔特那样明智，而这种情况也时有出现。他曾去问他父亲："你的钱都是自己挣的吗?""是的，儿子。我最初在一艘渡船上工作，每天挣 25 美分。""那么，"儿子说，"我不要你一分钱。"那个星期六晚上，他也试着去一艘渡船上找活干。虽然他没有找到，但他的确找到了一份每周 3 美元的工作。当然，如果一个富家子弟那样做，他也会受到穷人家孩子同样的训练，这比上大学更有价值，然后他才能够管理好他父亲的数百万财产。但有钱人通常不愿让自己的儿子做那种使其变得伟大的事。他们通常不愿让儿子工作——他们的母亲! 唉，更是如此! 她会认为如果她那虚弱可怜、手指白嫩、胆小怕事的儿子不得不靠诚实劳动生活的话，那是一件很丢脸的事。我对这样的富家子弟一点都不同情。

我记得在尼亚加拉瀑布的一个富家子弟。在费城的一次盛宴上，有一个友好的青年曾坐在我旁边，他对我说："康威尔先生，你病了两三年。你出去时就坐我的豪华轿车吧，我可以送你到布罗德街的住处。"我非常感谢他，也许我不应该以这种方式提起此事，不过我得承认事实。我跟他上了豪华轿车，汽车行驶途中我问他："这辆豪华车多少钱?""6800 美元，另外还必须交税。""啊，"我说，"车主自己曾开过车吗?"一听这话，司机就开心地笑起来，因为这个问题让他大感意外，以致他不小心把车开到了人行道上，绕过拐角处的一根灯柱后，又回到了大街上。回到大街之后他又笑了，直到整个车都抖动起来。他说："他开车! 啊，假如我们到目的地时他知道怎么从车里出去的话，就够幸运了。"

我得告诉你们我在尼亚加拉瀑布遇到的一个富家子弟。那天我演讲完后进到旅店，当我走近服务台时，见那儿站着一个从纽约来的百万富翁的儿子。他就是那种模样实在难以形容的人。他头上歪戴一顶便帽，帽子顶部有一根金质饰针，腋下夹着一根金头手杖，含金量比他头上饰针的还要多。要描述那个年轻人是件相当困难的事。他戴着一副看不透的眼镜，穿着一双无法行走的漆皮靴和一条难以坐下的裤子——打扮得就像只蝗虫。正当我走进去时，这个人体玩具也来到服务台前，调了一下他那看不清楚的眼镜，以这身打扮同服务员说话。瞧，他说话吐字不清，让人难以听懂。"尾（喂），你能给我一写（些）字（纸）和信逢（信封）吗？"旅店服务员很快打量了他一下，从抽屉里取出信封和纸，从柜台那边扔给了这个年轻人，然后又转身记账去了。信封被扔过柜台时，你真该看看那个富家子弟的举动。他像一只雄火鸡似的暴跳如雷，调了调他那看不清楚的眼镜，怒吼道："回来。尾（喂），叫一个普（仆）人把字（纸）和信逢（信封）拿到哪（那）个座（桌）上。"唉，这个可怜而又卑鄙的美国猴子！20英尺远的纸和信封，他自己都不能去拿。我想他都不会脱去衣服手杖去拿它。我对这种变态的人毫无怜悯。如果你们没有资本，年轻人，我倒觉得高兴。你们需要的是常识，而不是钱。

我最好能以一些众所周知的事实来说明问题。著名商人斯图尔特是纽约的一个穷孩子，用1.5美元开始创业。他第一次冒险损失了87.5美分。这个年轻人第一次冒险就损失了钱财，这是多么幸运。这个孩子当时说："我再也不冒险做生意了。"他也的确没再这样做。他是怎么损失87.5美分的呢？你们也许都知道这个故事——因为他买了一些人们不需要的针、线和纽扣去卖，结果积压在手上，成了死货。他说："我再也不会这样白白损失了。"然后他先挨家挨户登门拜访，问人们真正需要什么。在得知他们的需求后，他便用剩下的62.5美分去购买人们需要的商品。无论是选择生意、职业或家务管理，无论你的生活如何，认真考虑才是成功的秘诀。你必须首先知道人们的需求。你必须首先知道人们需要什么，然后投资到最需要的地方。斯图尔特一直坚持这一原则，直到后来他的财富达到4000万美元，并拥有华纳梅克先生在纽约开展其伟大事业的那家商店。斯图尔特因为有所失而有所得，这使他获得了深刻的教训：必须只投身于或投资于某种人们需要的东西。作为销售员，你们何时学到了这一点？作为制造商，你们何时明白若要取得人生的成功，就必须了解人们持续变化的需求？你们所有的基督徒，作为制造商、贸易商或工人，全身心地去提供人们需求的东西吧。这是一个伟大的原则，像博爱一样宽广，像《圣经》一样深刻。

我曾听到过的最好例子是关于约翰·雅各布·阿斯特的。你们知道他在纽约时便为阿斯特家族赚了钱。他穿越大海，因为路费欠下了债务。但就是这个身无分文的穷孩子，凭着一个原则为阿斯特家族赚了不少钱。也许今晚某个年轻人会说："噢，他们能够在纽约那边赚大钱，但是在费城却做不到！"朋友们，你们读过里斯（他刚去世，给我们留下了美好的名声）那本极好的书吧，里面有他在1889年对纽约107名百万富翁进行记录写下的统计报告。如果你们读了这个报告，就会知道在107名百万富翁中，只有7人才是在纽约赚到大钱的。在这107名百万富翁中，当时不动产达到1000万美元的，就有67人是在居民不足3500人的镇上赚到的钱。如果你们了解一下关于不动产的价值，就会知道今天美国最富裕的人从未离开过只有居民3500人的城镇。你在哪里正如你是谁一样，意义并不大。但假如你在费城不能致富，你在纽约当然也赚不了钱。

约翰·雅各布·阿斯特的例子表明，在任何地方都能把事情办好。他曾向一家女帽店抵押借款，而店里卖出的帽子连他的利息都不够支付。于是他取消了抵押，共同拥有了那家店铺，和原来那些人用同样的资本经营这家店铺。他没有给他们一美元的资金，他们必须卖出商品才能赚钱。然后他让他们仍像过去一样留在商店，他却出去坐在公园树荫下的一条长凳上。阿斯特与那些失败的人合伙经营，可他此时在公园做什么呢？他正在做最重要，在我看来也是最愉快的合伙经营工作。因为他坐在长凳上时，正在观察经过的女士们，这种人哪有不靠做这种生意致富的？他坐在长凳上，如果某位女士经过时肩膀向后挺着，头抬得高高的，直视前方，即使全世界的人都盯着她也不在乎似的，那么他就会研究她的帽子，等对方看不见人影时，他已知道了帽子的形状，装饰物的颜色以及羽饰的褶皱。我有时也试图描述一顶帽子，但并不经常那样做。我不愿去描述一顶现代帽子。现在有谁能描述一顶帽子呢？人们把各种各样的废物都集中到了头后部或者脖子一边，就像一只公鸡仅剩下尾巴上一根羽毛一样。但在阿斯特那个时代，人们在女帽生意上是颇有些讲究的。他来到女帽店对店里的人说："现在把我给你们描述的一种女帽放在橱窗内，因为我已看见一位女士喜欢这种帽子。在我回来前别再增添什么。"然后他又到公园坐下，又看见另一个不同体形和肤色的女士经过，戴着一顶形状和颜色均不同的女帽。"现在，"他回去对店员说，"把这样一种女帽放在橱窗内。"他并没有在非商业区把橱窗摆满男女帽子以致将人们赶跑，然后他自己却因为顾客都到华纳梅克的商店买东西去了而坐在后面的楼梯上大声叫骂。他并没有把一顶男帽或女帽放在橱窗内，而是把某个女士喜欢的尚未大量生产的新款帽子放在橱窗里，于是这种女帽立即流行起来，他们的店铺后来成为纽约本行业最大的一家，如今仍然是三家最大的女帽店之一。是阿斯特在他们失败后使该店赚了钱，他并没有再给他们一些资金，而是在他们没有生产之前造成浪费时就发现了女士们的喜好。我要告诉你们，假如一个人能预见到女帽生意，那么天底下任何事情他都能预见！

假设我今晚从你们当中走过去，问你们在这个伟大的制造业城市，在制造方面是否没有了致富机会。"噢，有的，"某个年轻人会说，"只要树立信心，只要有两三百万美元作启动资金，这里仍有很多机会。"年轻人，过去有人对"大生意"进行攻击使人们丧失了信心，这只说明小人物的机会就在眼前。在世界历史上，从没有哪个时代像你们现在这样没有资本也能靠制造业迅速致富。

但你会说："这样的事可做不到。没有资本生意很难开头。"年轻人，让我再举例说明吧。我必须这样做，这是我对每个青年男女应尽的责任，因为我们不久都将遵照同样的法则开始创业。年轻人，请记住，如果你知道人们的需求，那么你掌握的财富知识比任何数量的资本所能给你的都多。

在马萨诸塞州的欣厄姆镇有一个贫穷的失业者。他整天在屋子周围闲荡，直到有一天他妻子让他出去找工作；由于他住在马萨诸塞州，所以他听了妻子的话。他来到外面，坐在海湾的岸边上，把一块浸湿的木片削成了一条木链。那晚孩子们吵着要它，于是他又削了第二条，好让他们别吵。当他正在削第二条木链时，一个邻居走了进来，说："为什么你不削些玩具拿去卖呢？你可以用这种办法赚钱。""哦，"他说，"我不知道做什么。""为什么不问你自己的孩子呢？""那有什么用？"木匠问。"我的孩子与别人的孩子不同。"（我在学校教书时常看见这样的人。）不过他还是照此暗示开始行动了。次日早上当玛丽走下楼梯时，他问道："你想要什么样的玩具？"她说她想要洋娃娃床、洋娃娃洗脸盆、洋娃娃车、洋娃娃小伞，于是带着一份列有这些东西的名单，他开始工作了，他要花不少时间才能做好这些。就这样，他在自己家里向自己的孩子们咨询，用木柴做原料，因为他没钱买木料，做出了结实的、未上漆的欣厄姆玩具，多年来它们闻名全世界。这个人最初是为自己的孩子做玩具，后来复制了一些，并通过隔壁的鞋店出售。他先赚了一点钱，后来赚得多一些，劳森先生在他的著作《疯狂财源》中说这个人成了老马萨诸塞州最富有的人，我想这是真的。那个人今天财产高达 1 亿美元，而他依照那个原则赚到这么多钱时只有 34 岁——这一原则就是，根据自己孩子在家里喜欢什么来判断别人的孩子也会同样喜欢，根据自己、妻子或孩子的心情来判断别人的心情。这是在制造业方面走向成功的康庄大道。"哦，"你会说，"难道他没有任何资本吗？"是的，有一把铅笔刀，但我没听说他那把小刀是花钱买的。

我这样对康涅狄格州新不列颠市的听众演讲时，后面第四排的一位女士回到家后，极力想解开衣领，但是领扣被卡在了纽扣孔里。她把它扔到了一边，说："我要做一条比这更好的。"她丈夫却说："今晚听了康威尔的演讲，你就发现需要改进领扣，好让衣领更容易穿戴呀。人们是有这种需要，那可是一大笔钱。瞧，设计出一种新的领扣，就可以发财了。"他是在取笑她，因此也是在取笑我。这真是一件最可悲的事，有时它就像午夜的阴云一样笼罩着我，因为虽然我努力工作了半个多世纪，但我实际做出的成绩却那么小。尽管今晚你们会给我极其漂亮的恭维，但我仍可以肯定，你们今晚在这里听我演讲的人当中，今后能赚到 100 万美元的人不足 1/10；但这不能怪我，而要怪你们自己。我是真心诚意地这样说的。假如人们根本不采纳我的建议，那我说的话有什么用？当那个女人的丈夫嘲笑她时，她便决定设计出更好的领扣，而当一个女人下定决心"她会做到"，并对此不再说什么时，她就会做到。正是这个新英格兰女人发明了今天在各地都能见到的摁扣。它最初是一个有弹簧帽附在外面的领扣。任何穿过新式防水服的人都知道，这种纽扣只需摁在一起即可，要解开时只需拉开。这就是我所说的由她发明的纽扣。她后来还发明了其他几种纽扣，然后投入更多的资金，与人合伙经营一些大型工厂。现在这个女人每年夏天都要乘她的私人轮船越过大洋——是的，带着她的丈夫！假如她丈夫死了，她也会有足够的钱按照最近的报价买一个外国公爵、伯爵或类似的某种头衔。

那么，我在那件事中的启示是什么？虽然我当时不认识她，但却告诉了她我现在对你们所说的话："你的财富就在你身边。你正低头看着它。"而她之所以不得不低头看它，是因为它就在她下巴下面。

我曾在报纸上读到过女人从未发明过任何东西的消息。唉，这样的报纸真应该从头开始。我当然不是指流言蜚语，而是指机器——如果是指流言蜚语，最好也把男人包括在内。假如女人没有发明过什么东西，那么报纸就绝不会出现。朋友们，请想想！女士们，请想想！你们说自己难以致富，因为你们不是在洗衣店洗衣就是在操作缝纫机，或者在某台织机前走来走去；然而，如果你沿着几乎正确无误的方向前进，你也能成为百万富翁。

当人们说女人不会发明任何东西时，我就要问，是谁发明了织出你们穿着的衣服上每一针线的雅卡尔提花机？是雅卡尔夫人。印刷滚轮和印刷机也是由农夫的妻子发明的。是谁发明了南方给我们国家带来惊人财富的轧花机？是杰勒拉尔·格林夫人，她把这个灵感告诉了惠特尼先生，而惠特尼像个男子汉，抓住了这一灵感。是谁发明了缝纫机？假如我明天走进学校问你们的孩子，他们会回答："是伊利亚斯·豪。"

内战时，伊利亚斯·豪和我在一起，而且经常待在我的帐篷里，我经常听他说他花了 14 年研制缝纫机。但事实却是这样的：有一天他妻子决定他们必须尽快发明出某样东西，否则他们就会饿死，于是她在两小时内发明了缝纫机。他当然以自己的名义申请了专利。男人总是这样。是谁发明了割草机和收割机？根据麦考密克先生最近发表的一封密信，发明者是西弗吉尼亚州一名妇女；麦考密克父子在研制收割机彻底失败并放弃之后，她把许多剪刀一起固定在一块木板边上，让每把剪刀未固定的那边能够活动，然后把它们缠上金属丝，这样当她往一个方向拉动金属丝时剪刀就会合上，往另一个方向推金属丝时剪刀就会打开，这就是收割机的基本原理。假如你去看看收割机，就会发现它不过是许多剪刀。如果女人能发明收割机，如果女人能发明提花机，如果女人能发明轧花机，如果女人能发明电车的电闸并使电车的出现成为可能，如果女人能发明为美国所有的钢铁生产奠定基础的巨型轧铁机，那么正如钢铁大王卡内基先生说的那样："我们男人"能够发明天底下任何东西！我这样说是为了鼓励男人。

谁是世界上伟大的发明家？这一课题再次摆在我们面前。伟大的发明家就坐在你旁边，或者你自己就是。"噢，"你会说，"我一辈子从未发明过什么。"那些伟大的发明家在发现某个伟大秘密之前同样如此。你们认为发明家是一个长着巨大脑袋或者像闪电一样的人吗？都不是。真正的伟人就是在日常生活中平凡而正直、具有常识的人。如果你没有看见他实际做出的成绩，就不会想到他是一个伟大的发明家。他的邻居并不认为他很伟大。你从未看到自己后面的栅栏那边有什么大事。你说邻居当中没有什么大事情，它们都在别处某个地方。他们的伟大总是那么简单平凡，那么真诚实在，以至于邻居和朋友们都很难看到。

真正的伟大经常是不被人们知道的。这是真的。你对于伟人会一无所知。我曾去采写加菲尔德将军的生平，他的一个邻居知道我时间紧迫，而且有一大群人聚在加菲尔德将军家的前门，他就把我带到后门，大声喊道："吉姆！吉姆！"很快"吉姆"便来到后门让我进去，我这才写下了美国一位伟大人物的传记，然而在邻居看来他仍然是原来那个"吉姆"。假如你认识费城的某个大人物，而且你明天会遇上他，那么你也会说："你好吗，萨姆？"或者说："早上好，吉姆。"你当然会的，你会那样做的。

内战时期我的一个士兵曾被判处死刑，我来到华盛顿的白宫——我有生以来第一次被派去见总统。我走进等候室，与其他许多人一起坐在长凳上，秘书逐个询问大家有什么愿望。秘书问完后走进屋，然后回到门口向我做了个手势。我来到前室，秘书说："那边就是总统的门。只需轻敲一下就可以进去。"朋友们，我一生当中从来没有那么紧张过，从来没有。秘书本人又让我感觉更加糟糕，因为他告诉了我如何进去，又如何从左边另一扇门出来并把门关上。我就独自站在走廊里，面对着美国总统办公室的门。我曾经历过战争，战场上炮弹有时呼啸而过，我也的确被子弹打中过，而我总是想逃跑。我不会同情那种"我迎着炮口而上，就像用餐那样"的老先生。我也不信任被枪弹击中而不知害怕的人。在安提塔姆战役中，当炮弹飞落在我们周围时，我也不如那天走进总统办公室那么害怕；但我终于鼓起了勇气——我也不知是如何做到的，隔着一定的距离轻轻地敲门。里面的人根本没出来，而是大声说："进来，请坐！"

唉，我走进去，坐在一张椅子边上，真希望自己是在欧洲；桌旁的那人仍未抬头。他就是世界上最伟大的人物之一，仅仅一项原则就使他变得伟大。噢，费城所有的年轻人此刻都面对着我，我可以只说一件事，你们就会铭记终生。这项原则对我们的城市和文明影响极深，为此我宁愿贡献一生。使亚伯拉罕·林肯变得伟大的原则几乎可被所有人采纳。这就是他的原则：无论做什么，只要是必需的，就应该全心全意去做，直到彻底完成为止。这项原则几乎可以使任何地方的人变得伟大。林肯坐在桌子边专心处理文件，没有抬头看我，我坐在那儿发抖。最后，他用带子系好文件并将文件推到一边，看了我一眼，疲乏的脸上露出了笑容。他说："我是个大忙人，只有几分钟时间。现在，请用最简短的话说说你的意愿。"我就把情况告诉他，并提到了那个士兵被判死刑的事。他说："我已听说了这事，你不用再说什么。（陆军部长）斯坦顿先生几天前才与我谈起此事。你可以回旅店去，放一百个心，总统从没签署命令枪毙一个年龄不足20岁的孩子，今后也不会。不管怎样，你可以把我的话告诉孩子的母亲。"

然后他问我："战场上进展如何？"我回答说："我们有时觉得沮丧。"他说："那是正常的。现在我们就要取胜了。光明就在眼前。没有人希望当美国总统。我任期满后会感到高兴的，那时泰德和我将到伊利诺伊州斯普林菲尔德去。我在那儿买了一个农场，假如我每天只挣25美分也不在乎。泰德有一支骡队，我们打算种些洋葱。"

接着他问我："你是在农场长大的吗？"我说："是的，在马萨诸塞州的伯克希尔山区。"然后他把一条腿绕过那张大椅子的一个角，说："我小时候就经常听说，那些山区的人们不得不让羊的鼻子长得尖尖的，以便吃到长在岩石中间的草。"他那么平易近人，就像个农夫，同他在一起我立刻感觉自在了。

然后他拿起另一卷文件，抬头看了看我，说："再见。"见此情况，我站起来走出屋子。出来后我根本无法意识到自己刚刚见到了美国总统。但几天之后，我还在这个城市时，却看见人们从亚伯拉罕·林肯的棺材旁穿过"灵屋"。我看着这位遇刺总统朝上的面容，感觉到我不久前才拜见过的这个平易近人的男人就是上帝创造出来的领导美国走向彻底自由的一位伟人。可是对他的邻居来说，他仅仅是"老亚伯"。当他们再次为他举行葬礼时，我与其他人应邀参加，最后看着他的棺材被放入斯普林菲尔德的墓中。林肯的老邻居们围着坟墓，他们认为他不过是"老亚伯"罢了。他们当然愿意这样叫他。

你曾见过一个走路大摇大摆，很了不起似的，根本没把干活的普通技工放在眼里的人吗？你认为他伟大吗？他只不过是一个吹胀的气球，被自己的大脚阻碍着。这样的人并不伟大。

谁是伟大的男人和女人？有一天，我的注意力被一件小东西的来历吸引了，这件东西使得一个非常贫困的人发了财。那是一件可怕的事，然而由于那次经历，他——这个并非伟大的发明家或天才——发明了一种针，如今它被称为保险针。就是这种保险针，使这个美国的豪族之一发了大财。

马萨诸塞州有个穷人曾在钉厂工作，38岁时受了伤，只能挣点儿可怜的钱。他被安排到办公室擦掉票据清单上用铅笔写下的便笺，他就用橡皮擦，常常把手擦得酸疼。于是他把一块橡皮擦绑在一根棍子的顶端，用它像刨子一样擦着。这时他的小女儿走进来说："啊，你有专利啦，不是吗？"父亲后来说："在我拿起那根棍子把橡皮擦绑到它顶端时，我女儿说那是一项专利，我才第一次想到。"他去了波士顿申请专利，如今你们每个兜里装着橡皮擦头铅笔的人都在向这位百万富翁支付费用。他没有一点资本，没投一分钱。他有的只是收入，直到成为百万富翁。

还是让我尽快谈另一个更加重要的观点。"让我看看生活在费城的伟大男女吧。"那边的一位先生会站起来说。"我们费城可没有任何伟人。他们没有住在这儿。他们住在罗马、圣彼得堡、伦敦、马纳亚克或其他任何地方，就是没住在我们这里。"我现在已谈到自己观点的核心。我现在已谈到整个问题的核心以及我努力演讲的中心：为什么费城就没有更多财富而成为更伟大的城市？为什么纽约会超过费城？人们会说："因为纽约有港口。"为什么美国其他许多城市如今都超过了费城？答案只有一个，那就是因为我们的人民看不起自己的城市。如果地球上某个地方必须前进，那么它就是费城。假如我们要建成一条林荫大道，人们会贬低它；假如我们要创办更好的学校，人们会贬低它们；假如你希望有一项英明的法规，人们会贬低它——总是贬低所有提出来的改进措施。这是唯一的大错特错，我可以把它摆在美丽的费城面前，尽管我处处感受到费城的友好。我认为费城到了应该变换思维的时候，要开始赞美在我们城市发生的事情，开始让它们展现在世界面前，正如芝加哥、纽约、圣路易斯和旧金山的人们所做的那样。噢，只要我们的人民有了这种精神，我们就能在费城做出许多事情，并把它们做好！

站起来吧，数以百万的费城人，相信上帝和人，相信伟大的机会就在这里，而不是在纽约或波士顿，就在这里——无论经商还是生活在世上值得一做的每件事情。过去从没有这么好的机会。让我们开始赞美自己的城市吧！

但今晚这儿会有另外两个年轻人，我之所以冒昧提出来，是因为时间已经很晚。一个年轻人会从那边站起来说："费城将产生一个伟人，但以前从来没有。""噢，是那样吗？那你何时变得伟大呢？""当我获得某个政治职位时。"年轻人，你没有读政治初级课本中的一课吗？它说在我们的政府机构中担任官职显然是小事一桩。伟人有时会从政，但美国需要的是那些愿意为人民服务的人。美国是由人民统治的国家，只要它存在，就是既民治又民享的，而官员不过是人民的公仆。《圣经》说仆人不能比主人伟大。《圣经》还说："被派遣者不能比派遣者伟大。"国家由人民或应该由人民统治，如果这样，我们就不需要更伟大的人去当官。假如美国的伟人担任了公职，我们在今后10年将会变成一个帝国。

我了解不少年轻女子，现在妇女的选举权就要有了，这些女子说："有一天我要成为美国总统。"我认为妇女有选举权是对的，无疑这也会成为现实，无论如何我都不会反对它。我也许想有个一官半职；但如果对公职的渴望影响了女性投票的愿望，那么我想在此说出我要对青年男子们说的话：如果你们仅仅获得投出一票的特权，你们就得不到任何有价值的东西。除非你能控制更多的选票，否则你就会湮没无闻，你的影响会消失得几乎难以察觉。美国并不是受制于选票。你认为是吗？它是受制于影响力，受制于支配选票的雄心和进取精神。认为自己投票是为了获得公职的女性正在犯一个极大的错误。

那边一个小伙子会站起来说："在美国和费城都将产生伟人。""是吗？什么时候？""当发生大战时，当我们在墨西哥机警的等待中遇到麻烦时，当我们因为行动不慎而与英国、日本、中国、新泽西或某个遥远的国家发生战争时。那时我就会冲向炮口，在闪耀的刺刀中昂首前进，跃入战场，扯起旗帜，在胜利中扛起它。我会肩戴勋章凯旋。作为奖励，国家会给我任何公职，那时我将变得伟大。"不，不会的。你认为有了公职就会使你变得伟大，但是要记住，如果你在获得公职之前不能变得伟大，那么在获得公职后也不会伟大。那将只是外表的滑稽模仿。

西班牙战争后我们在这儿举行了一个和平纪念大会。西方人不相信此事，他们说："费城人要到 50 年后才会知道西班牙战争。"你们有些人看见游行队伍前进到了布罗德街。我当时不在，不过家人写信告诉我，一辆四匹马拉的马车载着霍布森中尉，正好停在我家门前，人们欢呼道："霍布森万岁！"假如我在场我也会欢呼的，因为国家对他的奖励比他该得的要少多了。可假设我进学校去问："谁在圣地亚哥击沉了梅里马克号？"如果孩子们回答"是霍布森"，那么他们撒了一个 7/8 的谎。那艘船上还有其他七位英雄，他们由于职位不同，一直身处西班牙战争前线，而霍布森作为军官，理应不在前线。这个大厅里聚集了最有才智的人，但这里也许没一个人能说出另外七个人的名字。

我们不应该这样教历史。我们应该这样教：无论一个人的地位多么卑微，如果他在那个位置充分尽到了他的责任，那么他就像在位的国王一样有资格获得美国人民的尊敬。但是我们没有这样教，而总是说将军们打了所有的仗。

我记得战后我去南方拜见罗伯特·E. 李将军，他是一名优秀的基督徒，现在南北双方都自豪地把他看作一位伟大的美国人。将军告诉了我他的仆人拉斯图斯的事，他是一名应征入伍的黑人士兵。一天将军把他叫进去，想和他开玩笑，就问他："拉斯图斯，我听说你们连队其他人全部牺牲了，为什么你没有死？"拉斯图斯对将军眨了一下眼，回答道："因为一打仗我就和将军们待在后面。"

我还记得另一个事例。如果不是你们去图书馆读到这篇演讲稿时发现它已经出版 25 年了，我本来是想忽略它的。我曾闭上眼睛——紧紧闭上——瞧呀！我看见了自己年轻时的面容。是的，他们有时对我说："你的头发还没有白；你日夜工作，好像从不休息；你不会变老。"但是当我闭上眼睛，就像任何一个同龄人那样时，啊，很久以前那些可爱的已故者的面容便历历在目，我知道无论人们说什么，我正步入晚年。

我现在闭上眼睛回顾我在马萨诸塞州的故乡，看到了在山顶上的牛展场；我还能看到那儿的马棚，看到公理教会的教堂，看到镇公所和山区居民的小屋，看到一大群人身穿耀眼的服装走出来，看到旗帜飘扬，手帕挥舞，能听到乐队伴奏。我还能看到那一连重新入伍的士兵行进在牛展场上。我当时只是个孩子，但已当上连长，被吹捧得忘乎所以，一根针就会将我刺得爆裂，可当时我却认为那是世界上最最伟大的事情。如果你们想过要成为国王或女王，那就去让市长接见你们吧。

乐曲在演奏，所有的人都出来迎接我们。我带领队伍，无比自豪地行进在镇公地上，走进了镇公所。然后他们把士兵安排在中央通道上坐下，我却坐在前面。大约一两百人涌进了镇公所，全都站在四周。然后，镇上的官员们走进来，围成一个半圆形。镇长坐在讲台中间，他以前从没当过官，但是个大好人，他的朋友告诉我，说我可以坐在那儿而不会冒犯他们。他是个好人，但他认为当官会让人变得伟大。他走上来在自己位置上坐下，调了调高度数眼镜，看了看四周，突然发现我坐在前排。他马上从讲台上走过来，邀请我上去与官员们坐在一起。在我上战场前，镇上的官员没一个注意过我，除非让老师揍我一顿，而现在我却被请到台上与镇官员们坐在一起。天啊！镇长当时就是皇帝，是我们的国王。当我走上讲台时，他们给了我一把椅子，但离前排还有一定距离。

我坐下后，市镇管理委员会主席站起来走到桌前，我们都猜想他要介绍公理教会的牧师——他是镇上唯一的演讲家——他将对归来的士兵发表演说。可是，朋友们，当听众发现那位老先生竟要自己演说时，你们真应该看看大家的那种惊讶。他这一辈子从没发表过演说，他犯了其他数百人所犯的同样错误。如果一个人长大后想成为演讲家，却不知道在年轻时就必须学会演说，这可就是件怪事。可他好像认为他要做的就是混上个一官半职，然后就会成为一个伟大的演讲家。

于是他来到前面，拿着他在牧场上来回走动着背好的演讲稿，当时他在牧场上把牛都吓坏了。他拿着演讲稿铺到桌上，以确保能看到它。他调了调眼镜，俯身在讲稿上看了一会儿，又回到讲台上，然后又拖着沉重的步子来回走动。你们想象一下那种情景，就知道他一定对这个问题做了大量研究，因为他采取了一种"演讲"的姿态。他将全身重重地压在左脚跟上，肩膀往后挺着，右脚向前稍息，打开了嗓门，又把右脚呈45度角向前伸出去。朋友们，他就是以这种演讲姿势站着，以这种姿态发表演讲的。有些人对我说："你太夸张了吧?"不会的。我到这儿来是传授经验而不是讲故事的，下面就是那次演讲的情况：

"市民们——"他一听见自己的声音，手指就开始变成那样，双膝颤抖，接着浑身颤动。他喉咙发干，又回到桌边去看稿子。然后他打起精神，握紧拳头走回来说："市民们，我们是市民，我们——我们我们——我们——我们——我们很高兴——我们很高兴——我们很高兴。我们很高兴欢迎这些流血打仗的战士们回到故乡——重新回到故乡。我们特别——我们特别——我们特别。我们特别高兴今天看见这个年轻的英雄（指我）来到我们中间。这个富于想象的年轻英雄（朋友们，请记住他说过的话；如果他没有说'富于想象的'，我根本不会如此任性地提及此事），我们曾看见这个富于想象的年轻英雄带领——曾看见他带领——带领。我们曾看见他带领队伍拼死突围。我们看见他闪光的——我们看见他闪光的——闪光的——闪光的剑——挥舞着。在阳光下挥舞着，这时他冲着队伍大喊："冲啊！'"

天啊，天啊，天啊！那个好心人太不了解战争了。如果他稍微懂得一点儿战争，就应该知道今晚在这里任何一个联邦退伍军人协会战友所说的都是真的：对于一个步兵军官而言，在危险时刻冲到队伍前面几乎是犯罪。"我闪光的剑在阳光下挥舞着，我冲着队伍大喊'冲啊！'"我从未那样做过。你们以为我会冲到士兵前面被敌人打死或者被我自己的人打死吗？那不是一个军官要做的，实际战斗中军官是在前线后方的。作为一名参谋，我经常骑着马下火线，而士兵们则突然被召唤到战场前线，叛军们的叫喊声从林中传来："军官到后面去！军官到后面去！"然后每个军官都走到二等兵后面，官职越高离前线就越远。这并不是因为他不勇敢，而是因为战争法要求那样做。可是那个老人却大声说："我闪光的剑在阳光下挥舞着——"在那座房子里坐着我连队的士兵，他们曾把一个军官抬过卡罗来纳河，以免他的脚被弄湿。他们有些人为了抓到一只猪或鸡而走出去很远，有的人在田纳西州的大山里被穿过松树落下的炮弹打死。可是在那个好心人的演讲中，他们很少有人知道。他的确提到过他们，但只是偶尔提到。当前的英雄是那个军官。国家归功于他什么了吗？不，过去没有现在也没有。为什么他成了英雄？就因为那个好心人犯了一般人所犯的同样错误——那个军官之所以伟大，就因为他是军官，而其他人只是二等兵。

哦，那时我就懂得了这一教训——只要时钟一直在走，我永远不会忘记这一教训：伟大不在于将来获得某个官职，而在于用小小手段做出不平凡的举动，并在个人生活中实现远大目标。一个人若要从根本上变得伟大，就必须现在、在费城变得伟大。凡是能让这座城市有更好的街道和更好的人行道、有更好的学校和更多的大学、有更多的幸福和更多的文明、有上帝赐予的更重要的东西，那么他在任何地方都是伟大的。让在场的每一个男女都记住这一点——如果你们再也听不到我演讲——假如你们希望从根本上变得伟大，就必须从此时此地、从你自己、从费城开始。能够给他的城市带来赐福的人，生活在这里就能成为一个好市民的人，能够使家庭变得越来越好的人，无论是在车间工作、还是坐在柜台后面服务或管理家务而能给别人带来幸福的人，无论他的生活怎样，若想在任何地方变得伟大，就必须首先在他自己的家乡——费城——伟大起来。

第三篇

商务演讲实用技巧

现在我们要详细介绍两种演讲技巧：有准备的演讲技巧和即兴演讲技巧。

有三章介绍激励性演讲、说明性演讲和增强印象使人信服的演讲的相关知识。

一章讨论即兴演讲，它可能是说服、说明性演讲，或者是临时需要而做的即席演讲。

如果演讲者清楚地箱道演讲的目的，就可以成功地使用有准备的演讲技巧或即兴演讲技巧。

第7章　如何发表激励性演讲

　　第一次世界大战期间，一位著名的英国主教在厄普顿营对即将奔赴战场的士兵发表讲话。只有一些士兵明白作战的意义，这一点我很清楚，因为我和他们聊过。可是，这位主教先生却对他们大谈什么"国际亲善"，以及"塞尔维亚在太阳底下应占有一席之地"，而士兵们却有一半对塞尔维亚在哪里都不清楚。所以，他不如发表一篇谁也不懂的"星云假说"的学术演讲，反正效果完全一样。不过，在他演讲的过程中没有一个士兵跑开的，因为有宪兵站在每个出口，防止他们跑出去。

　　我无意取笑这位主教，他是一位真正的学者，在宗教人士面前他很可能令人折服；但面对这些军人他却失败了，而且是彻底失败。为什么呢？因为他不知道自己演讲的真正目的，当然不知道怎么做了。

　　讲话的目的是什么呢？不论你自己是不是了解，任何讲话一般包括以下所列的四个目的中的一个。它们是什么呢？

　　1. 说服听众采取行动。

　　2. 说明情况。

　　3. 增强印象，使人信服。

　　4. 给人们带来欢乐。

我们就以林肯总统一系列具体的演讲为例来说明吧。

很少有人知道林肯曾发明过一种装置，它可以将搁浅在沙滩或其他阻碍物中的船只吊起来，并获得了专利。他在他的律师事务所办公室附近一家机械厂制作了这种装置的模型，每当有朋友来看模型时，他就不厌其烦地讲解它。这种讲解的主要目的，就是说明情况。

他在葛底斯堡发表不朽的演讲，第一次和第二次总统就职演讲，在亨利·柯雷去世时所做的悼词……所有这些演讲的主要目的是增强听众的印象，使他们信服。

他对陪审团讲话时，想赢得有利的决定；发表政治演讲时，想赢得选票。这种演讲的目的，就是要让听众采取行动。

而在林肯当选总统的两年前，他曾精心准备了一场关于发明的演讲。他本想给人们带来一些欢乐，这至少是他的目的，可惜他在这方面没有成功。他原本想当一个大众演讲家，结果遭到了挫折。甚至有一次，竟然没有一个人来听他的演讲。

但是林肯的许多演讲却获得了神奇的成功，其中一些演讲已经成为人类语言中的经典之作。为什么他能成功呢？因为在这些演讲中，他明白自己的目的，并且知道怎样达到这个目的。

但是有许多演讲者却不能把自己的目标与听众的目标相结合，所以手忙脚乱，说话结巴，演讲也就难免失败了。

有一位美国国会议员曾被强行轰赶下了纽约旧马戏场的演讲台，因为他很不明智地选择了要做一次说明性演讲。听众可不想听什么教训，他们只想得到快乐。他们刚开始时耐心而有礼貌地听他讲了 10 分钟，但在后 15 分钟，大家都希望他最好尽快结束。可是他却不理会这些，仍然没完没了地说个没完。听众们再也不愿忍受了，开始有人嘲讽地喝彩，其他人接着起哄，立刻就有上千人吹起口哨，甚至大声吼叫起来。这位议员真是太愚蠢了，居然还感觉不到听众的心情，仍然继续讲他的话。这激怒了听众。一场战斗展开了。人们的不耐烦立即被激化成怒火，他们决定让他闭嘴。于是，抗议声越来越大。最终，吼叫和愤怒淹没了他的声音——20 英尺处都听不到他的声音了。他被吼叫和嘘叫声轰下了台，简直羞辱难当。

我们要以此为鉴，让自己的演讲适合听众和场合。那位议员如果事先斟酌一下自己演讲的目的是否适合前来参加政治集会的听众的目的，他就不会有如此惨败了。所以，一定要事先分析听众和场合之后，才可以从四种目的中选择一种来进行你的演讲。

为了让读者获得"搭建演讲架构"方面的指导，本章专门介绍如何"说服听众采取行动"。接下来的三章则着重讨论演讲的其他几个重要目标：说明情况；增强印象令人信服；带给听众欢乐。每一个目标都需要采取不同的组织方式，各自都有其易犯的错误和必须克服的障碍。首先，我们谈谈如何组织演讲素材，使听众乐意采取行动。

有没有什么方法，肯定可以把我们要演讲的材料组织好，让听众能轻松地抓住我们要求他们去做的事情呢？或者它只不过是一种偶尔有效的方法呢？

我记得在20世纪30年代曾和同事们讨论过这个话题。当时我的课程在全国各地开始受到欢迎。由于班上人数众多，我们便要求每个学员的演讲只有两分钟。如果演讲者的目标只定位在娱乐或说明情况，这个限制对演讲并不会造成影响。但是，当我们学习"鼓励听众采取行动"的演讲时，情况就不一样了。如果采用自亚里士多德以来就被演讲者遵循的传统演讲模式——绪论、本论和结论，这种激励听众采取行动的演讲便无法展开。我们显然需要一些新鲜的东西为我们提供一个稳妥有效的方法，在两分钟之内得到结果，并从听众那里获得反应。

我们分别在芝加哥、洛杉矶和纽约举行会议，向所有的老师请教。他们当中有在名牌大学演讲系执教的；有在事业经营方面占有举足轻重地位的；也有来自正在快速扩张的广告和促销界的。我们希望结合这些背景和智慧，找到一种新的组织演讲结构的方法——一个合理的、能反映我们时代需要的、符合心理学和逻辑学的方法，以影响听众并让他们采取行动。

天道酬勤，我们从这些讨论中终于研究出组织演讲结构的"魔法公式"。这个方法在班上采用后，我们一直使用到今天。这个"魔法公式"是什么呢？很简单：

第一步：一开始就描述实例的细节，生动地说明你希望传达给听众的意念；

第二步：详细而清晰地表达你的观点，确切地说出你想让听众做什么；

第三步：陈述缘由，向听众强调，如果按照你所说的去做，他们会获得什么好处。

这个公式非常适合当今快节奏的生活。演讲者不能再沉湎于冗长而闲散的绪论之中。人们越来越忙，他们希望讲演者以直接的言语，一针见血地说出要说的话。他们习惯于听精简而浓缩的新闻报道，使他们不必转弯抹角便能直接获得事实。他们全都被淹没在麦迪逊大街上铺天盖地的广告中。这些广告使用了招牌、电视、杂志和报纸上的一些鲜明有力的词语，把信息一股脑儿倾出；它们一字千金，没有半点儿浪费。所以利用这个"魔法公式"，可以保证引起听众的注意，并可以将焦点对准演讲的重点。它可以避免"我没有时间把这场演讲准备得很好"，或"你们的主席请我谈论这个题目时，我在想他为何要挑选我"之类毫无意义的开场白。听众对道歉或辩解不感兴趣，不论你的道歉或辩解是出于真心还是假意。他们要的是行动。在这个"魔法公式"里，你一开口便给了他们行动。

这套公式用于简短演讲时非常理想，因为其中有着某种程度的悬念。在你开始叙述时，听众就会被你的故事所吸引，但要等到两三分钟之后，他们才能知道你的重点。如果你希望听众照你的要求去做，这一招就很有必要。演讲者如果想让听众为某件事而慷慨解囊，却这样开口："各位女士，各位先生，我来这儿是想向各位每人收取5美元。"那么，不管这件事多么值得他们掏钱，他们一定会争先恐后地夺门而逃。相反，如果演讲者描述自己去探访儿童医院的时候，看到迫切待援的病例：一个幼童在偏远的医院里，因为缺乏经济援助而无法动手术，然后向听众呼吁救助，肯定会获得听众的支持。为期望中的行动铺路的，正是生动的故事和实例。

让我们再看看列兰·史脱先生是怎样通过事件或事例来打动听众，让他们支持联合国儿童救援行动的：

我祈祷自己再也不要为此而奔走呼吁了：一个孩子和死亡之间，只差一颗花生。请想想，还有比这更凄惨的吗？我希望在座诸位也永远不要这样奔走呼吁，永远不要活在这种悲惨的记忆里。如果某一天，你在雅典被炸得千疮百孔的工人居住区里，听到了他们的声音，见到了他们的眼睛……可是，我的记忆中所留下的一切，只有半磅重的一罐花生。当我费力地打开它时，一群群衣衫褴褛的孩子把我团团围住，朝我伸出他们的手。还有大批的母亲，怀抱婴儿在推挤争抢……她们都把婴儿伸向我，婴儿那只剩皮包骨的小手抽搐地伸张着。我尽力使每颗花生都能起作用。

在他们疯狂地挤拥之下，我几乎被撞倒。我举目一望，只见上百只手：乞求的手、抓握的手、绝望的手——全都是瘦小得可怜的手。他们这里分一颗盐花生，那里分一颗盐花生。有六颗花生从我手里掉了下来，那些瘦弱的身体在我脚下争抢着。他们在这里分一颗，再在那里分一颗。数以百只的手伸向我，请求着；数以百只的眼睛闪射着希望的光芒。我无助地站在那里，手中只剩下一个蓝色的空罐子……啊，我希望这种情况永远都不会发生在诸位身上。

这套"魔法公式"还可运用于写商业书信和对员工作指示。母亲可以利用它来激励孩子，而孩子也会发现利用它向父母要求什么也很容易。你会发现它就像一把心理利器，在日常生活中，你可以通过它把自己的理念传达给别人。

即使在广告界，这套"魔法公式"每天也都被使用着。伊弗雷迪电池公司最近在广播和电视上做了一系列广告，就是根据这套公式设计的。

首先是主持人讲一个故事：某个人因事故而在深夜被困在一辆翻倒的汽车里。主持人绘声绘色地描述这个意外之后，又请出受害者告诉观众，他是如何通过使用伊弗雷迪电池的手电筒发出亮光，及时为他带来援助的。然后，主持人再回到他的目标，点出"重点和缘由"："购买伊弗雷迪电池，你就可以在类似的紧急事故中生存。"

这些故事都来自伊弗雷迪电池公司的真实档案资料。我不知道这套广告帮助伊弗雷迪公司卖了多少电池，但我可以确信这套"魔法公式"真的很有用，可以有效地向听众陈述你要他们去做或避免去做的事情。

现在，我们还是一步步地进行讨论吧。

一、用自己生活中的事件作例证

你生活中的事例是演讲的一部分，应该占你演讲的大部分时间。在这个阶段，应该描述曾给你带来启示的经验。心理学家说，人们学习的方式有两种：一是练习律，即让一连串的类似事件来改变人的行为模式；二是效应律，即让单一的事件产生强烈的震撼力，并造成人们行为的改变。我们每个人都有过这种不同寻常的经验，这是不需要花太多的时间去苦苦搜寻的。我们的行为也多半受这些经验的引导。如果能把这些事件重新组织起来，就可以把它们变成影响别人行为的事实基础。这一点我们应该很容易做到，因为人们对言辞的反应和对实际发生的事情的反应都差不多。

在举例的时候，一定要把自己经验中的东西重新改造，使听众产生与你当初一样的感受。为了达到这个效果，你可以把你的经验清楚地叙述出来，突出其特点，并使之富有戏剧性，让它们听起来更有趣，也更有力量。下面的建议，可以让你举例的步骤清晰有力，具有意义。

1. 根据个人经验举例

如果这种例子曾经是对你的生活造成强烈冲击的单一事件，将会很有威力。事情的发生也许不超过几秒钟，可是在那短短的一瞬间，你已经学到了难忘的一课。

比如，不久前我们班上一个学员讲了他竭力从翻转的船边游上岸的可怕经历。我相信每个听众都会这样想，如果自己遇到了类似的情况，一定会听从他的忠告而留在船边，等待救援人员的到来。我还记得另一个演讲者讲的经历：这是关于一个孩子和一台翻转过来的电动剪草机的悲惨事件，这在我的脑海里留下了鲜明深刻的印象，以后只要有孩子在我的电动剪草机附近玩耍时，我就会提高警觉。

我们很多讲师，因为他们对在班上听到的事情印象深刻，所以回家后便立即采取行动，防止家庭再发生类似的意外。例如，有一个人因为听了一场关于烹饪意外而引起的火灾的演讲之后，就立即将灭火器放在厨房内。另一个人也从演讲中吸取教训，把家中所有装毒品的瓶子都贴上标签，并特别留意把它们放在孩子们拿不到的地方。这是因为他听了一场演讲：一个母亲发现她的孩子不省人事地躺在浴缸里，手里拿着一瓶毒药。当时这位母亲真是心神发狂了。

一次使你永远都不会忘记的教训，是说服性演讲必备的条件。利用这种事件，可以打动听众并让他们采取行动——因为听众会这样推理，如果你会遭遇到，他们也可能会遭遇到，那么最好是听你的忠告，做你希望他们做的事。

2. 开门见山叙述事例的细节

在演讲一开始就进入举例阶段，这样做可以立即抓住听众的注意力。有些演讲者不能一开始就获得听众的注意，往往是因为他们只讲那些老套话或琐碎的道歉，听众对此当然不感兴趣。"敝人不习惯当众演讲"，这是不是很刺耳讨厌？但是很多陈腐的开题方式也同样令人厌烦。如数家珍地详细描述自己如何选择演讲题目，或对听众说自己准备不充分（他们其实很快就会发现这个事实的），或像个牧师讲道似的宣布演讲的题目或主题……这些都是要在简短演讲中必须避免的。

请记住某位一流报纸杂志作者的一句忠言：直接开始你的例证，就可以立即抓住听众的注意力。

我在这里列出一些开场白，它们都像磁石一样吸引着我的注意力：

"1942 年，我发现自己躺在医院的病床上"；

"昨天早饭时，我妻子正在倒咖啡……"；

"去年 7 月，当我快速驾车驶下 42 号公路时……"；

"我办公室的门被打开了，我们的领班查理·冯闯了进来"；

"我正在湖中央钓鱼；我一抬起头，看到一艘快艇正朝我快速开来"。

如果在开场白中讲清楚了人物、时间、地点、事件和发生的原因，那么你就是在使用最古老的获取听众注意力的沟通方式。"从前"是一个很有魔力的字眼，它可以打开孩子们幻想的水闸。采用相同的趣味方式，你也能一开口就抓住听众的注意力。

3. 使事例充满相关细节

细节本身并不具备趣味性。例如，到处散置着家具和古董的房间并不好看，一幅图画全是不相关的细物也不能让人们停留注视。同样，无关紧要的细节太多，也会让当众演讲成为无聊的活动。所以，你必须选择那些能强调你的演讲重点和缘由的细节。如果你想告诉大家，在长途旅行前应该先检查车辆的性能状况，那么你应该详细讲述某次旅行前，因为你没有事先检查车辆而发生的悲剧。相反，如果你先讲怎样观赏风景，或者到达目的地后在什么地方过夜，就只会遮盖重点，分散听众的注意力。

如果你能围绕话题重点，用相关细节来渲染你的故事，这确实是最好的方法。它可以重现当时的情况，让听众感觉如在眼前。相反，只说你从前因疏忽而发生意外，就很难让听众小心驾车，因为这样的方法不会让人感到有吸引力。如果你把惊心动魄的经历转化为语言，使用各种辞藻来表达你的切身感受，那么就能把这件事深深地烙在听众的大脑中。

请看下面的实例，这是一个训练班的学员讲的例子，生动地指出了在寒冬时开车要多么小心：

1949 年圣诞节前一天的早上，我在印第安纳州 41 号公路上往北行驶，我的妻子和两个孩子也在车里。我们已经沿着一段平滑如镜的冰路，缓慢地行驶了好几个小时。稍稍触及方向盘，我的福特车就会任意打滑。很少有司机会离线超车，时间就这样一小时一小时地慢慢过去。

我们来到一处开阔的转弯处。这儿的冰雪已经被阳光照射得开始融化，所以我就加大了油门，想弥补失去的时间。其他人也和我一样，大家似乎都很匆忙，想第一个抵达芝加哥。由于不再紧张了，孩子们也开始在车后座上唱起歌来。

汽车突然走上一段上坡路，进了一处森林地带。当汽车急驰到顶端时，我突然看到——可是太迟了——北边的山坡因为没有阳光照射，所以路面的冰还没有融化。我看到我们前面有两辆车疯狂地侧翻了下去，然后我们的车也滑了下去。我们飞过路沿，完全失去了控制，然后落进雪堆里，仍然直立着。但紧跟着别的车也滑了下来，正好撞到我们车的一侧，我们的车门被撞碎了，我们身上全是碎玻璃。

这个事例中丰富的细节，很容易让听众身临其境。毕竟你的目的就是要让听众看到你所看到的，让听众听到你所听到的，让听众感觉到你所感觉到的。而要做到这一点，唯一的方法就是使用丰富而具体的细节。正如第四章提到的，准备一场演讲就是回答如下问题：何人？何时？何地？如何？为什么？你必须用图画般的词汇去激发听众的想象力。

4. 叙述事例时让经验重现

除了运用图画般的细节之外，演讲者还应该让情景再现。演讲和"表演"有相近的地方。所有伟大的演讲家都有一种表演的天分，但这并非只能在雄辩家身上找到的稀有特质，孩童们大多具有这种才能。我们所认识的许多人也都有这样的天赋，他们富于面部表情，善于模仿或做手势，这都是表演的宝贵资质。我们多数人也都有这样的技巧，只要稍微努力和练习，就能有一定的发展。

在描述事件时，如果能加入越多的动作和激动的情感，就越能给听众留下深刻的印象。演讲不论多么富于细节，如果演讲者不能以再创造的热情来讲述，就是没有力量的。例如，你想描述一场大火吗？那不妨为我们讲述消防队与火焰搏斗时人们感受到的激烈、焦灼、兴奋、紧张的感觉，并把这些传递给我们。你想告诉我们你同邻居之间的一场争吵吗？那就把它再现出来，戏剧化地表现出来。你想描述在水中做最后挣扎时的惊恐情绪吗？那就让我们感受到你生命中那些可怕时刻的绝望吧。

举例的目的之一，就是让听众对你的演讲牢记不忘。只有让事例深刻在听众的脑海中，他们才会记住你的演讲，以及你希望他们去做的事。我们之所以记得华盛顿的诚实，是由于他小时候砍樱桃树的事情，已经通过韦姆斯的传记而深入人心。《圣经·新约》是嘉言懿行的丰富宝库，其中的道德操守原则都是通过富有人情味的故事来传达和强化的，例如"善良的撒马利亚人"的故事。

这种事例，除了可以让你的演讲更容易被记住之外，还可以使你的演讲更加有趣，更具有说服力，也更容易理解。生活教给你的经验，已经被听众重新感知：就某种意义而言，他们已经下定决心按照你的意思去做。这样，我们就到了"魔法公式"第二道门前。

二、直接提出问题，提出诉求

在说服听众行动的演讲中，举例阶段已经用去了 3/4 以上的时间。假设你只讲两分钟，那你就只剩下 20 秒钟来表达你期望听众采取的行动，以及他们采取这种行动会有什么好处。这时不再需要讲述细节了，该做直截了当的声明。这与报纸消息的技巧相反，你不是先说标题，而是先讲故事，再以自己的目的或对听众行动的诉求作为标题。这一阶段要注意三条法则：

1. 使重点简明扼要

要简明扼要地告诉听众，你希望他们做什么。人们一般只会做他们清楚地了解的事情。所以，你最好先问自己，你究竟要听众听了你的例证之后，他们做什么？像写电报稿一样把重点写下来，是个很不错的主意，应该尽可能精简字数，又要使其清楚明白。不要说："帮助我们本地孤儿院的病童吧。"因为这样太笼统。应该这样说："今晚就签名，下星期天集合，带 25 名孤儿去野餐。"

要求采取公开行动很重要，这个行动应该是看得见的，而不是心理活动，否则就太含混了。例如"时时想想祖父母吧！"就太含糊而不好采取行动；而这样说"本周末就去看望祖父母吧!"则要更明确些。再比如说"要爱国",如果改成"下星期二就请投下你的一票",就更明确了。

2. 使重点简单易行

不论问题是什么,不论人们是不是还在争论不休,演讲者必须把自己的重点和对行动的请求讲得让听众容易理解和实行。最好的方法之一就是要明确。例如,你想让听众加强记忆人名的能力,千万不要说"现在便开始加强你对人名的记忆",因为这样太笼统了,让人无从做起。不如说:"在你遇到下一个陌生人的 5 分钟之内,就把他的姓名重复 5 次。"

演讲者对听众给予明确的行动指示,比概略的言辞更容易成功地引发听众的行动。例如"去讲堂后面,在祝贺康复的卡片上签名",要比劝听众寄一张慰问卡,或写信给一位住院的同学更好。

至于是使用否定还是肯定的语气来叙述,应该取决于听众的观点。这两种方式之间并没有好坏之分。例如,以否定方式说明应该避免的东西,就比用肯定陈述的请求更具有说服力。"不要做摘灯泡的人"是否定的措辞,这是若干年前为了销售电灯泡而设计的广告,它就收效很好。

3. 强烈而满怀信心地表明观点

演讲的核心是观点,因此你应该强烈而且信心十足地陈述出来。就像标题应该特别突出显著一样,你对听众行动的请求也应该通过激烈的演讲,直接表达出来。你现在就要给听众留下积极的印象,让听众感觉到你的诚意。你的请求不应有不确定或信心不足的语气,游说的态度也应该持续到最后一个词,然后再进行"魔法公式"的第三步。

三、说明原因或听众可能获得的利益

在这个阶段,简短扼要依然是必要的。在这第三步,你必须说出自己演讲的动机;或者告诉听众,如果按照你的要求去做,他们会有什么益处。

1. 使缘由与事例相关

本书已经阐述了很多当众讲话的动机。这是个范围很大的题目,对于想说服听众采取行动的演讲者很有用处。在这一章我们谈的只是关于"获得听众行动的简短演讲",你所要做的,就是用一两句话把好处说出来,然后坐下。不过,最重要的是你所强调的好处应该是从你所举的事例引出来的。如果你想说自己买旧车省钱的经验,然后力劝听众买二手货,那么你必须强调他们买了二手车会有何经济益处。千万不可偏离事例,说有些旧车的样式比最新的汽车要好。

2. 必须强调一个理由,仅仅一个就足够

许多推销员可以举出半打理由,劝说你为什么应该购买他们的产品;你

也能举出好几个理由，来支持你自己的观点，并且全都与你所使用的事例有关。然而，最好还是选一个最突出的理由或利益。说给听众的最后几句话应该清楚而明确，就像刊登在全国性的杂志里的广告词那样。如果你对这些融入了许多人的智慧设计出来的广告加以研究，你将会获得处理演讲中的"重点和缘由"的技巧。

没有哪个广告会一次推销两种或两种以上的产品或理念。在销售量很大的杂志中，也没有一个广告使用两个以上的理由来说明你为什么应该买某种商品。同一个公司也许会从一种媒介改为另一种媒介来刺激消费者的动机，如从电视改成报纸，但是同一家公司却很少在一个广告中做不同的诉求，不论是口头上的还是视觉上的。

如果你能研究一下报纸杂志和电视中的广告，分析它们的内容，你就会惊讶地发现，在劝说人们购买商品时，这一"魔法公式"被使用的次数实在是太多了。你可以由此体会到，"切题"是让整个广告成为一个统一整体的经纬线。

还有其他的方式来举例，例如陈列、展示、引述权威评论、比较和引用统计数字等。这些将在后面的章节详细介绍。本章中的"魔法公式"仅限于个人式的事例，因为在"获得听众行动的简短演讲"中，这套公式是迄今为止最简易、最有趣、最戏剧性而且最具说服力的方法。

附：斯大林战争总动员演说

　　1941 年 6 月 22 日，法西斯德国单方面撕毁了和前苏联签署的《苏德互不侵犯条约》，突然大举进攻前苏联。战争灾难突然降临，使前苏联人民认清楚了希特勒的本来面目，意识到整个国家已经面临巨大的危险。在这危难时刻，前苏联领导人斯大林于 1941 年 7 月 3 日发表了战争总动员演说：

同志们！公民们！

兄弟姐妹们！

我们的陆海军战士们！

我的朋友们，我现在向你们讲话！

　　希特勒德国自 6 月 22 日起向我们祖国发动的背信弃义的军事进攻正在继续，虽然红军进行了英勇顽强的抵抗，虽然敌人的精锐部队已经被击溃，被埋葬在战场上，但是敌人又在前线投入了新的兵力，继续向前进犯。希特勒军队侵占了立陶宛全境、拉脱维亚大部分地区、白俄罗斯西部地区、乌克兰西部一部分地区。法西斯空军正在扩大轰炸区域，对摩尔曼斯克、奥尔沙、莫吉廖夫、斯摩棱斯克、基辅、敖德萨、塞瓦斯托波尔等城市进行大肆轰炸，我们的祖国正面临严重的危险。

　　我们光荣的红军怎么会让法西斯军队占领了我们的城市和地区呢？难道德国法西斯军队真的战无对手，就像法西斯的吹牛宣传家不断吹嘘的那样吗？

　　当然不是！历史表明，无敌的军队现在没有，过去也没有。拿破仑的军队曾被认为是无敌的，但是这支军队却先后被俄国、英国和德国军队击败过。在第一次帝国主义大战时期，威廉的德国军队也曾被认为是无敌的，但是这支军队曾数次败在俄国和英国军队手下，最终被英法联军击溃。对于现在希特勒的德国法西斯军队，也应当这样来看。这支军队在欧洲大陆还没有遭遇到重大抵抗，只是在我国领土上才遇到了重大抵抗。由于这种抵抗，德国法西斯的精锐部队已被我们红军击溃，这就说明，正如拿破仑和威廉的军队曾被击溃一样，希特勒法西斯军队是能够而且一定会被击溃的。

至于我们的一部分领土被德国法西斯军队占领了，这主要是因为法西斯德国的反苏战争是在对其有利而对我不利的情况下发动的。问题在于，德国军队是在进行战争的国家的军队，它已经做了充分的动员，德国用来进攻苏联并且集结到苏联边境的 170 个师已经完全处于战备状态，只等进攻的信号了；而苏联军队当时还需要进行充分动员，还需要向边境集结。这里还有一个因素起了不小的作用，那就是法西斯德国突然背信弃义地撕毁了它同苏联在 1939 年缔结的互不侵犯条约，而不顾全世界的指责；显然，爱好和平的我国是不愿意首先破坏条约的，因此也就不能走上背信弃义的道路。

也许有人要问："苏联政府怎么会同希特勒、里宾特洛普这样一些背信弃义的人和恶魔缔结互不侵犯条约呢？苏联政府在这方面是不是犯了错误？"当然没有犯错误！互不侵犯条约是两国之间的和平条约，德国 1939 年向我们提出的正是这样的条约。苏联政府能拒绝这样的建议吗？我想，任何一个爱好和平的国家都不会拒绝同邻邦缔结和平协定，即使这个国家是由希特勒、里宾特洛普这样一些吃人魔鬼领导。当然，这是在和平协定既不能直接、也不能间接侵犯爱好和平国家的领土完整、独立和荣誉的必要条件下缔结的。大家都知道，德国同苏联签订的互不侵犯条约正是这样的条约。

我们同德国签订互不侵犯条约得到了什么？我们保证获得了一年半的和平，使我们有可能准备好自己的力量，在法西斯德国敢冒险违反条约进攻我国的情况下进行反击。这肯定是我们有所得，而法西斯德国有所失。

法西斯德国背信弃义地撕毁条约进攻苏联，得失又何在呢？这使它的军队在短期内取得了某种有利的地位，可是它在政治上却输了，在全世界面前暴露了自己是血腥的侵略者。显然，德国在军事上暂时有所得，但只是偶然因素；而苏联在政治上却所得甚丰，这才是重大而长久的因素。在此基础上，红军在反法西斯德国的战争中具有决定意义的军事胜利必将日益扩大。

正因为如此，我们全体英勇的陆军、我们全体英勇的海军、我们全体的飞行员——我们的雄鹰、我国各族人民，欧洲、美洲、亚洲所有优秀的人士以及德国所有优秀的人士，都会谴责德国法西斯分子的背信弃义，同情苏联政府，赞同苏联政府的行为，并且认为我们的事业是正义的，敌人一定会被击溃，我们一定会取胜。

由于强加于我们的战争，我国已经同最凶恶阴险的敌人德国法西斯主义展开了殊死搏斗。我国军队正在同用坦克和飞机武装到牙齿的敌人进行英勇战斗；红军和红海军正在克服重重困难，为保卫我们每一寸国土而奋不顾身地战斗。拥有数千辆坦克和数千架飞机的红军主力正在投入战斗。红军战士的英勇精神举世无双，我们抗击敌人的力量日益加强。全体苏联人民都将同红军一道，奋起保卫祖国。

为了消除我们祖国面临的危险，需要做些什么？为了粉碎敌人，又需要采取哪些措施呢？

首先，必须使全体苏联人民了解战争的危险程度，坚决克服泰然自若、漠不关心的心理，克服和平建设的情绪。在战前，这种情绪是完全可以理解的；然而，现在，当战争根本改变了形势的时候，这种情绪就十分有害了。敌人是残酷无情的，其目的就是要侵占我们用自己的汗水浇灌出来的土地，掠夺我们用自己的劳动生产出来的粮食和石油。他们是要恢复地主政权，恢复沙皇制度，摧残俄罗斯人、乌克兰人、白俄罗斯人、立陶宛人、拉脱维亚人、爱沙尼亚人、乌兹别克人、鞑靼人、摩尔达维亚人、格鲁吉亚人、亚美尼亚人、阿塞拜疆人以及苏联其他各自由民族的民族文化和国家制度，把他们德意志化，将他们变成德国王公贵族的奴隶。因此，这关系到苏维埃国家的生死存亡，关系到苏联各族人民的生死存亡，关系到苏联各族人民是享受自由还是沦为奴隶。必须使苏联人民了解这一点，不要再漠不关心。必须把他们全都动员起来，按照新的战时方式来改造自己的全部工作，要对敌人毫不留情。

其次，必须使怨天尤人者和怕死鬼、恐惧者和逃兵在我们队伍中毫无容身之地，使我们的人民在战斗中无所畏惧，奋不顾身地投入到反法西斯奴役者的卫国解放战争中去。我们国家的缔造者、伟大的列宁曾说过，苏联人的基本品质应当是在斗争中勇敢、大胆、无所畏惧、决心同人民一起为反对我们祖国的敌人而战斗。必须使布尔什维克的这种优良品质成为红军、红海军以及苏联各族人民中千百万人所共有的美德。我们应当立即按照战时方式来改造我们的全部工作，一切都要为前线服务，为粉碎敌人服务。苏联各族人民现在都已经看到，德国法西斯主义对保证全体劳动者享有自由劳动和美好生活的我们的祖国是咬牙切齿、极为仇视的。苏联各族人民都应当奋起反对敌人，保卫自己的权利和自己的祖国。

红军、红海军和苏联全体公民都应当捍卫我们的每一寸国土，为保卫我们的城市和乡村而战斗到最后一滴血，表现出我国人民所固有的勇敢、主动和机智。

我们应当全面组织支援红军，保证大力补充红军队伍，保证供应红军一切必需品，迅速组织运输军队和军用物资，广泛救护伤员。

我们应当巩固红军后方，使全部工作都服务于这一事业，使一切企业都能加紧工作，生产更多的步枪、机枪、火炮、子弹、炮弹、飞机，加强工厂、电站、电话和电报通信设施的警卫，整顿地方防空事宜。

我们应当同一切扰乱后方的人、逃兵、惊慌失措者和造谣分子进行无情的斗争，消灭间谍、破坏分子和敌军伞兵，在这些方面及时协助我们的锄奸营。我们必须注意到敌人是阴险狡猾的，他们善于欺骗和造谣。我们必须估计到这一切，不要受敌人的挑拨。凡是因惊慌失措和贪生怕死而有害于防务者，无论是谁都应当立即交付军事法庭审判。

红军部队不得不撤退时，必须运走全部的铁路机车车辆，不能给敌人留下一部机车、一节车厢，不能给敌人留下一斤粮食、一斤燃料。集体农庄应当赶走所有的牲畜，把粮食交给国家机关保管并运到后方。凡是不能运走的贵重物资，包括有色金属、粮食和燃料等，都要绝对销毁。

在敌军占领区，必须建立骑兵和步兵游击队及破坏小组，同敌军部队作斗争，遍地燃起游击战争的烽火，炸毁桥梁、道路，破坏电话和电报通信设施，焚毁森林、仓库和军需物资。在沦陷区，要让敌人及其走狗无法安身，对他们步步追击，消灭他们，破坏他们的一切活动。

同法西斯德国的战争，绝不能看成一场普通的战争。这场战争不仅仅是两国军队之间的战争，同时还是全体苏联人民反对德国法西斯军队的伟大战争。这场反法西斯压迫者的全民卫国战争，其目的不仅是要消除我国面临的危险，而且还要帮助那些在德国法西斯主义枷锁下呻吟的欧洲各国人民。在这场解放战争中，我们并不是孤立的。在这场伟大战争中，欧洲和美洲各国人民，其中包括遭受希特勒头目们奴役的德国人民，都将是我们可靠的同盟者。我们为保卫祖国自由而进行的战争将同欧美各国人民为争取独立、民主自由而进行的战争汇集在一起，形成各国人民争取自由、反对希特勒法西斯军队的奴役和威胁的统一战线。因此，英国首相丘吉尔先生关于支援苏联的历史性演说，以及美国政府关于准备援助我国的宣言，正是十分明显的例证，苏联各族人民只能对此表示衷心的感谢。

同志们！我们的力量是无穷无尽的。趾高气扬的敌人很快就一定会相信这一点。和红军并肩作战，奋起抵抗进犯我国的敌人的，有成千上万的工人、集体农庄庄员和知识分子。千百万人民群众都将奋起作战。莫斯科和列宁格勒的劳动者已经开始成立了由成千上万人组成的民兵队伍来支援红军。在我们反对德国法西斯主义的卫国战争中，在每一个遭到敌人侵犯的城市，都应当成立这样的民兵队伍。要发动全体劳动者起来斗争，挺身捍卫自己的自由、自己的荣誉、自己的祖国。

　　为了迅速动员苏联各族人民的一切力量，抗击背信弃义地侵犯我们祖国的敌人，国防委员会已经成立了，它现在集中掌握了国家的全部权力。国防委员会已经开始工作，它号召全国人民要团结在列宁—斯大林党的周围，团结在苏联政府的周围，以忘我的精神去支援红军和红海军，粉碎敌人，争取胜利。

　　用我们的一切力量来支援我们英勇的红军和我们光荣的红海军！

　　用人民的一切力量来粉碎敌人！

　　为争取我们的胜利，前进！

　　斯大林这篇演说发表在法西斯德国单方面撕毁《苏德互不侵犯条约》之后，阐明了苏联党和政府坚决抗击外来侵略的决心。通过论述敌我形势的对比，斯大林说明了正义的卫国战争必将赢得胜利，背信弃义的法西斯侵略者必将败亡的结局。

　　这是一篇典型的激励性演讲，体现了斯大林作为世界著名的革命家、军事家在演讲方面的高超技巧，它起到了提高士气、鼓舞民心的作用，为苏联卫国战争的最后胜利奠定了思想基础。

第8章 如何发表说明性演讲

　　有一次，一位政府高级官员把美国参议院调查委员会搞得坐立不安，如坠雾里，也许就像你经常看到的某些演讲者那样。此人不停地说着，却含混不清，毫无重点，根本没有把他自己的意思讲清楚。整个委员会的困惑也逐渐增加。最后，一位来自北卡罗莱纳州的参议员小撒姆尔·詹姆斯·艾尔文终于抓住机会，说了几句精彩的比喻。

　　他说，这位官员让他想起家乡一个男人来。这个男人通知律师，说要和他老婆离婚，不过他却承认她很漂亮，是个好厨子，而且还是个模范母亲。

　　"那你为何还要和她离婚？"律师问他。

　　"因为她总是说个不停。"这个男人说。

　　"她都说些什么呢？"

　　"就是这个让我讨厌呀，"男人说，"因为她从来没说清楚过。"

　　这正是许多演讲者（无论男女）的问题所在。大家根本不知道他们在说些什么，他们也从来没有说清楚过，也从来没把自己的意思讲明白过。

　　千万不可小瞧了"说清楚"，它的重要性及困难程度说起来其实很大。在一次晚会中，我曾听过一位爱尔兰诗人朗诵他自己的诗，但是只有极少的听众知道他在说什么。还有许多谈话者，他们不管是在公开场合还是私下场合，也总爱犯这种错误。

　　我也曾经和奥利弗·洛奇爵士讨论过演讲的基本要素。罗吉爵士曾长期在各大学讲学及巡回演讲，有着 40 年的丰富经验。他强调有两件事是最重要的：

第一，知识和准备；

第二，努力准备，表达清楚。

普鲁士名将毛奇元师在普法战争爆发之初，对他属下的军官说："各位，请记住，任何'可能会'被误解的命令，'将会'被误解。"

拿破仑也深知这种"不清楚"的危险。他曾一再向他的秘书下达的最慎重的一道指示就是"要清楚！一定要清楚！"

在第七章中，介绍了一套做简短演讲并从听众那里获得行动的公式。现在，我还要教给你一些方法，帮助你在告知他人某一信息时，把自己的意思表达清楚。

我们每天都要做许多说明性的谈话，比如提出说明或指示，提出解释和报告。每星期在各地举行的各种类型的演讲中，说明性演讲仅次于说服性演讲或获得行动的演讲。清楚说话的能力，其实也是打动听众采取行动的能力。欧文·杨是美国工业巨子之一，他也强调了清晰的表达能力在当今社会的重要性：

当一个人扩大了使他人了解自己的能力时，他也拓展了自己的作用。在我们的社会，即使是最简单的事情，也需要人们的彼此合作，所以他们首先必须相互了解。语言是沟通的主要传递媒介，所以我们必须学会使用它，不是粗略地学会，而是精确地学会。

本章的各项建议，将让你清晰、精确地使用语言，让听众毫无困难地了解你。罗德威·威根斯坦说："凡是可以想到的事情，都是可以清楚地思考的。而凡是可以说出来的事，也是可以清楚地表述出来的。"

一、限制演讲题材，以适合特定的时间

威廉·詹姆斯教授曾向一些教师指出，一个人在一次演讲中只能针对一个要点。他所说的演讲，是指那种时间限定为一个小时的演讲。而我最近却听过一位演讲者所做的3分钟的演讲，他一开始就说，他想谈11个要点。平均用16.5秒钟来说明一个要点！怎么会有这样"聪明"的人，居然想做如此荒谬的事情，有些不可思议吧？当然，这也只是个别极端的例子，但是即使情况没有这么严重，对于任何新手来说，论点太多也注定会出差错。这就像一个导游，带着一群游客一天之内看完巴黎所有的风光，这当然不是办不到。但就像一个人也可以在30分钟之内看完美国国家历史博物馆一样，根本不记得看到了什么。许多演讲之所以讲不清楚，就是因为演讲者企图在指定的时间内创下世界纪录。因此，他就像只敏捷的山羊，飞快地从这一点跳到那一点。

假设你现在就以劳工联盟作为演讲的题目，你根本不可能在 3 分钟或 6 分钟内告诉我们这个组织成立的原因，它们所采用的方法，它们的建树和缺失，以及它们怎样解决工业争端等。如果你坚持这样做，没有人会对你所说的留下清晰印象。它将只是一片混乱和含糊，而且只是一些太过简单的大纲。

如果你只谈它的一个方面，并且仅此一个，对它进行详细讲述，这样做是不是更明智呢？当然是的。这样将给听众留下一个单一的印象，但透彻易懂，也容易记住。

有一天早晨，我去拜访一家公司的总经理，却发现他的门上挂着一个陌生的名字。这家公司的人事部长是我的老朋友，他告诉我为何换了人。

"他的名字害苦了他。"我这位朋友说。

"他的名字？"我不太明白，"他不是控制这家公司的董事之一吗？"

"我说的是他的绰号，"这位朋友说，"他的绰号叫'他现在在哪里？'人们都叫他'他现在在哪里·琼斯'。因为我们总找不到他，不知道他在哪里。他从来不肯花心思去了解公司的整个业务概况。他每天待在公司的时间很长，但是在忙什么呢？他只是这里蹿一下，那里蹿一下，这样打发漫漫长日。他认为看到船运部门的职员关掉一盏灯，或见到速记员拾起一张纸，比他研究一桩大买卖更重要。他很少坐在办公室，因此我们叫他'他现在在哪里'。"

"他现在在哪里琼斯"让我想起很多演讲者，他们本来可以表现得更好些的。他们之所以不能表现得更优秀，就因为他们没有抓住原则。他们像琼斯先生一样，想包揽更大的范围。你听过他们的演讲吗？在他们演讲的时候，你有没有想过"他现在在哪里"？

即使是那些经验丰富的演讲者有时也会犯这样的错误。也许他们具备多方面的才华，所以看不到精力分散的危险。但你可不要向他们学习，而是要紧扣主题。如果你让自己清楚明了，听众就会说："我懂他所说的，我知道他现在在说什么！"

二、遵循一定的顺序

几乎所有的演讲题材都可以利用一定的时间顺序、空间顺序或者事物的逻辑顺序来展开。比如时间顺序，可以按照过去、现在、将来"三段式"的顺序来处理材料，也可以从某一天开始进行倒叙或向前叙述。演讲的过程，都是从最粗糙的原材料开始，然后经过各种各样的制造阶段，最后完成真正的产品。至于其中需要加入多少细节，就取决于演讲的时间了。

在空间顺序上，可以立足于某个点，然后由此向外拓展；或者按照方位来处理，例如北方、南方、东方和西方。假设你要描述华盛顿城，你可以领着听众，从国会山庄的顶端，按照各个方向来叙述那些有趣的地方。如果你要说明一架喷气引擎或一辆汽车，最好是把它分解成各部分的组成零件，再来逐一谈论。

而有些演讲题材本身就具有自己的内在顺序。例如，如果你要介绍美国政府的结构，不妨按照立法、行政、司法三部门的内在结构来介绍，效果必然很好。

三、逐一列举你的要点

要想让演讲给听众一种井然有序、条理分明的印象，最简单的方法之一，就是在演讲过程中明白地表示：现在你先讲哪一点，接下来再讲哪一点。

"我要讲的第一点是……"你完全可以这样开门见山地说。讨论完这一点，你可以明确地说将要谈第二点，就这样一直说到结尾。

拉尔夫·布切博士担任联合国助理秘书长的时候，在纽约罗切斯特城市俱乐部主办的一次重要演讲上，这样直截了当地说：

"今晚我选择的演讲题目是'人际关系的挑战'，是因为以下两个原因，"然后他又说，"首先……其次……"从头到尾，他都小心翼翼地让听众明白他的每一个重点。他引领听众，最后得出结论：

"我们不能对人类向善的天性失去信心。"

在美国国会联合委员会想方设法试图刺激一度停滞不前的商业会议上，经济学家道格拉斯以税务专家和伊利诺伊州参议员的身份演讲，巧妙而有效地使用了相同的办法。

他是这样开始的："我的演讲主题是：最迅速、最有效的行动方式，是对中低收入阶层减税，因为这些群体几乎会花光他们所有的收入。"

然后他继续说："具体说……进一步说……此外……有三个主要的理由：第一……第二……第三……"

他最后说："总之，我们需要的，是立即对中低收入阶层实行减税措施，以增加需求与购买力。"

四、将陌生题材与听众熟悉的相比较

有时候你会有这种感觉：你辛辛苦苦地忙了半天，仍然没有把自己的意思解释清楚。你本来是很清楚这件事的，可是要让听众也明白它，就需要深入的解说。这该怎么办呢？不妨把它和听众熟悉的事情相比较，告诉他们这件事和另一件事一样，和他们所熟悉的事一样。

曾有一个门徒问耶稣，为什么他总是用比喻来向大众讲道，耶稣回答说：

"因为他们虽然在用眼睛看，却看不见；虽然在用耳朵听，却听不见；当然，他们就更不了解了。"

当你向听众谈论他们不熟悉的话题时，你能希望他们有很深的了解吗？这当然很难。所以，我们得想办法。用你所能想到的最简单、最自然的方法去解决，把人们不知道的事物和他们已经知道的、非常熟悉的事物联系起来。

例如，耶稣在解释"天国"时，就采用了人们熟悉的名词和动作来描述：

"天国就像酵母，妇人拿它放入玉米粉中，直到全部发酵完毕……

"天国就像寻求珍珠的商人……

"天国就像抛入大海中的网……"

这种比喻明白易懂，大家都能明白：家庭主妇每个星期都要使用酵母；而渔夫每天都要把网撒入大海中；商人也要买珍珠……

我们再来看看《圣经》中，大卫是如何描述耶和华的眷顾与慈恩的：

"上帝是我的牧羊人，我不能一日没有他。他让我躺在绿草地上，他引导我来到清水边……"

在那广阔无际的青青草原上，羊群可以饮用的清水边——这一切，都是牧羊人所能了解的。

假设你要介绍催化剂在化学中对工业的贡献。你如果告诉人们这是一种物质，它能让别的物质改变而不会改变其本身，这说起来很简单；但是如果你说它正像个小男孩，在校园里又跳又打又闹，还推别的孩子，而他自己却安然无恙，从没有被人打过、碰过，这不是更好吗？

还有一个令人惊奇而有趣的例子：

一些传教士在把《圣经》翻译成赤道非洲土著部落的土话时，面临着将陌生语言翻译成他们熟悉语言的难题。是逐字逐句照翻过来吗？他们意识到如果那样做，这些句子对土著人将毫无意义。

例如，他们遇到了一句话："虽然你的罪恶一片鲜红，但它们终将白如雪花。"这一句怎样翻译呢？这些土著人从来分不清雪和丛林苔藓的区别，但他们经常爬椰子树，摇下椰子当午餐。因此，传教士就把陌生的词语和他们熟悉的东西联系起来，把那句话改译成：

"虽然你的罪恶一片鲜红，但它们终将白如椰肉。"

在这种情况下，再也找不到比这更好的翻译了，不是吗？

1. 将事实变成图画

月亮有多远？太阳呢？最近的星星呢？科学家们一般都会用一大堆数字来回答这些问题。可是科普作家都知道，这种方法很难让普通听众了解，因此他们经常会将数字转化成图画。

著名科学家詹姆·吉恩斯爵士对人们探测宇宙的渴望特别感兴趣。身为科学专家，他自然懂得高深的数学，但是他也明白，自己在写作或演讲中若只偶尔用上几个数字，效果将会最好。

虽然太阳和我们周围的行星如此靠近，但我们并不了解在太空中旋转的其他物体离我们究竟有多远，因此他在《我们周围的宇宙》一书中这样写道："即使是最近的星（普洛西玛·森多里星），也在2.5万亿公里以外。"为了使这数字更鲜明些，他解释说："假如一个人从地球上起飞，以光速飞行——每秒18.6万公里——他也需要4年零3个月才能到达普洛西玛·森多里星。"

他以这种方式来说明太空的广阔浩瀚，比我曾听另一个人解说阿拉斯加的面积这一类似问题时要真实多了。他说阿拉斯加的面积是590804平方公里，然后就丢下不管了，不再去解释它究竟大到什么程度。

这能给你美国第49个州的规模任何图像概念吗？显然不会。我是后来通过其他资料才知道这个地区有多大的。它比佛蒙特、新罕布什尔、缅因、马萨诸塞、罗德岛、康乃狄克、纽约、新泽西、宾夕法尼亚、德拉维尔、马里兰、西弗吉尼亚、北卡罗莱纳、南卡罗莱纳、佐治亚、佛罗里达、田纳西及密西西比等州加起来还要稍微大一点。现在这590804平方公里才有了新的意义，对不对？你会发现，在阿拉斯加还有许多土地是可开发的。

再比如，这位老师说阿拉斯加的人口有64356人。我敢打赌，能记住这个数字5分钟的人不到1/10，他们甚至连一分钟也记不住。为什么？因为他随口说出这个数字，并不能给别人留下清楚的印象，这好比在沙滩上写字，浪潮会很快把这些完全抹掉。

但是，如果用听众熟悉的词句来描述这个数字，会不会效果好一些呢？例如，圣·约瑟夫镇离人们居住的小镇并不太远，他们当中的很多人到过圣·约瑟夫；而阿拉斯加当时的总人口比圣·约瑟夫还少将近一万。所以，最好是用那个小镇的人口来和阿拉斯加的人口作比较："阿拉斯加的面积是密苏里州的8倍，但它的人口只是大家居住的小镇人口的13倍。"

你看，这样一比较，效果不是更好吗？

再来看看下面两个例子，哪一种更清楚易懂？

——距离我们最近的星球，在56兆公里之外。

——如果一列火车以每分钟1.6公里的速度行驶，要花4800万年才能到达距离我们最近的星球；如果我们在那个星球上唱歌，然后声音再传回这里，也要花380万年。如果把地球和那个星球用蜘蛛丝连接起来，蜘蛛丝的重量将达到500吨。

再比如：

——圣伯多禄教堂是世界上最大的教堂，它长达77米，宽达120米。

——它的大小，相当于将两栋华府国会大厦叠在一起。

当奥利弗·洛奇爵士向一群普通听众解释原子的大小及特性时，就有效地使用了这种方法。他说："一个水滴中的原子数目，和地中海的水滴数目一样多。"因为听众中有很多人曾经乘船从直布罗陀抵达苏伊士运河，途中经过地中海。他又说："一个水滴中的原子数目，等于地球上所有的草和树木的总和。"

作家理查·哈定·戴维斯告诉一群纽约听众，说圣索非亚伊斯兰寺院"大约和纽约第五大街剧院的大厅一样大。"他还说，布林底斯（意大利东南部的一个城市）"如果从后面进去的话，看上去就像美国的长岛市。"

几年前，我们训练班的一位学员曾惊心动魄地描述了高速公路上因车祸而死亡的人数多得可怕："你现在驾车横穿全国，从纽约前往洛杉矶。假设路边上立着的不是路标，而是一些棺材的话，每一具棺材里面就装有一个在去年公路大屠杀中的受害者。那么当你驱车疾驶时，每隔5秒钟就会经过这样一个阴森恐怖的标志，自这头至那头，每1公里立12个！"

因此，以后我每次开车都不敢离家太远，因为这一景象总会清晰地浮现在我的脑海里。

为什么会产生这样的效果呢？因为耳朵听来的印象不容易持久，它们就像电子打在榉树光滑的树皮上，会随即掉落。但是用眼睛看到的印象呢？很多年前，我曾亲眼看到了一颗嵌入一幢位于多瑙河岸边老屋的炮弹，这颗炮弹是拿破仑的炮兵部队在乌尔姆战役中所发射的。视觉印象就像那颗炮弹，它们以排山倒海之势扑面而来，深深地嵌入了我的大脑，牢牢地附着在上面，驱走了一切反面的提示，就像拿破仑赶走奥地利人一样。

因此，你可以把这项原则应用在你的演讲中。例如，当你描述大金字塔时，可以先告诉听众它有150米高，然后就将他们每天都能够看得到的建筑物与之做比较，让听众了解它究竟有多高。你还可以说大金字塔的底座能覆盖多少条街道。

同样，永远不要说多少千加仑或几万桶的什么东西，而应该同时说明这么多液体可以装满多少间你现在正在演讲的房间。

再比如你要说7米高，该如何表达呢？你可以直接说"到这个房间天花板高度的一倍半"。

同样，如果要说有多少公里的距离，若改成"从这儿到联合车站或是到某条街道的距离这么远"，就更清楚明白了。

2. 避免使用专业术语

如果你是从事某项技术性的专业工作——例如律师、医生、工程师，或是高度专业化的行业——那么当你向外行人演讲时，必须加倍小心地使用浅显易懂的语言来解释，同时还应注意加上必要的细节。

之所以要加倍小心，是因为我的专业责任的关系。我已经听过几百场演讲，它们正是因此而失败，而且败得那么惨痛。这些演讲者显然完全不知道，一般听众对他们的特殊行业普遍缺乏了解。这样的结果会如何呢？虽然他们滔滔不绝地高谈阔论，用他们工作中常用的那些只对他们有意义的词句，但对于外行来说，却是云山雾罩，不知所云。

这时演讲者应该怎样做呢？他应该去读一读并留意印第安纳州前参议员贝佛里奇下面的建议：

一个好办法，就是从听众中选一个看上去最不聪明的人，然后努力让那个人对你的演讲感兴趣。你只能用清晰易懂的话语来叙述，并清楚地说明你的观点，才能做到这一点。另一个更好的办法，就是把你的演讲目标放在那些由父母陪着的小男孩或小女孩身上。

你要在心里对自己说——当然，你也可以大声对你的听众说出来，如果你喜欢的话——你会尽量讲得简单明白一些，让小孩子也能够了解并记住你的解释，而且会后还能够把你所讲的告诉别人。

我训练班上的一个医生在一场演讲中这样说道："用膈膜呼吸对肠子的蠕动将产生显著的帮助，这是对健康的一种恩赐。"他本想用这句话概括这部分内容，然后再讲述别的东西。但指导老师打断了他，并请那些听懂了膈膜式呼吸与其他呼吸方式有何不同、为什么它会对健康特别有益，以及蠕动作用是什么这三个问题有明确概念的听众举手。结果让这位医生大吃一惊。于是他回头重新讲解：

膈膜是一层薄薄的肌肉，它位于肺的底部和腹腔的顶部，形成了胸腔的底层。当胸腔呼吸时，它会收缩，像只上下倒置的洗涮盆。

在做腹腔式呼吸时，每一次呼吸都会迫使膈膜往下推，使它几乎成平面状，此时便会感觉胃肠受到了腰带的挤压。膈膜这种向下的压力会按摩并刺激腹腔的上部器官——胃、肝、胰、脾等。

当把气呼出时，胃和肠又往上挤迫膈膜，相当于再做一次按摩，这种按摩有助于排泄过程。

绝大多数疾病都来自肠胃不适。假如我们的肠胃因为膈膜的深呼吸而有适当的运动，那么大部分的消化不良、便秘以及体内积毒现象都会消失。

不论你如何解说，总是由简入繁最佳不过。比如，你想对一群家庭主妇解释为什么冰箱必须除霜，如果这样开始你可就糟了：

冷冻的原理，是蒸发器从冰箱内部吸收热气。当热量被吸出来的时候，伴随它的湿气就会附着在蒸发器上，形成厚厚的一层，造成蒸发器绝热，并使马达频频开动工作，以补偿逐渐增厚的霜层形成的绝热。

请注意，如果演讲者从家庭主妇们所熟悉的事物开始，就更容易让她们明白了：

各位都知道肉类应该放在冰箱的哪一层。那么，各位也一定知道霜是如何聚结在冰冻器上的。这些霜一天天越结越厚，最后冰冻器就得除霜，以保持冰箱运转良好。冰冻器四周的霜，就像你躺在床上时盖的毯子，或者像墙里用于隔热的石棉。这些霜结得越厚，冰冻器越难从冰箱中吸出热气，以保持冰箱的冷度。于是冰箱的马达就必须频繁开动，这样才能保持冰箱内的冷度。如果在冰箱里装一个自动除霜器，霜就不会结厚，马达运转的次数和时间也可以减少了。

关于这个方法，亚里士多德曾有一句名言："思维如智者，说话如常人。"如果你必须使用专业术语，那只有在给听众解释过后使用，这样才能让他们都听懂。所以，你需要一再使用的关键词更应该这样。

我曾听过一位证券经纪商对一群妇女演讲。这些妇女想了解一些银行与投资的基本原则。他使用了简单的语言和轻松的谈话方式让她们放松下来。本来他每件事情都说得清清楚楚的，但对于一些基本词却没说清楚，而这些词对她们而言却很陌生。比如他提到了"票据交换所"、"课税与偿付"、"退款抵押"以及"短期买卖和长期买卖"。结果，本来是一场精彩动人的讨论却变成了一团雾水，因为他不明白听众对他的专业术语不熟悉。

不过，有时候即使你知道某个关键词听众不会了解，也没必要避免它，只需在使用时尽快解释就可以。不要害怕这样做，你完全可以去查词典。

你对歌唱广告有意见要发表吗？或者对冲动式购物、文学艺术课程或者成本会计、政府津贴或逆向行驶汽车有什么意见？你愿倡导一种对待孩子的宽容态度，或评估价值的体系吗？不论上述什么题材，你都一定要让听众对这些专业术语或关键词的了解与你一样。

五、使用视觉辅助工具

通过眼睛通往脑部的神经，比从耳朵通往脑部的神经要多好几倍；而且科学实验发现，人们对眼睛暗示的注意力是对耳朵暗示的 25 倍。

日本有一句俗语："百闻不如一见。"

因此，如果你想清楚表达自己，就应该用图像来描绘你的要点，把你的观点视觉化。这正是美国现金注册公司创始人帕特森采用的方法。他为《系统杂志》写了一篇论文，简要说明了他向工人和销售人员演讲时使用的方法：

我认为，一个人不能仅仅通过言语就希望别人了解他的想法，或是抓住别人的注意力。我们需要一些具有戏剧性的辅助工具，最好的方法是使用图片，用图片来表现对和错的两面。图表比仅用语言文字更具有说服力，而图片又比图表更具有说服力。表现某一主题最理想的方法，就是给每一部分配上图片，而语言文字只是与图片配合的手段。我很早就发现，和人们交谈时，一张图片往往要胜过我的任何话。

我演讲时，会用一整套的漫画或图表来做解释。如在一个圆圈内画上美元的符号，表示钞票；在一个袋子上画一个美元的符号，代表很多的钱。像月亮般的圆脸孔有时也可以收到很好的效果：画个圆圈，再添上几笔，分别表示眼睛、鼻子、嘴巴和耳朵。如果把这些线条稍加变化，还能代表各种不同的表情：例如，落伍的老古板会嘴角下垂；愉快而时尚的小伙子会嘴角上翘。尽管这些图画都很简单，但最受欢迎的漫画家，并不是那些一心想画出最完美图画的画家，而是能够表达人的内心思想的画家。

例如，将装钱的大袋子和小袋子并排放在一起，一个表示赚钱很多，另一个则表示赚钱不多，这样就可以明显地表现出正确与错误方法的对比。如果你在谈话时快速地画出这些线条简单的图画，那么听众的注意力绝对不会分散，他们一定会想看你究竟要干什么，而且他们也不会漏过你所说的每一句话。这样，他们就可以了解你想要表达的观点。

有趣的图画，还能让大家产生轻松愉快的情绪。我经常请一些画家陪我到各个商店去，悄悄地把那些店里不合适的做法画下来。然后，我召集所有的员工，向他们出示他们做错了什么。当我听说有一种有立体效果的双灯放映机上市时，我立即买了一台。把图画投射到墙上，比在纸上画的效果更直观。接着，又出现了电影，我想我可能是第一个购买放映机的人。目前，我的公司的各个部门有很多放映机，还保留了6万多张立体幻灯片的资料。

当然，并不是每一个演讲题目或场合都适合用图画来展示。但只要有可能，我们就应该尽量使用这些辅助工具。因为它们能吸引听众的注意力，激发听众的兴趣，而且可以更清楚地表达我们的思想和观点。

如果你使用一张图表，一定要让它足够大，让人们可以看清楚。不过，还要注意千万别做过了头。一长串的图表有时也会令人感觉无聊。如果是边讲边画，那就一定要在黑板上简单而快速地画，听众对伟大的艺术作品并不都感兴趣。使用缩略语时，要写得大而容易辨认；在画图或写字的时候，不要停止你的讲话，要随时转身面对听众。

利用展示物时，要注意以下建议，这可以保证你能抓住听众的注意力。

1. 展示物应先藏好，直到使用时再拿出来。

2. 使用的展示物应该足够大，使最后一排的人都能看清楚。听众如果看不见展示物，展示物就不能起到应有的作用。

3. 演讲的时候，不要将展示物在听众中间传阅。你大概不想给自己找个对手进行竞争吧？

4. 展示物品时，把它举到听众看得见的高度。

5. 记住，一件能打动听众的展示物要胜过 10 件不能打动人的东西。所以如果可以，不妨先示范一下。

6. 演讲时不要紧盯着展示物——你应该与听众沟通，而不是和展示物沟通。

7. 展示完后，尽快收起展示物，不再让听众看见。

8. 如果展示物非常适合做"隐秘处理"，就把它放在桌子边上，演讲时把它盖住。演讲时，不妨多提它几次，这会引发听众的好奇心——不过不要告诉听众它是什么。当你展示它的时候，你早就引发了听众的好奇心、猜想和真正的兴趣。

视觉材料在增强演讲效果方面，已越来越显得重要。除非你早就胸有成竹，否则与其用言辞表达你的意思，还不如展示给听众看，除此之外没有更好的方法能保证听众会听明白。

有两位美国总统——林肯和威尔逊——同为语言大师。他们指出，清晰的表达能力是训练与自我控制的结果。林肯说："我们必须狂热地追求明晰。"他对诺克斯学院院长嘉利佛博士说了他在早年是如何培养这种"狂热"的：

我记得，当我还是个孩子的时候，遇到有人用我听不懂的方式跟我说话时，我就会非常不舒服。在我一生当中，还没有对别的事情生过气。可是，听不懂别人的讲话总会让我发脾气，现在仍然是这样。记得有一次，我在听邻居和我父亲欢谈了一个晚上之后，我走回自己的小卧室，大半夜里都在不停地走来走去，企图思考一些语言的确切意义。在我刚开始这样做的时候，常常是到了该睡觉的时间，可就是睡不着，直到我能把它用浅显易懂的语言说出来，自认为可以让我所认识的每个男孩都能了解才肯罢休。这是我的一种狂热，它一直紧紧地跟着我。

"狂热的情绪"？

是的，确实是这样。林肯少年时代的老师、纽沙勒姆学校的校长格拉汗作证说："我知道，林肯经常花好几个小时，研究如何用 3 种最简洁的方式来说清楚一件事情。"

为什么人们无法清晰易懂地表达自己的思想呢？有一个最普遍的原因，就是连他们对自己想要表达的东西是什么都有可能不太清楚。他们只有模糊不清的概念或念头，这会是什么结果呢？那就是他们自己先坠入了迷雾中。

我们应该像林肯那样，对语意不明及晦涩难懂的文字或语言表示自己的愤怒，一定要清晰地表达自己。

另一位杰出的总统伍德罗·威尔逊，有一些忠告正好为本章画上一个注脚：

我父亲是一位具有大智慧的人，我所受过的最好的训练都来自于他。他不能容忍含糊隐晦。从我开始提笔写字到他 81 岁高龄去世，我总是随身携带自己写给他的所有东西。

他会让我大声读出来。这对我来说真是一件苦差事。他会时不时打断我："你这是什么意思？"我就会告诉他为什么这样说。为此我就得用比写在纸上更简洁明了的方式来表达。"那你为何不这样说？"他会继续训下去，"别用鸟枪来瞄射自己的意思，那样只会击得一片凌乱；要用来福枪瞄射自己想说的话，让人一听就明白。"

附：萨达特在以色列的演讲

萨达特是埃及前总统，1981 年 10 月 6 日在开罗附近的纳斯尔城庆祝"十月战争"胜利八周年阅兵典礼仪式上遇刺身亡。世人在评价他时，称他为"战争的英雄，和平的英雄"。作为一位"为和平而生，为原则而死"的国家领导人，萨达特不但善于辞令，而且著述颇丰，同时还是一位出色的演讲家。1977 年 11 月 20 日，萨达特为了中东和平而接受以色列的邀请，在以色列的国会大厅发表演讲。虽然台下听众大多对他怀有抵触甚至仇恨情绪，但是萨达特却排除了艰难险阻，取得了演讲的成功。下面是萨达特的演讲：

我不想隐瞒你们，当我那天深夜从人民议会回到家之后，我在共和国总统办公室的一名助手同我联系，并忧心忡忡地问我：总统先生，如果以色列真的向您发出邀请的话，您该怎么办？我十分镇静地回答他：我将立即接受邀请。

我曾经公开宣称：我将到天涯海角去，将到以色列去，因为我想在以色列人民面前说清楚全部真相。

我要请所有对我的决定感到震惊的人或者对我的真实意图表示怀疑的人原谅，因为没有任何人能想到作为最大的阿拉伯国家的总统——一个承担着最大负担、承担着中东地区战争与和平问题首要责任的总统会做出这样的决定，准备到敌对国家去。我们仍然处于战争状态，我们大家还都在遭受着痛苦，这是 30 年来发生的四次残酷战争造成的痛苦。1973 年 10 月战争牺牲者的家庭仍然生活在丧失亲人的孤独痛苦之中。

正如我以前所宣布的那样，我没有同任何一个同事和兄弟——阿拉伯国家或前线国家的首脑商量过这个决定。在决定宣布以后，他们中的有些人同我进行了联系，表示了反对。因为存在于阿拉伯国家及巴勒斯坦人民和以色列双方之间的全面怀疑和不信任至今仍然在所有人心中存留着。本来长达几个月的时间足可以实现和平，但这些时间却白白浪费在了毫无益处地讨论日内瓦会议的程序上——所有这些都说明了全面的怀疑和全面的不信任。

但是，我要非常诚恳而坦率地告诉你们，我做出这个决定是经过深思熟虑的。我知道这是一个巨大的冒险。如果说真主决定要对埃及人民负责、要对阿拉伯人民和巴勒斯坦人民的命运负责的话，那么其首要任务就是利用一切办法使阿拉伯埃及人民和全体阿拉伯人民避免再次遭受毁灭性的、只有真主才知道其规模的战争灾难。

经过长期的思考以后，我相信要忠诚于真主和人民的责任，就要走遍天涯海角，而且要到耶路撒冷去向以色列人民的代表、国会成员说明我已经考虑许久的全部事实，然后让你们自己考虑并做出你们的决定。最后，让真主按照他的意旨来为我们安排一切。

女士们，先生们！在每一个民族的历史上都会有这样一些时刻，所有具有聪明才智和远见卓识的人在这样的时刻都必须注意到过去的复杂状况和遗留问题，以便勇敢地走向新的境界。那些像我们一样肩负着同样责任的人们，首先应该有勇气做出符合主潮流的重大决定。我们大家应该站得更高些，摆脱一切成见，摆脱一切心理错觉和腐朽的优势理论。最重要的是，我们永远都不要忘记——无过只属于真主。如果说我要使全体阿拉伯人民避免新的、令人痛苦的战争灾难，那么我要十分诚挚地向你们宣布：我对世界上的每一个人都怀有同样的感情，负有同样的责任，对以色列人民当然也同样如此。

战争的牺牲品是——人类。

在战争中灭亡的生命，是人的生命——无论是阿拉伯人还是以色列人，无论是失去丈夫的妻子还是生活在幸福家庭中的妇女，无论是阿拉伯妇女还是以色列妇女。

失去了父亲照顾和爱抚的儿童是我们大家的孩子。无论是在阿拉伯还是以色列的土地上，我们都应该担负起巨大责任，为他们创造快乐的今天和美好的明天。

为了这一切，为了保卫我们所有孩子和兄弟的生命；为了我们社会的安居乐业，为了人民的发展和幸福，让他们享有崇高的生活权利，为了我们对于子孙后代的责任；为了降生在我们土地上的每一个孩子的欢笑——为了所有这一切，我甘冒一切风险，决定来你们这里发表我的意见。

我曾经担负现在仍然担负着历史责任所提出的要求。为此，我在几年以前——确切地说是1971年2月4日，宣布准备同以色列签署一项和平条约。这是阿以冲突以来，阿拉伯负责人发表的第一份公开声明。出于领导者责任所应有的这一切动机，我于1973年10月16日在埃及人民议会宣布呼吁召集一次国际会议，以便确立持久而公正的和平。当时，我无须乞求和平或要求停火。在历史的、领导者责任应有的动机的推动下，我签署了第一份脱离接触协议，接着又在西奈签署了第二份协议。然后，我努力敲打那些开着的、关着的大门，以寻求一条通往持久的、公正和平的道路。我要向全世界人民敞开胸怀，让他们了解我们的动机和目标，让他们真正相信我们是正义的倡导者与和平的创造者。

在这一切动机的推动下，我决定以坦率的思想、坦荡的胸怀、自觉的意志来到你们这里，希望共同创造建立在公正基础上的、持久的和平。

我这次来你们这里，正逢伊斯兰最大的节日、吉祥的宰牲节——牺牲和赎罪的节日，这是一次和平之旅，这是天意。当初，阿拉伯人和犹太人的祖先易卜拉欣皈依了伊斯兰教。我认为，当真主命令他的时候，他就立即心甘情愿地挺身而出，这并不是由于软弱，而是由于一种巨大的精神力量的鼓舞，是由于不惜牺牲自己心爱的儿子的自由选择，是由于对崇高理想毫不动摇的坚定信念——这一崇高理想给生活赋予了深刻的意义，也许这一巧合在我们大家心中会产生一种新的含义，也许它将变成安全、宽恕与和平的真正希望。

阿拉伯国家和以色列长期以来处于敌对状态，作为最大的阿拉伯国家元首的萨达特，正是在遭到内外压力的情况下，在敌国发表的这篇演说。但是他的这篇演说态度诚恳，发自内心，真正做到了以理服人，以情动人，深深地感动了所有的听众。

当他说到"在战争中灭亡的生命是人的生命——无论是阿拉伯人还是以色列人"时，不仅极大地震撼了以色列国会大厅内所有的人，更为演讲创造了感人至深的气氛，使听众产生了积极的心理反应，立即拉近了与听众之间的心理距离，达到了这次到以色列演说的目的，成功地扮演了和平使者的角色。

第9章 如何发表说服性演讲

有一次，一小群男女发现自己正置身于一场风暴的通路上。这并不是一场真正的风暴，但也可以这样来比喻它。说得清楚一点，这场风暴来自一个名叫毛里斯·格伯莱的人。他们中的一个人这样描述道：

我们围坐在芝加哥一张午餐桌旁。我们早听说过这个人的大名，他是一个声名远扬的演讲家。他站着演讲时，每个人都目不转睛地望着他。

他开始安详地讲话——他是一个整洁而儒雅的中年人——他首先感谢我们的邀请。他说他想对我们谈一件严肃的事，如果这打扰了我们，就请我们原谅。

接着，他像一阵龙卷风一样席卷过来。他身体前倾，双眼牢牢盯住我们。他并未提高声音，但我却似乎感觉到了铜锣爆裂的声音。

"向你四周瞧瞧，"他说，"彼此瞧一瞧。你们知不知道，现在坐在这房间里的人，将有多少死于癌症？55岁以上的人中，每四个人就有一个。四个人中就有一个！"

他停下来，但脸上散发出光彩。"这是常见而残酷的事实，不过不会长久这样，"他说，"我们可以找到办法，寻求治疗癌症的方法，研究它们产生的病因。"

他神情凝重地望着我们，目光绕着桌子逐一移动。"你们愿意共同努力吗？"他问道。

在我们脑海中，除了"愿意"之外，还会有别的回答吗？"愿意！"我想。事后，我发现别人和我的想法一样。

不到一分钟，毛里斯·格伯莱就赢得了我们的心。他已经把我们每个人都拉进了他的话题，让我们站在他那一边，共同投入到为人类谋求幸福的运动中。

不论何时何地，获得赞同是每个演讲者的目标。正如已经发生的情况一样，格伯莱先生有非常充足的理由要我们做出这样的反应：他和他的兄弟纳逊白手起家，建立了一个连锁百货公司，年收入超过 1 亿美元。在历经长期的艰辛之后，他们终于获得了神话般的成功，不料纳逊却在短短的时间里因为患癌症而去世。这之后，毛里斯·格伯莱特意安排格伯莱基金会，捐出第一个 100 万美元给芝加哥大学癌症研究中心。他退休后，又把自己的时间投入到提醒民众共同抗癌的斗争中。

这些事实，加上毛里斯·格伯莱的个性，赢得了我们的心。这种真诚、关切、热情——这种火一般的热烈的决心，让他在短短的几分钟之内就把自己展现给了我们，正如把他长期献身给这个伟大目标一样——所有这一切都让我们对他产生了一种赞同、友谊、感兴趣和被打动的感情。

一、以真诚赢得信心

公元 1 世纪罗马著名的演说家昆体良称演讲家是"一个擅长讲话的好人"。在这里，他指的是真诚和个性。本书已经说过和将要说的一切，没有一个能取代这一高效演讲的必要条件。约翰·皮尔庞特·摩根说，个性是获取听众信任的最好方法，同时也是获取听众信心的最好方法。

"一个人说话时的那种真诚态度，"亚历山大·伍柯特说，"会让他的声音焕发出真实的光彩，那是虚伪的人假装不出来的。"

如果我们的目的是想要说服别人，那就特别需要发自内心的诚挚的自信，以这种内在的光辉来宣讲自己的理念。我们只有自己先说服自己，然后才能设法说服别人。

二、获得听众的赞同

前美国西北大学校长华特·狄尔·斯科特说："每个新的意见、观念或结论被提出来时，都会被认为是真理，除非有相反的理念阻碍，则另当别论。"这其实就是要求争取获得听众的赞同。我的好友哈瑞·奥佛斯特里特教授在纽约社会研究中心的演讲中，很清晰地阐释了这种说法的心理背景：

有技巧的演讲者，一开始便能获得许多赞同的反应。他能够借此引导听众朝着赞同的方向前进。它就像撞球游戏中的弹子运动，把它往一个方向推动后，若想让它转一个方向就要费一些力气；如果想把它推到相反的方向，则需要花更大的力气。

在这里，心理的转变可以看得很清楚。当一个人说"不"，而且内心真的反对的时候，他所做的不仅仅是说"不"这个简简单单的字了。他的整个身体——腺体、神经、肌肉——都会把自己包裹起来，进入一种抵抗状态。通常，他会有微小的身体上的撤退，或做好撤退的准备，有时甚至表现得非常明显。这就是说，整个神经、肌肉系统都戒备起来拒绝接受。相反，当一个人说"是"时，他就绝无撤退的行为发生。这时他的整个身体会处在一种前进、接纳、开放的状态。所以，如果从一开始我们就能获得越多的"是"，就越有可能成功地抓住听众的注意力，让他们接受我们的建议。

获得听众的赞同，是非常简单的技巧，但往往容易被忽视。人们常常以为，如果一开始就采取一种敌对的姿态，似乎就能显示自己的重要性，于是激进派和保守派的人在一起开会时，不用片刻大家就都火冒三丈了。说实话，这样做究竟有什么好处呢？如果这样做仅仅是为了找点刺激的话，还情有可原；可是如果希望这样做能达成什么目标的话，未免太愚蠢了。

如果一开始就让学生、顾客、孩子、丈夫或妻子说"不"，然后再想把这种有增无减的否定转变为肯定，恐怕需要神一样的智慧和耐心了。

那么，怎样一开始就获得你所希望的"赞同反应"呢？这很简单。让我们看看林肯说的秘密："我展开一场讨论并最终获胜的秘诀，是先找到一个大家都赞同的基准点。"例如，即使在讨论尖锐对立的奴隶问题时，他都能找到这种共同的基准点。《明镜》这家中立的报纸在报道他的一场演讲时，这样叙述道："前半个小时，他的反对者几乎会同意他所说的每一个词。然后，他会抓住这一点，开始领着他们向前走，一点一点地，最后把他们全部引入自己的目的地。"

演讲者与听众争辩，只会激发听众的固执，使他们拼命防守，几乎不可能改变他们的思想。这不是很明显的事实吗？宣称"我要证明这样是否明智"，是否明智呢？听众就会认为这是一种挑衅，并且无声地说："那咱们不妨走着瞧！"

如果一开始就强调一些听众和你都相信的事情，再提一个每个人都愿意回答的问题，这样是不是有利得多？然后，你可以带着听众一起去寻找答案。在这个过程中，把你十分清楚的事实陈列在他们面前，他们就会接受你的引领，同意你的结论。这种由他们自己发现的事实，会让他们有更多的信心。"看似一场解说的辩论，才是一流的辩论。"

在各种争议中，不论分歧有多大、有多尖锐，总会有一些共同的地方可以使演讲者和听众都产生心灵的共鸣。

例如，大不列颠首相哈罗德·麦克米兰曾向南非联邦国会的两院发表演讲。当时，南非当局采取的是种族隔离政策，而他必须面对南非立法团体，陈述英国无种族歧视的观点。他是不是一开始就阐述双方的这种分歧呢？没有。他开始只是强调南非在经济上取得了不起的成就，对世界做出了重大的贡献。然后，他才巧妙而机智地提出了双方有分歧的问题。但即使讲到这一点，他还是指出，他非常了解这些分歧都来自双方各自真诚的信念。这场演讲非常精彩，可以与林肯在苏姆特堡所发表的那些温和却坚定的言辞相比。

"身为大不列颠国的一位成员，"麦克米兰首相说，"我们真诚地希望，能给予南非支持和鼓励，不过希望各位不要介意我的直言：在我们大不列颠的领土上，我们正在设法给予自由人政治前途——这是我们坚定的信念，所以，我们无法在支持和鼓励各位的同时，不违背自己的信念。我认为，不论谁是谁非，我们都应该像朋友一样，共同面对一个事实，那就是我们今天还存在分歧。"

不论一个人多么坚决地想和演讲者对抗，但是若听到这样的言论，他也会相信演讲者公正的坦诚之心。

假设麦克米兰首相一开始就强调双方在政策上的差异，而不是提出双方共同的赞同点，后果将会怎样呢？詹姆斯·哈维·鲁滨逊教授在他富有启迪的《思想的酝酿》一书中，对这个问题做出了心理学上的解答：

有时，我们会发现自己在毫无抵抗、情绪毫不激动的状况下改变自己的思想。但是，如果有人说我们错了，我们就会讨厌这样的责备，便无论如何也不同意对方了。在信仰形成的过程中，我们不会刻意留心；可是一旦有任何人表示与我们的信仰不同时，我们就会对自己的信仰怀有偏激的狂爱。显然，我们所珍爱的并非理念本身，而是我们那正在遭受威胁的自尊……这小小的"我"，是人类最重视的一个词，可能也是人类智慧的起源。不论它是我的晚餐、我的狗、我的家、我的信仰、我的国家，还是我的神，都具有相同的力量。我们不仅憎恨别人指责我们的手表走时不准，或我们的汽车破旧不堪，甚至厌恶别人指责我们的某些观念，如火星运河论、某个字的发音或水杨酸的药效、萨尔恭王一世的年代需要修正……我们喜欢相信自己作为真理而接受的东西，因此一旦我们的任何假设受到别人的怀疑时，由此导致的愤怒会促使我们寻找一切借口来坚持它。这样，我们所谓的大多数"讲理"，其实就是找出一大堆借口来让自己继续相信已经相信的东西。

三、热情而富有感染力

当演讲者用富有感情和感染力的热情来讲述自己的信念时,听众很少会产生相反的想法。我说"感染力",因为热情就来自于此。它会将一切否定和相反的理念抛到一边。你的目标是说服别人,因此请记住,动之以情比晓之以理的效果更好。情绪要比冷静的思维更有威力。要激发听众的情感,你自己必须先热烈如火。即使一个人能够编造精美的词句,能够搜集许许多多的例证,声音有多么和谐,手势有多么优雅,但若不能以真诚的态度来讲述,这些全都会变成空洞而无用的装饰。要让听众印象深刻,你自己就应该先有深刻的印象。你的精神会由于你的双眼而闪现出光彩,会由于你的声音而向四面辐射,会由于你的态度而自我抒发,于是它便得以和听众沟通。

每次演讲,特别是发表说服性演讲时,你的行为决定了听众的态度。你若冷淡,他们也同样如此;你若轻率而不够包容,他们会同样如此。"当听众昏昏欲睡时,"亨利·沃德·毕彻尔这么写道,"只有一件事可做:给服务员一根尖棒,让他去猛刺演讲者。"

有一次,我应哥伦比亚大学之邀担任"科蒂斯奖章"的三位裁判之一。有6位毕业生,他们在经过精心准备之后,急于好好表现自己。可是他们当中除了一人之外,都只想赢得奖章,因而很少有或根本没有说服听众的欲望。

他们之所以选择那些演讲题目,就是这些题目可以让他们滔滔不绝地说下去。可是他们对自己的话题却没有一点兴趣,他们一连串的演讲也仅仅是表达艺术的练习而已。

唯一的例外是一位来自非洲祖鲁族的王子。他选的题目是"非洲对现代文明的贡献"。他每个字里都饱含着强烈的情感,他的演讲不是在机械练习,而是出于自身坚定的信念和热情的宣言。他把自己当作本族人民的代表,当作他那片大陆的代表。他以自己的智慧、高尚品格和善良愿望,向听众诉说了他的人民的希望,并热切希望得到我们的了解。

虽然在讲话技巧方面他不一定比另外两三位竞争者表现得更好,但我们还是把奖章颁给了他。因为我们裁判看到的是他的演讲中的真诚之火,它闪现出了真实的光芒。同这相比,其他演讲都只不过是煤气炉上微弱的火苗。

这位王子以他自己的方式学得了一课:演讲中仅仅运用理智,而不把自己的个性展现出来,是没有说服力的;必须展现你对自己信念的诚挚之情。

四、对听众表示尊敬

"人类的天性需要爱,也需要尊敬,"诺曼·文森特·皮尔博士在谈到专业喜剧家时经常这样说。"每个人都有一种内在的价值感、重要感和尊严感。你若伤害了它，便永远失去了那个人。因此，当你爱一个人、尊敬一个人时，你也成就了他；而且，他也同样爱你、尊敬你。"

有一次，皮尔博士和一位艺人同时表演一个节目。他和那人当时并不十分熟悉，但自从那次以后，他从报纸杂志上得知了那人正声誉下跌，陷入了困境。

皮尔博士说："当时，我安静地坐在他旁边，等待演讲时刻的来临。"

"你好像不紧张嘛？"那位艺人问皮尔。

"啊，不，"皮尔说，"每当我在听众面前站起来之前，总是稍微有点紧张。我尊敬听众，这种责任感令我略感紧张。难道你不紧张吗？"

"不会，"艺人说，"为什么要紧张呢？他们是一群傻瓜，会照单全收的，他们全都是瘾君子。"

"我不同意，"皮尔说，"他们是你至高无上的裁判，是你的上帝。我对听众怀着莫大的尊敬。"

当皮尔读到有关那人声望下跌的消息时，他确信原因在于那人采取的是与听众敌对的态度，而不是赢得人心的态度。

因此，如果我们想让别人接受我们的观点，就一定要记住这个教训。

五、以友好的态度开始演讲

曾有一位无神论者向威廉·巴利挑战，要证明宇宙中并不存在超自然现象。巴利非常安详地拿出他的怀表来，打开了表盒，说："如果我告诉你，这些小杆、小齿轮、小弹簧是它们自己制造出来，再把它们自己拼凑在一起并开始运行的，你是不是要怀疑我的智慧？当然，你一定会怀疑的。但是，请抬头瞧瞧天空的那些星星：它们每一颗都有自己完美而特定的轨道和运动——犹如地球与行星围绕着太阳，每天在太阳的周围以100多万公里的速度运行一样。每颗星星其实也都是另一个太阳，它们都有自己的世界，在宇宙中和我们的太阳系一样运行，却不必担心它们之间会碰撞、干扰或者出现混乱，一切都安静而高效，而且很有节奏。这样的现象，你相信它们是自己发生的，还是有人特意将它造成这样的？"

假设他一开始就反驳对手说："没有神？别再像头倔驴了，你根本不知道自己在胡说些什么。"那么会发生什么呢？一定会引起一场咬文嚼字的大战，而这根本于事无补。这位无神论者可能会在一怒之下，疯狂地为自己的意见而战，就像一只被激怒的山猫。为什么？因为就像奥佛斯特里特教授所说的那样，这是他自己的意见，他那珍贵而不可缺少的自尊受到了威胁，他的骄傲已岌岌可危，所以他必须反抗到底。

既然骄傲是人性中一个基本的，而且容易被激怒的特性，如果我们足够聪明的话，是不是应该充分尊重并利用这一点，而不是去和它作对呢？那该怎样做呢？不妨按照巴利的做法，给我们的对手展示一下，我们的建议与他已经相信的某些事情也很相似，这样他就容易接受了，而不至于拒我们于千里之外。这可以使他们不致产生相反或对立的理念，从而破坏我们的演讲。

巴利对人的心理活动相当了解，然而大多数人都缺少这种进入对方充满防卫的心理的本领。他们错误地认为，要攻占敌人的城堡，必须狂轰滥炸，把它夷为平地。这会产生什么结果呢？这时，敌意一旦产生，对方的吊桥会立刻收起，并且紧闭大门，身披盔甲的武士拉弓射箭——一场头破血流的战争开始了。而在双方逞勇斗狠之后，总以平手结束，因为任何一方都难以说服对方。

我现在推荐的这种方法其实并不新颖，它很早就被圣徒保罗使用过。他在马斯山上对雅典人所做的著名演讲中就曾用过它——而且非常熟练，即使是过了19个世纪的今天，令我们仍然赞叹不已！

保罗接受过完整的教育，改信基督后，他凭借自己激情洋溢的辩才，成为基督教的主要拥护者。一天，他来到了伯里克利统治之后的雅典，此时的雅典已经越过了光荣的巅峰，开始走下坡路了。据《圣经》记载："所有的雅典人和寄居在该地的异乡人，都把全部时间用在传闻和打听奇闻轶事上。"

没有收音机，没有电报，也没有新闻传播渠道，这一时期的雅典人总是在每日的午后不得不找点新鲜事来谈论。这时保罗来到雅典，他们当然也就有了新鲜事啦！他们挤在保罗的周围，觉得又好玩又好奇。他们带他到艾罗培哥斯，他们说："我们能不能知道你所说的新教义是什么？因为你为我们带来了新鲜的东西，我们想知道它究竟是什么。"

换句话说，他们在邀请他演讲。保罗一口答应下来。事实上，他正是因为这些才来的。他大概是站在一个拍卖台上或一方石块上，像所有优秀的演讲家一样，刚开始时有点紧张，或许双手还搓了几下，开口前还清了清嗓子。

然而，保罗却不能完全赞同他们的话："新教义……新鲜的事物"，这实在是可怕的东西。他必须让他们把这些概念彻底抛弃，否则他们就会成为宣传相反意见的支持者。他当然不希望把自己的信仰当成新奇的、怪异的事情来讲。因此，只有把自己的信仰和雅典人已经相信的事实联系起来，才能避免雅典人的异议。应该如何开始呢？保罗想了一会儿，然后展开了他那千古不朽的演讲："你们雅典人，我知道你们非常具有宗教热诚。"

有些《圣经》版本这样写道："你们都非常虔诚。"我认为这样说更好更准确，因为雅典人信奉多神，非常虔敬，并且以此为荣。保罗先称赞他们，让他们喜欢，他们就会对他感到亲切。

高效演讲艺术中还有一条法则，就是要用例证来支持论点，保罗当然也这样做了：

"当我路过这里时，发现了你们的虔诚。我看到有一处神坛，上面题有'献给不知名的神'。"

你瞧，这就证明了他们非常虔诚。雅典人害怕忽略了任何一位神，竟然建立神坛献给不知名的神。这真有点像一种保险，也就是为一切没有察觉到的疏忽或无意识的遗漏提供保险。保罗提到了这座特殊的神坛，表明自己不是在奉承，而是说明自己的评论是经过观察后的真心赞赏。

这样，保罗就可以有一个再适合不过的开场了："对于你们一无所知但崇拜的这位神，我将把他宣示给你们。"

保罗对"新教义、新鲜的事物"只字未提。他只是向雅典人解释了有关某位神（基督）的一些事实，而这位神是他们早就信奉但还不了解的。你看，保罗把他们原本不相信的事情和他们已经狂热接受的东西联系在一起——这便是他的高明之处。

他在宣讲了基督教救赎与复活的教义之后，引述了希腊人自己一位诗人的一些诗句来结束他的演讲。有听众嘲笑他，但其他人却说："我们还想听听你讲这些事。"

在说服他人加深印象的演讲中，我们的问题只是：如果想把自己的理念灌进听众的心里，就要避免让听众产生相反或对立的想法。长于此道的人，说起话来魅力无穷，并且会深深影响他人。这就是我另一本书《人性的弱点》中讲的一些法则可以派上用场的地方。

在你每天的生活当中，几乎都可能会遇到和你意见不同的人，并和他们进行交谈。你不想在家里、在办公室、在各种各样的社交场合赢得人心，并让别人和你的想法一致吗？那就想想你的方法有没有需要改进的地方呢？你应该怎么开始？你有没有使用林肯和麦克米兰的智慧？要是你的回答是肯定的，你就是一位少有的外交人才，是一位心思缜密的高手。请记住伍德罗·威尔逊总统的话吧：

"如果你对我说：'让我们坐下来谈谈吧。如果我们意见不合，先让我们寻找彼此的原因，究竟存在什么问题。'我们立即就会感到彼此之间没有了距离，感觉我们分歧很少，而共同点倒很多。而且我们会发现，只要我们有耐心，有诚意，希望彼此之间进行沟通，我们就会相聚相合。"

附：罗斯福对日宣战演说

富兰克林·罗斯福是一位卓越的政治家，曾连任四届美国总统，是美国历史上任期最长的总统。罗斯福作为第二次世界大战时期同盟国的"三大巨头"之一，还是一位杰出的演说家，被誉为近百年来"世界上最有说服力的八大演说家之一"。

1941 年 12 月 7 日，日本军国主义发动了太平洋战争，突然偷袭美国的珍珠港海军基地，使美国太平洋舰队几乎全军覆没。第二天，罗斯福总统发表了著名的对日宣战演说。

副总统先生、议长先生、参众两院各位议员：

昨天，1941 年 12 月 7 日，一个遗臭万年的日子，美利坚合众国遭到了日本帝国海空军部队的突然和蓄谋袭击。

当时，合众国同日本处于和平状态，而且根据日本的请求，仍在同该国政府及该国天皇进行对话，仍然期待维持太平洋的和平。实际上，就在日本空军中队已经轰炸美国瓦胡岛一小时之后，日本驻合众国大使及其同事还向我国务卿提交了我国最近致该国信函的回复函。

回复函声明，继续现行的外交谈判已经无效，但是它也并未威胁或暗示进行战争或武力进攻。

应该指出的是：鉴于夏威夷同日本的距离，这次进攻显然是经过许多天乃至几个星期的蓄谋策划的。在这个策划过程之中，日本政府通过虚伪的声明和表示希望维系和平，蓄意对合众国进行欺骗。

昨天对夏威夷群岛的进攻，给美国海陆军部队造成了严重损失。我要遗憾地告诉诸位，很多美国官兵牺牲了。此外，据报道，美国船只在旧金山和火奴鲁鲁岛之间的公海上也遭到了鱼雷袭击。

昨天，日本政府已发动了对马来西亚的进攻。

昨晚，日本军队进攻了香港。

昨晚，日本军队进攻了关岛。

昨晚，日本军队进攻了菲律宾群岛。

昨晚，日本人进攻了威克岛。

今天早上，日本人进攻了中途岛。

因此，日本在整个太平洋地区采取了突然攻势，昨天和今天的事实都已经证明了这一点。合众国的人民已经形成了自己的见解，并且十分清楚这关系到我们国家的安全和生存。

作为陆海军总司令，我已发出指示，为了防务，我们必须采取一切措施。但是，我们整个国家都将永远记住这次日本进攻我们的性质。

无论用多长时间才能战胜这次早有预谋的入侵，美国人民都将一定以自己的正义力量，赢得绝对的胜利。

我现在断言，我们不仅要做出最大努力来保卫我们自己，我们还将确保这种背信弃义的行为永远不再危害到我们。我这样说，相信表达了国会和人民的意愿。

对敌行动已经存在。显然，我国人民、我国领土和我国利益都已经处于严重的危险之中。

信赖我们的武装部队，依靠我国人民的坚定决心，我们必将取得胜利——愿上帝助我！

我要求国会宣布：自日本于 1941 年 12 月 7 日——星期日——进行无端而卑劣的进攻开始，合众国和日本帝国之间已处于战争状态。

罗斯福这篇演讲，称得上说服性演讲的经典篇章。罗斯福在演讲中充满了对日本背信弃义的愤慨和对日本偷袭的鄙视，表达了美国政府和全体人民将奋起抗击并必然获胜的坚定信心。

这篇演说虽然篇幅简短，但句句铿锵有力，把听众的情感一步步推向愤怒的高潮，最终使议会最终以压倒多数的票数通过了对日宣战。

第10章　如何发表即兴演讲

不久前，一群商界领袖和政府官员共同出席了一家制药公司新实验室的落成典礼。该公司研究处处长的6名属下逐一站起来做了发言，介绍了他们的化学家和生物学家们正在进行一些了不起的工作——他们正在研究抵抗传染性疾病的新疫苗、对抗过滤性病毒的新抗生素、缓解紧张的新镇静剂；他们先用动物做实验，然后在人身上做试验，结果都令人非常满意。

一位官员对研究处处长说："真是太神奇了，你的手下简直是魔术师。但是你为什么不上去讲呢？"

"我只能对着自己的脚讲话，而不敢面对听众。"这位研究处处长黯然神伤地说。

但是后来大会主席让他吃惊不小。

这位主席说："我们还没有听到我们的研究处处长讲话。他不喜欢发表正式演讲，那么就请他给我们随便说几句话吧。"

这真是令人尴尬。处长站了起来，很费劲地挤出了几句话。最后，他为自己没有详细解说而道歉，这就是他在台上所说的全部内容。

他呆呆地站在那里。像他这样一个在自己行业中杰出的人才，却与普通人一样显得笨拙而迷惘。

其实，对这位处长来说本不该这样的，他本来可以学会即兴演讲。我还没有发现我训练班上任何一个有决心的学员不能学会这一招。他们一开始所拥有的，正是这位研究处处长所没有的——坚决而勇敢地击退失败的态度。然后，也许要花一定时间，需要一种毫不动摇的意志，无论多么困难都要坚决讲出来。

"若是先有准备并做好了练习，那就没有什么困难，"你可能会这样说，"可是如果在意料之外即兴讲话，我真的不知所措了。"

然而，在情急之下整理自己的思路并发表讲话，有时甚至比经过长时间准备的演讲更加重要。由于现代商业的需要，以及现代人口头沟通的自由随意性，使得这种即兴发言的能力不可缺少。这时，我们需要迅速组织自己的思想，并流畅地遣词造句。许多影响今天工业和政府的决定，都不是出于一个人，而是在会议桌上当场商定的。每个人都可以发言，然而在这群策群议的会议里，他的话必须强劲而有力，才能对集体决策产生影响。这也正是即兴演讲能力如此重要并发挥效力的原因所在。

一、勤加练习

任何能够控制自己的智力正常的人，都能够发表令人接受、有时还非常精彩的即席演讲——也就是"不假思索地说出来"的意思。我们当然有办法，可以帮助你在突然被人邀请讲几句话时，流畅地表达自己的思想。其中之一就是采用一些著名演员曾使用过的一种方法。

许多年以前，道格拉斯·费尔班克为《美国杂志》写了一篇文章，介绍了一种益智游戏，查理·卓别林、玛丽·皮克福和他有两年时间几乎每个晚上都玩这种游戏。这不仅仅是一种游戏，它还包含了所有演讲技巧中最困难的练习——站立思考。根据费尔班克写的，这个"游戏"是这样进行的：

我们每个人各自在一张小纸条上写下一个题目，然后把纸条折好，混在一起。当一个人抽出题目后，要求马上站起来，用那个题目说上一分钟。同一题目不会使用两次。一天晚上，我必须谈"灯罩"。如果你以为这很容易，那就试试。我好歹算过了关。

重要的是，自从我们开始玩这个游戏以来，我们全都变得思维敏捷了。对于五花八门的题目我们也有了更多的了解。但是，更有用的是，我们学会了在瞬间根据任何题目整理自己的知识和思想，学会了怎样站着思考。

在我的训练班里，学员会经常被要求站起来即席演讲。长期以来的经验告诉我，这种练习有两个作用：一是可以向学员证明，他们能够站着思考；

二是这种经验可以使他们在做有准备的演讲时，更加沉着自信。他们知道，当他们在做有准备的演讲时，即使不幸大脑突然一片空白，他们还有即席演讲的基础，能条理清晰地谈话，直到重新回到原来的话题上。

所以，我们总会给学员这样的通知："今晚将给你们每个人不同的题目做演讲。直到站起来演讲时你们才会知道要讲什么。祝大家好运！"

结果如何呢？会计师发现自己要讲如何做广告，而广告销售员要讲幼儿园；也许老师的题目是谈论银行业务，而银行家的题目也许是学校的教学工作；员工也许要谈论生产，而生产专家则要讨论运输问题。

他们是不是觉得很难而放弃了呢？从来没有！他们没有把自己当权威，而是在经过深思熟虑之后，把题目和他们熟悉的知识联系起来。他们刚开始也许讲得不是很好，可是他们有勇气站起来，并且开口讲话了！对此有些人觉得很简单，有些人觉得很困难，但他们没有放弃。他们都发现自己比想象的讲得好。这让他们很兴奋。他们发现自己竟然也能培养这种连自己都不敢相信的能力。

我相信他们都能做到这些，每个人也可以做到——用你的意志与信心——尝试越多，就会越容易。

我们训练学员站着讲话所使用的另一个方法，是即席演讲的联结技巧。这是我们训练班一个十分刺激的特点。我们会告诉一个学员，用他能想到的最奇妙的方式开始讲述一个故事。例如，他可能会说："前几天，我正驾着直升机。突然，一大群飞碟朝我飞来，我被迫下降。不料最近的一座飞碟里有一个小人开始向我开火。我……"

这时，铃声响起，这个人的时间到了，然后由另一个学员继续说这个故事。等到每个人都讲完之后，这个故事也许会结束在火星的运河边，或是在国会大厅里。

这种培养即席演讲技巧的方法很好。如果一个人获得这种练习越多，那么当他必须在商务或社交场合发表演讲时，就越能轻车熟路地应对可能发生的任何情况。

二、做好即兴演讲的心理准备

当你在毫无准备的情况下被邀请演讲时，一般是希望你对属于你的领域的事物发表一些看法。所以你此时此刻的问题是，要勇于面对这种情况，并决定在这短短的时间里谈些什么。要想成为这方面的高手，有个非常好的方法，那就是要从心理上做好准备。在开会时，不妨问问自己，如果你被邀请站起来讲话，你应该讲些什么？这时最适合讲哪方面的问题？对于你要谈论的问题，应该怎样措辞以表示赞同或反对？

所以我的第一个忠告就是从心理上做好在各种场合即席讲话的准备。

这就需要你去思考。思考才是世界上最难的事情。不过我确信，没有哪一位有"即兴演讲家"美称的人，是不需花费时间就能够做好准备的。他必须像一个飞行员，不断向自己提出任何可能发生的问题，以随时准备在紧急状况下做出冷静而精确的反应。一位令人瞩目的即兴演讲家，也是在经过无数次演讲以后，才使自己准备就绪的。其实，这样的演讲并不能算是真正的"即兴演讲"，而是平时就有所准备的演讲！

既然演讲题目已知，剩下来的便是怎样组织材料，以使它们适合时间、场合了。即兴讲演时间一般不会太长，因此首先要决定什么演讲题目适合这种场合。你不必道歉自己没有准备，这是意料之中的事情。要尽快进入主题。如果你还不能立即做到这点，那么一定要听听下面的忠告。

三、立刻举例说明

为什么这样做呢？有3个理由：

第一，你可以从考虑下一句应该说什么的困境中立即解脱出来，因为即使在即兴场合下经验也很容易复述；

第二，你可以渐渐进入状态，刚开始的紧张会慢慢消失，使你有机会把自己的题材逐渐酝酿成熟；

第三，你可以立即吸引听众的注意力，因为正如第七章指出的，事例是立刻抓住注意力的万无一失的良方。

听众聚精会神地听你讲述充满人情味的故事，在你最需要的时候会给你重新肯定——尤其是在演讲开始后的极短时间内。沟通是一种双向过程，善于吸引别人注意力的人会立即注意这一点。当他注意到听众接纳他的观点，并且如电流般在听众之间交流时，他就会感受到挑战，从而尽最大的能力来回应。演讲者与听众之间建立和谐关系，是一切演讲成功的关键——没有这种关系，真正的沟通就不可能出现。这就是我一直建议用事例开始演讲的原因，当人家请你说几句话时尤其要这样做。

四、保持蓬勃旺盛的精力

我曾多次讲过，如果你演讲时精力充沛，那么你蓬勃向上的朝气就会对你的心理过程产生非常好的影响。你是否注意到，在交谈的人群里面，如果有个人忽然指手画脚地讲起来，他很快就会头头是道地说个不停，有时精彩纷呈，而且还会引来一群热心的听众？身体活动与心理活动是紧密相连的。

我们常用相同的词来描述手和心理活动。比如，我们说"我们抓住了一个概念"，或"我们掌握了一个思想"。一旦身体充起电来——充满了蓬勃的生气，我们很快就能让心灵迅速开展活动，正如威廉·詹姆斯教授所说的那样。所以，我要给你的忠告是，忘我地投入演讲中，你就很容易成为一名成功的即兴演讲家。

五、从此时此地开始

常常会有这样的情况，一个人拍拍你的肩头说："讲几句吧？"或者事先根本没有一点信号——当你正轻松愉快地欣赏大会主持人讲话时，却突然发现他竟然谈起你来了，于是每个人都望着你。你还没弄清楚是怎么回事时，主持人就介绍说你是下一个演讲者了。

在这种情况下，你的心思很容易混乱，就像斯蒂芬·里柯克笔下那位著名而迷惑的马术师那样，跳上马"四下里乱窜"。如果说有什么时刻最需要保持平静，那就是这个时刻。你不妨先向主持人致意，以争取喘息的机会。然后，最好是讲和这次大会关系密切的话题，因为听众只对自己和自己正在做的事情感兴趣。所以，你可以从下面3个来源抓取题材进行即兴演讲。

一是听众本身。

要想让演讲轻松进行，千万要记住这一点。谈论你的听众，说说他们是谁，他们正在做什么，特别是他们对社会和人类做了什么贡献，等等。当然，还要用一个实例来说明。

二是场合。

当然你也可以讲讲这次聚会的缘由，例如它是周年纪念日？还是表扬大会？是年度聚会？是政治性或爱国主义集会？

最后，如果你曾认真听了演讲，你可以表达对另一位演讲者在你之前谈到的某件事件很感兴趣，并将它再详述一遍。

最成功的即兴演讲，都是真正当场演讲的。它们所表达的内容，是演讲者内心对听众和场合的感想，做到了因地、因人制宜，就像手和手套这样关系密切。这种演讲是专为特定场合量身定做的，它们在特殊的时刻绽放，像昙花一现，花开之后很快就凋谢不见了。然而，听众享受到的愉悦却远不止于此，在你还没有想到之前，他们早就将你当成即兴演讲家了。

六、不要随兴而讲——要即兴而谈

上面这句话是有区别的。仅仅是不着边际地胡说八道，用不合乎逻辑的方式把那些根本不相关而且毫无意义的事扯在一起，这样做是行不通的。你必须围绕一个中心，把自己的理念进行合理的归纳。这个中心思想，必须是你要说明的。你所举的事例要和这个中心一致。同时再提醒一次，如果你能以真诚的态度演讲，你就会发现自己在演讲时会精力充沛，效果显著，即使是有准备的演讲也不能与之相比。

牢记本章的各项建议，即兴演讲就可以得心应手。同时，按照本章前面的课堂技巧，勤奋地进行练习。

遇到集会时，应该事前稍作计划，以准备随时可能被人邀请上台演讲。如果你认为自己可能会被邀请讲话，那最好是仔细留心别的演讲者。设法把自己的理念概括成简洁的话，演讲时间一到，就尽量把它简单明了地讲出来。只要预先思考好了主题，现在只需要简明地说出来就可以了。

建筑师兼工业设计家诺曼·贝尔格德常常说，如果不站起来，他简直就不能把自己的思想表达出来。当他向同事们说明某个建筑或展览计划时，总是要在办公室来回走动才能讲清楚。他要学的是如何坐着讲话。当然，他学会啦！

至于我们大多数人，则恰好相反——我们得学会如何站着讲话。当然，我们也能学会，主要诀窍就是要有一个开端——例如做一次简短的讲话——然后再进行另一个开端，又一个，又一个……

只要坚持努力，我们将会发现，会一场比一场更轻松，一场比一场更精彩。最后我们终于明白，对着一群人即兴演讲，其实就像在自己的客厅里和朋友即兴谈话一样，只不过范围有所扩大而已。

附：曼德拉出狱演说

    纳尔逊·曼德拉是南非共和国前总统，著名的黑人领袖，曾因为长期从事反对种族隔离制度的革命斗争而被判终身监禁。在监狱中关押了27年之后，曼德拉于1990年2月11日获释，并在出狱时发表了这篇著名的即兴演说：

朋友们，同志们，同胞们：

    我以和平、民主和全人类自由的名义，向你们大家致敬。我不是作为一名预言家，而是作为你们谦卑的公仆、作为人民的公仆站在这里，站在你们的面前。

    正是因为你们坚忍不拔的斗争和英勇牺牲，才使我今天有可能站在这里。因此，我要把后半生都奉献给你们。

    在这个获释的日子，我要向千百万同胞、向世界各地为了我的获释而做出不懈斗争的同胞们致以最亲切、最热烈的感谢。

    今天，大多数南非人——无论黑人还是白人——都已经认识到了种族隔离制度的穷途末路。为了确保和平与安全，我们必须通过采取声势浩大的决定性行动来结束这种制度；我国各个团体和我国人民大规模的反抗运动和其他行动，终将而且也只能导致民主制度的确立。

    种族隔离制度给我们这片大陆造成的破坏难以估量，有成千上万家庭的生活遭到了摧毁，成千上万人流离失所，无法就业。

    我们的经济濒临崩溃，我们的人民卷入了政治冲突。我们在1960年采取了武装斗争方式，建立了"民族之矛"这一非洲人国民大会的战斗组织，这纯粹是为了反抗种族隔离制度而采取的自卫行动。

    今天，依然存在着必须进行武装斗争的种种原因。除了继续进行武装斗争，我们别无选择。我们希望，在不久的将来能够营造出一种有利于谈判的环境，而不必再用武装斗争来解决问题。

    我是非洲人国民大会忠诚而遵守纪律的一分子。因此，我完全赞同它所提出来的目标、战略和策略。

现在需要把我国人民团结起来，这是一项和往常同等重要的任务，任何领导人都无力独自承担起这所有的重任。作为领袖，我们的任务就是向我们的组织阐明观点，并允许通过民主机制来决定前进的道路。

关于实行民主问题，我感到有责任强调一点，那就是运动的领导人应该由全国性会议、通过民主选举的方式来产生——这是一条必须坚持的、毫无例外的原则。

今天，我希望能告知大家，我和政府进行的一系列会谈，目的就是要让我国的政治局势正常化。我们尚未开始讨论斗争的基本要求。

我希望强调的是，除了坚持要求在非洲人国民大会和政府之间举行会晤以外，我本人还从没有和政府就我国的未来问题进行过任何谈判。

谈判还不能开始。谈判不能凌驾于我国人民之上，不能背着人民来进行。我们的信念是，我国的未来只能由一个不分肤色的、通过民主选举产生的机构来决定。

要谈判消灭种族隔离制度，就必须正视我国人民最关切的要求，即建立一个民主的、不分肤色的、统一的南非。白人垄断政权的局面必须结束。我们还必须从根本上改造我国的政治经济制度，以便解决种族隔离制度造成的不平等问题，并保证我们的社会彻底实现民主。

我们的斗争已经到了关键时刻。我们呼吁人民要抓住这个时机，以便使民主进程迅速而持续地发展。我们等待自由已经太久了，我们不能再等了，现在是全面加强斗争的时候了。

如果现在放松努力，将会铸成大错，我们的子孙后代将不会原谅这种错误。萌现在地平线上的自由奇观，应该能激励我们加倍努力。只有通过有纪律的群众运动，胜利才有保障。

我们呼吁白人同胞加入到我们的队伍中来，共同创造一个新南非。自由运动也是你们的政治归宿。我们呼吁国际社会继续采取行动，以孤立实行种族隔离制度的政府。如果在目前取消对这个政府的制裁，彻底消灭种族隔离制度的进程将会面临夭折。

我们向自由前进的步伐不可逆转。我们不应让畏惧挡住我们的道路。由统一的、民主的、不分肤色的南非实行普选，才是通向和平与种族和谐的唯一大道。

最后，我想回顾一下我在 1964 年受审时说过的话——这些话在当时和现在都千真万确。我说：我为反对白人统治而斗争，也为反对黑人统治而斗争；我珍视民主和自由社会的理想，在这个社会，人们和睦相处，机会均等。我希望为这个理想而生，并希望实现这一理想。但是，如果需要，我也准备为这一理想而献出生命。

曼德拉不仅是一位著名的政治家，还是一位出色的演说家。曼德拉这篇出狱即兴演说，不仅阐述了种族隔离制度给南非人民带来的痛苦灾难，更反映了南非人民要求民主和自由的呼声，并向人们表明了自己将为之奋斗到底的决心。

这篇即兴演说立场鲜明，主题突出，层层递进，最后提出"为理想而献出生命"，使演说在高潮中结束。

第四篇

沟通的艺术

本部分全是围绕演讲展开。

另外，如本书第一篇所说，压力建立在成功表达的基础上。表达就是准确把握，并渴望与听众分亨信息的结果。只有这样，演讲才能流畅自然。

第11章 发表演讲的态度

你相信吗？我们与世界的联系，有四种方式——只有四种方式。我们正是靠这四种方式来进行评价和分类：做什么，如何看待世界，说什么，怎样说。本章将探讨最后一点——怎样说。

刚开始教当众演讲课的时候，我花了大量的时间来进行发声训练，为的是产生共鸣、增大音量、增强婉转活力。但是不久前，我开始认识到，教学员如何正确发音，如何产生"圆润"的声音，是绝对失策的。对他们来说，能够花三四年时间来提高演讲发音技巧固然不错，但是我意识到，我的学员只能靠天生的发音系统。我发现，如果把以前帮助学员"运气"，且偏离更重要目标的大量时间和精力，用来帮助他们从压抑和紧张的情绪中解脱出来，会有很快的成效，还会保持惊人的结果。感谢上帝，让我有了这样的智慧。

一、摆脱自我束缚

在我们的课程中，有一些是为了消除学员的顾虑和紧张。事实上，我曾经跪下恳求学员们冲出自己的束缚，如果他们这样做，就会发现世界会对他们表示热情和欢迎。我承认，这需要花些时间，但是值得。正如陆军指挥部的福煦元帅所说的："理论上很简单，但不幸的是，执行起来相当复杂。"当然，最大的绊脚石是呆板，不仅有身体上的，也有精神上的。这种固执会随年龄的增长而加重。

在听众面前保持轻松自然是不容易的。演员很了解。如果你是一个孩子，假如 4 岁，或许会站上讲台，自然地对听众演说。但如果你 24 岁或 44 岁，登上讲台演讲时，会发生什么呢？你会保持 4 岁时具有的天真烂漫吗？或许会，但将变得迂回、呆板、虚伪、机械，像乌龟一样缩进壳里。

教授演讲的关键不在于增加他们的特长，主要是消除他们的障碍，使之做到就算有人打扰，也能展现同样的自然本色。

有多少次，我中途打断他们演讲，恳求他们"像人一样说话"。有多少个夜晚，我回到家里苦思冥想，如何把学员训练得可以自然地表达。不，相信我，这可不像听起来那么容易。

有一次课上，我要求学员进行对话表演，有一些是用方言。我要求他们抛开顾虑，进入剧情。这时，他们才感到惊讶，自己像傻子一样在表演，却浑然不觉。面对某些学员展现出的表演才能，大家也相当惊叹。我的建议是，一旦你能在人群面前放松，那么不管面对个人还是群众发言，都不会感到压抑了。

突然感到放松，就如鸟儿飞出牢笼。你知道人们为什么聚集到剧院和影院——因为他们看到了演员们不受限制的表演，自由地表露情感。

二、不要刻意模仿别人，做你自己

我们都羡慕有些演讲家善用演讲技巧。对听众演讲时，他们无所畏惧地表达，大胆地运用独特、个性、富有想象力的方式。

第一次世界大战结束不久，我在伦敦遇到兄弟俩，罗斯爵士和基思·史密斯爵士。他们刚刚结束从伦敦到澳大利亚的旅行，这是他们生平头一回飞行，获得了澳大利亚政府授予的 5 万美元奖金。他们在英国制造了轰动，并获得英王的授勋。

著名的风景摄影师赫尔利上尉，与这兄弟俩度过了一段旅程，还拍了一些动作照片，所以我帮他们准备了一份有插图的飞行游讲座，并教他们怎样表达。他们在伦敦的交响乐厅进行了 4 个月，每天两场演讲，安排在下午和晚上，每人负责一场。

他们经历相同，并携手飞遍了大半个世界。他们的演讲内容一样，几乎一字不差。然而，听上去却完全不同。

演讲中除了用词外，还要注意一些其他的事情。也就是演讲的风格。说什么和怎么说是截然不同的两回事。

例如，在一次公开演奏会上，我坐在一位年轻小姐的旁边。当著名钢琴家帕德列夫斯基演奏肖邦的一首舞曲时，她也正在看曲谱。令她困惑不解的是，帕德列夫斯基的手指在钢琴上弹奏的音符，与她弹奏这支舞曲时完全一样，然而她的表现远不如帕德列夫斯基那样令人入迷，那样美得难以形容。

其实，她不知道这其中的关键并不在于音符，而是演奏的方式。正是帕德列夫斯基在演奏时融入进去的感觉、艺术才能以及他的个性，构成了天才和凡人之间的天壤之别。

俄罗斯大画家布鲁洛夫有一次纠正学生的作业。那学生惊喜地看着修改的绘画，兴奋地说："为什么您只改动了一点点，效果却完全不同了？"布鲁洛夫回答："艺术就在于细微之处。"演讲就和绘画以及帕德列夫斯基的演奏一样，于细微处显示差异。

涉及用词时，也是一样。英国国会有一句俗语："演讲时，成败取决于方式，而非内容。"这是很久以前，英国还是罗马的一个偏远的殖民地时，由昆体良说的。

"所有的福特汽车都十分相像。"福特说。"但是没有两个人是完全相像的。每一个新生命都是阳光下的新事物，以前不存在，以后也不会有。年轻人应该有自己的想法，探寻个性的火花，使自己与众不同，发展自己的价值观。社会和学校应该尽力纠正他们的不良习惯。他们趋向于把所有人看作同一种模式，但我认为不应该让这类激情少年消失。因为那是能说明你的重要性的唯一证据。"

上述建议对成功演讲是相当管用的。世界上没有一个人会和你一样。数十亿人都有两只眼睛、一个鼻子、一张嘴，但是没有一个人跟你长得完全相同，和你的特征、思考方式一样。也几乎没有人像你放松地演讲时那样说话和表达。换句话说，你是独一无二的。作为一位演讲者，这就是你最宝贵的优势，要坚持，要珍惜，要发扬。正是这个闪光点，会给你的演讲增加魅力和真实感。"那是能说明你的重要性的唯一证据。"我恳求你们，请不要把自己变成一种模式，因为那会失去你的个性特征。

例如，洛吉爵士的演讲之所以与众不同，就因为他有着与众不同的个性。他的说话态度正是他的特征之一，这和他的胡子、秃头是他的独特标志一样。但是，如果他想模仿洛依德·乔治，他就会让人觉得虚假，而且肯定会失败。

美国历史上最著名的一场辩论，发生在 1858 年的伊利诺伊州大草原城。辩论双方是参议员道格拉斯和林肯。从外表来看，林肯的身材瘦长而笨拙，道格拉斯却矮小而优雅。这两个人不但在外表上迥然相异，而且他们的个性、思想和立场也完全不同。

道格拉斯是上流社会人士，林肯的绰号却是"劈柴者"，他经常穿着短袜到大门口去接见民众。道格拉斯十分儒雅，林肯则显得有些笨拙；道格拉斯完全没有幽默感，但林肯却是有史以来最伟大的故事家；道格拉斯难得一笑，而林肯却经常用事实和例子来展开论述；道格拉斯骄傲而自大，林肯却谦逊而宽厚；道格拉斯说起话来犹如狂风暴雨，林肯却平静从容。

他们都是声名卓著的演讲家，都具有无比的勇气和良好的感性。但是，如果他们企图模仿对方，就一定会输得很惨。他们都把自己独特的才能发挥到了极致，因而显得与众不同，更具有感染力和说服力。

三、和听众交谈

演讲的重要因素，不仅包括字句，还有演讲者的态度。有人认为："你说什么，绝对不比你怎么说更重要。"

良好的演讲态度，可以让很简单的事情产生长远的影响。例如，在大专院校的演讲比赛中，获胜者往往不是那些演讲题材最好的人，而是演讲态度最佳的人，因为这种态度有助于他们把演讲题材发挥到最佳的效果。

我们不妨来看一个例子，它是大多数人谈话的一种典型风格。

我曾经在瑞士阿尔卑斯山的一个避暑胜地缪伦度假。我住在一家伦敦公司开的旅馆。他们经常每周从英格兰派出演讲者为旅客演讲。其中有一位是著名的英国小说家。她的演讲题目是《小说的未来》。她承认，这个题目不是自己选择的，所以显得无话可说，甚至不敢肯定它是否值得演讲。她草草地列了几项不着边际的要点。她站在听众面前，却忽视了他们，甚至根本不敢正视他们。她有时越过听众的头顶，凝视前方；有时盯着自己的笔记；有时看着地板。她用机械的声音念着每个字，眼神闪烁游离，声音飘忽不定。

她这不是在演讲，而像是在自言自语，没有一点沟通的感觉。成功演讲的首要条件是——沟通的感觉。听众必须感受到，有一个信息正在从演讲者的意识和心里传到他们的意识和心里。我刚才说的那个演讲可能适合于干涸的戈壁滩。事实上，这种演讲听起来好像是对荒漠，而不是对人。

演讲者为演讲稿写了许多废话。它们真是尸位素餐，故作神秘。老式的"辩论"常常很滑稽。参加演讲培训的商人走进图书馆和书店，找到一些完全没用的"演讲术"方面的书籍。尽管今天美国各州在其他方面都取得了进步，可是学生还被要求背诵精辟的"演说家的演讲宝典"。这样做好比泄了气的轮胎泵和过时的翎毛笔。

自从20世纪以来，全新理念的演讲学校出现了。为了与时代的精神保持一致，它变得像汽车一样现代和实用，像电报机一样便捷，像广告一样高效。

流行一时的经典词句，将不再被今天的听众接纳。

无论是商务会中的十几个人，还是帐篷里的上千人，只要是一个现代听众，都希望演讲者能像聊天那样直截了当，采用的风格也像和某个人交谈一样轻松自然。形式可以一样，不过声音的力量要更大些。为了表现得自然，他必须耗费更多的能量，因为他面对的听众是 40 个，而不是一个。这就好比建筑物顶上的一座雕像，不得不显现出英雄的伟大，底下的参观者才能觉得它真切。

马克·吐温在内华达州的一个矿厂进行演讲。结束后，一位老矿工走近他，问："这就是你平时演讲的风格吗？"

那正是听众想要的："你平时演讲的风格！"再稍微增强一点。

要增强这份亲切自然感，唯一的方式是练习。在练习的时候，如果你发现自己的演讲有点虚伪，要马上停下来，对自己说："这里！什么搞错了？清醒！要人性化。"然后，想象着从观众中挑出一个人，可以是最后一排的人，也可以是一点都不专心听的人，和他聊一聊。忘掉这里的其他人。只和选定的这位听众聊。设想他在提问，你在回答，你是唯一能回答的人。假设他立论，你驳论。这个过程会立即、无一例外地把你的演讲变得更像交流，更自然，更直接。所以，可以想象当时会发生什么。

你可以切实地问一些问题，并给予回答。例如，在演讲时，你可以说："你们会问，我能为这种说法拿出什么证据？我有足够的证据，那就是……"然后继续提问。这件事可以做得很自然，它能打破一个人演讲的单调气氛，从而变得直接、愉悦、易于沟通。

在商会上发言，就应该像对老朋友聊天一样。什么是商会呢，不也是朋友的聚会吗？与单个朋友交流可行的方式，难道不可以同样用于一帮朋友吗？

我前面讲了一位小说家的演讲情况。后来，在她曾经演讲过的大厅里，我们却非常愉快地聆听了奥利弗·洛奇爵士的演说。

洛奇爵士的题目是《原子与世界》。半个多世纪以来，他致力于这个题目的思考、研究、实践和调查。有些东西已经成为了他内心、思想和生命中不可或缺的一部分，有些东西是他迫切想要说出来的。他忘了自己是在"演讲"。他根本不担心无话可说。他只是想告诉听众有关原子的一些情况，他的演讲准确、清楚、富有感情。他热切地要让我们看到他所看到的，感受到他所感受到的。

结果如何呢？当然是做了一场与众不同的演讲。这次演讲充满魅力，跌宕激昂，给人留下了深刻的印象。他是一位能力超群的演讲家。不过，我确信他不一定会看到自己的这个闪光点。我敢说听过他演讲的人，没有谁会认为他是"公众演讲家"。

如果你做了一次当众演说，听众认为你是参加过专门培训的，那你就给老师丢脸了，尤其是我们培训班的老师。老师希望你演讲时表现得尽量自然，让听众想不到你是经过"正规"训练的。一扇好窗户不会引起别人的注意，它只会让阳光照射进来。一位杰出的演讲者也是如此。他会尽可能地放松，以至于听众根本不去注意他的演讲神态：因为他们只关心他的内容。

四、全身心地投入演讲

真诚、热情和高度的热诚也会有益于你的演讲。当一个人受到情感的影响时，他真实的自我就会浮上表面，一切障碍都会消除。他的热情会燃烧掉所有的障碍。他行动自然，演讲自然。他完全是出乎自然。

所以，最终即使是演讲的内容，还是要回到本书前面反复强调的——也就是全身心地投入到演讲中。

布朗校长在耶鲁大学神学院的演讲中说："我永远不会忘记，一位朋友向我描述的他曾经在伦敦参加过的一次教堂仪式。传教士是乔治·麦克唐纳。那天早晨，他读的经文是《希伯来人书》的第11章。布道时，他说：'你们都听过信徒们的事迹。我不准备告诉你们什么是信仰。因为神学教授会比我解释得更清楚。我在这里是要帮助你们去相信。'随后，他以简单、真诚、庄重的表现形式，表达出对看不见而又永恒存在的事物的信任，唤起在场听众从意识和心中对它们的信任。他全心投入演讲，收效甚好，因为演讲展现了他内在生命的真正的美。"

"他在用心演讲。"那就是秘密所在。然而，我知道这种建议是不受欢迎的，似乎太笼统了，听起来很模糊。一般人都想要简单的法则，明确的规定，可以触摸得到，就像驾车指南一样精确。

人人都想要那些，我也希望提供那些。这对他容易，对我也容易。这样的法则是有的，但是存在弊病：它们根本起不到作用。它们会让演讲失去轻松自然的感觉、生活的气息，以及演讲的精髓。我很清楚这点。年轻时，我浪费了大量的精力去寻找法则。它们不会出现在本书中，正如乔希·比林斯回顾一次辉煌的时刻时所说："知道太多没用的东西也是枉然。"

例如，埃德蒙·伯克写的演讲稿，逻辑、推理和组织上都相当有水平，甚至在今天这些稿件仍作为本土大学演讲范本在学习。但是伯克作为一名演讲家，却是声名狼藉、一败涂地的。他没有能力展示自己的珍宝，使之有趣、有魅力。所以他被人称为下议院的"晚钟"。当他站起来发言时，其他人会咳嗽、拖着脚步走路、睡觉或者陆续出去。

你可能朝某人投掷一枚钢甲子弹，而不在他衣服上留下一丝痕迹。但随着蜡烛抛洒出去的香粉，却能够射穿松木板。我只能遗憾地说，与软弱无力、没有激情的钢铁般的演讲相比，含有香粉的蜡烛般的演讲更会给听众留下深刻的印象。

五、练习，让你的声音强劲而富有弹性

当我们真正同听众交流思想时，要充分利用各种语言和动作要素。我们可以耸耸肩，动动胳膊，皱皱眉毛，提高音量，改变音调，并根据场合与主题说得或快或慢。但最好记住，这些只是效果，不是原因。所谓的音调的改变或调节，都是受我们思想和情绪状态的影响的。这正好说明了为什么在演讲前一定要了解题目并对其产生激情，那也正是我们为何如此热切地与听众分享这个话题的缘故。

随着年龄的增长，我们大多数人会失去年轻时代的率真和自然，会陷入肢体和语言表达的固定模式。我们会发现自己不再愿意做手势，没了生气。说话时也很少抑扬顿挫，缺乏激情。总而言之，我们失掉了沟通的新鲜感和动力。我们可能会养成太快或太慢的说话习惯。除非仔细审查，否则我们的措辞也会变得散乱无序。在本书中，我反复告诉大家，注意表达要自然。你可能认为，我会因此原谅贫乏的词句和单调的演讲。正相反，我说的是我们要在表达思想的感觉上保持自然，要带有感情的表达。另外，每一位杰出的演讲家都不承认自己的词汇不用扩充，表意和措辞无须丰富，表达方式不必多样化，表达的力度不用加强。这些都是每个有志于自我提高的人应努力完善的地方。

根据音量、变化和语速来自我测评，是一个好主意。这可以借助一台录音机来完成。另外，找个朋友帮你评估，是非常有用的。如果可以得到专家的建议，就更好了。不过，应该记住，这是脱离听众的训练。当你站在听众面前时，如果只关心技巧，对演讲的影响将是致命的。一旦站在讲台上，就要把自己融入演讲之中，集中全部精力，带给听众精神和情感上的冲击，你的演讲将会更强劲有力。

六、自然地表达你的思想

如何使演讲更加自然呢？也许会有人这样说："我知道了。只要强迫自己做这些事情，就可以做到了。"

但事实并非如此。如果强迫你自己做这些事，那你将会变得像木头一样僵硬，像机器人一样呆板。

当你昨天与人交谈时，也许就使用了这些原则，而你一点也不会感觉到你使用了它们，就像你的胃消化昨天的晚餐那样自然。这才是使用这些原则的真正方法，而且是唯一的方法。

要想达到这种境界，我已经强调过很多遍，唯有勤加练习一条途径。下面就是一些有效的方法：

1. 强调重点

在日常谈话中，我们会对重要的字词加重语气，其他的字词则轻轻跳过去。用这种方式处理，就可以突出一些重要的字词。

这个过程并不奇特，只要你注意听一听，你就会发现，你周围的人都是这样做的。也许你昨天就这样说了上百次，甚至上千次。毫无疑问，你明天也会这样说上无数次。

朗读下面这段话，引号中的词重读，其他的词迅速念过去。看看效果如何？

我所做的事情都能"成功"，因为我已"下定决心"。我从都不会"犹豫不决"，因此我能超越世界上任何其他人。

——拿破仑

当然，这不是这段话的唯一朗读方法，另一位演讲者也许会和你读的不一样。如何加重语气并没有一定的规则，这要根据具体情况而定。

以热烈的感情大声朗读下面这首诗，明显表达出诗中的含义，并且要有说服力。看看你能不能强调诗中的重要词语：

如果你认为已经被打败，绝对错不了。

如果你认为没有被打败，你将不会失败。

如果你希望获胜，却又没有信心，

可以肯定，你一定不会胜利。

生活的战斗，

不一定由强壮或速度来决定；

最终的胜利者

一定是坚信必然胜利的人。

再朗读下面这段短文，找出其中的重要词语：

在一个人的个性中，没有比坚定的决心更重要的了。如果一个小男孩想成为一名伟大的人物，或者想在今后出人头地，他必须下定决心：不仅要克服无数的障碍，还要在经历千百次的挫折和失败之后，仍然坚信自己必胜无疑。

——罗斯福

2. 改变声调

我们平时与人交谈时，声音会高低起伏变化，就像大海永远起伏不定那样。为什么会这样呢？没有人知道，也没有人关心这个问题。但是，这种方式显然令人感觉愉快，而且它也是一种很自然的方式。我们不必专门学习，就可以做到；我们小时候就用这种方式说话，没有刻意追求，但却不知不觉地学会了。

然而，现在要我们站在观众面前讲话时，我们的声音却变得枯燥、平淡而单调，就像一片沙漠一样。如果你发现自己经常用这种又高又尖的单调声音讲话，请停下来反省："我现在说话的样子就像木头人。向这些人说话时，要有点儿人情味，要自然一些。"

这样反省有没有用呢？当然有用。在演讲过程中稍微停顿一下，可以让你有时间思考，找出相应的解决办法。

改变声调也是可以通过训练学会的。你可以把选择出来的任何句子或字词突出地表现出来，在讲到这些词句时突然提高或降低声调，就可以达到这个目标。布鲁克林著名的公理教会牧师巴基斯·卡德曼博士就是这样做的，奥利弗·洛奇爵士、布里安及罗斯福等人也经常这样做。几乎每一位著名的演讲家都会这样做，这是一条千古不变的演讲法则。

下面列出了三句名人名言，读到引号内的字词时，把声音特别降低。看看效果如何？

我只有一项长处，那就是"永不绝望"。

——福熙元帅

教育的最大目标，并不是知识，而是"行动"。

——斯宾塞

我已经活了 86 岁。我亲眼看到好几百人登上成功的巅峰，他们获得成功的因素很多，"但最重要的是信心"。

——吉朋斯枢机主教

3. 变化语速

小孩子说话的时候，或者我们平常与人交谈的时候，总会不停地改变语速。这种方式让人感觉愉快、自然，不至于产生奇怪的感觉，并且具有突出强调的作用。事实上，这也是突出强调的方法之一。

华特·史蒂文森在《记者眼中的林肯》一书中说，林肯在强调某一要点时，最喜欢用的就是这种方法：

"他会以很快的速度说出几个字，但是遇到他希望强调的词句时，他会拖长声音，一字一句，说得很重。然后，再像闪电一样，迅速把整个句子说完……他会尽量拖长所要强调的词句，几乎与其余五六句不重要的句子所使用的时间一样长。"

这种方法一定会引起听众的注意。让我们举个例子：

我在演讲时，经常引述吉朋斯主教下面这段话。我希望强调"信心"和"勇气"这个重点，所以每当我讲到引号中的字时，总是尽量把声音拖长，特别强调出来，好像我也深为感动一样——当然，我也确实深受感动。

请大声念一遍，看看这种方法的效果如何？

"我已经活了'86 岁'。我亲眼看到'好几百人''登上成功的巅峰'，他们获得成功的'重要'因素很多，'但最重要'的就是'信心'。'一个人除非拥有勇气，否则绝不会成就大事业。'"

再试试下面的：很快说出"3000 万美元"，语气平淡，听起来像是一笔小数目。

请再说一遍"30000 美元"，速度慢些，而且充满厚重的感觉，仿佛你对这笔金额的印象极为深刻。

这样一听，是不是觉得后面的 30000 美元反而比前面的 3000 万美元更多呢？

4. 要点前后停顿

在林肯的谈话中，当他说到某个重点，希望给听众留下深刻的印象时，他就会向前倾斜身体，直视对方的眼睛，足足一分钟什么都不说。这种突然的沉默犹如突然而来的嘈杂，具有同样的效果，能够吸引人们的注意力。这样可以使人们提高注意力，认真倾听他下一句要说什么。

例如，当他知道他和道格拉斯那场著名的辩论接近尾声，所有迹象都表明他已失败时，他感到了沮丧，痛苦不时地撕咬着他。在最后一次演讲中，他突然停了下来，足足有一分钟。他望着大家的脸孔，深陷而忧郁的眼神和平常一样，似乎充满了不曾流下的眼泪。

他双手紧握在一起，仿佛它们已经太累了，无法应付眼前这场战斗。他用独特的声音，深沉地说：

"朋友们，不管是道格拉斯法官或我被选入美国参议院，都无关紧要，都没有任何关系。我们今天提出来的这个问题才是最重要的，比任何个人的利益和任何个人的政治前途都重要。朋友们——"

说到这里，他又停了下来……听众都在静静地倾听。

"即使是道格拉斯法官和我已经在坟墓中安歇了，这个问题仍将继续存在、呼吸和燃烧。"

一位给林肯写传记的作家指出："这些简单的话，和他当时的演讲态度，深深地打动了每一个人。"

这就是林肯的停顿强调法。他会采用保持沉默的方式来增加演讲的力度，同时也让它们的含义深入听众内心，影响他们的感情。

奥利弗·洛奇爵士在演讲时，也会在重要的段落前后停下来。有时，他会一个句子停三四次，但他表现得非常自然，不会令人知晓；而且也没有人去注意——除非他想分析罗吉爵士演讲的技巧。

大诗人吉普林说："你的沉默，道出了你的心声。"在说话中巧妙地运用沉默技巧，可以发挥它最大的功用。沉默是一种强有力的工具，它的重要性不容忽视。但是令人遗憾的是，初学者却往往很容易忽略它。

下面这段话摘自何曼的《生动活泼的谈话》，我已经注明了在哪里应该停顿。当然，这不是演讲者唯一应该停顿的地方，或者是最好的地方，这只是其中的方式之一。

先把这段话大声朗读一遍，不要停顿。然后再大声读一遍，在注明的地方停顿一下。比较一下，停顿之后会有什么效果？

"销售是一场战斗（停顿！让"战斗"这个概念深入听众的脑海），只有战斗者才能获胜（停顿！让这一点深入听众的脑海）。或许我们不喜欢这种情况，但我们既没有能力创造它们，也没有能力改变它们（停顿！）。当你踏入销售行业时，就要鼓起你的勇气（停顿！）。如果你不能这样做（停顿！把悬疑的气氛拉长一秒钟），你每一次出击的时候，都会被踢出局，除了一连串的零蛋，什么都也得不到（停顿！）。击球者若对投手心存恐惧，永远打不了三垒（停顿！让你的说词深入听众心中）——这一点要切记（停顿！让它更深入一层）。能够把球击得老远，甚至让球飞越球网，打出全垒打的人，通常是这样的球员：在他踏上击球位置的一刹那（停顿！把悬疑的时间拉长一点，使大家聚精会神听你介绍这位杰出的击球手），心中已有坚定的决心。"

在哪里停顿，并不是固定不变的，要根据意义、气氛及感觉来决定。也许你今天演讲时在这个地方停顿，但明天你再做相同的演讲时，就可能会在另一处停顿了。

再大声朗读下面几段名人名言，注意在什么地方自然地停顿：

美国的大沙漠并不是在爱德华、新墨西哥或亚利桑纳，而是在每个人的帽子底下。美国大沙漠是一种心理沙漠，而不是真实的大沙漠。

——J. S. 克诺斯

世界上并没有包治百病的万灵药，只有广告略微接近。

——福斯威尔教授

我必须对两个人特别好——上帝和加菲尔德。我这一辈子必须和加菲尔德共同生活，死后则和上帝待在一起。

——詹姆斯·加菲尔德

如果一个演讲者遵循本章提出的技巧，他的演讲很可能还会有上百个缺点，例如和他平时的谈话不完全一样，声音也许有些令人不舒服，还有文法上的错误，态度粗鲁，甚至还可能有些令人不愉快的举动……但是，只要他能坚持按照这些方法进行训练，就可以逐渐完善谈话技巧，使他的演讲达到完美自然的境界。

附：马丁·路德·金《我有一个梦想》

马丁·路德·金是美国著名的黑人民权领袖，1929 年 1 月出生于美国佐治亚州的亚特兰大，父亲是一名牧师。1948 年 6 月，金毕业于亚特兰大的莫尔豪斯学院，毕业后获奖学金赴克罗泽神学院进修神学，1951 年获神学学士。同年 9 月，金进入波士顿大学攻读神学博士，4 年后毕业。1954 年 10 月，马丁·路德·金开始在蒙哥马利城担任牧师。

马丁·路德·金一生积极参加并领导美国黑人争取平等权利的运动，曾 3 次被捕、3 次遭行刺。他主张运用非暴力方式争取权益，并坚持认为，只要一个国家的立国理念是人道、自由的，那么人们追求平等、正义的事业终将会获胜。

马丁·路德·金是有史以来最年轻的诺贝尔奖获得者。他于 1964 年获诺贝尔和平奖。1968 年 4 月 4 日，他在田纳西州孟菲斯市演讲时被种族主义者刺杀身亡，年仅 39 岁。1986 年，美国政府将每年 1 月的第三个星期一（金的生日）定为马丁·路德·金全国纪念日。次年，这一天又成为联合国纪念日之一。

1955 年 12 月 1 日，一位黑人妇女罗莎·帕克斯在公共汽车上拒绝给白人让座而被当地警察逮捕。马丁·路德·金在第二年领导了蒙哥马利城黑人抵制当地公共汽车歧视黑人的运动，这就是美国历史上著名的"蒙哥马利罢车运动"。这次运动迫使美国政府开始正视黑人遭受歧视的现实，最高法院不久就宣布：在交通工具上实施种族隔离为非法。从此，马丁·路德·金成为美国民权运动的领袖。1957 年，他帮助建立了黑人牧师组织——南方基督教领袖大会，并担任大会的首任主席。

1960 年 1 月 31 日，一个黑人大学生到一家连锁商店买酒，却遭到拒绝，因为商店老板公然宣称"不为黑人服务"。于是马丁·路德·金发起了"入座运动"：平静地进入拒绝为黑人服务的地方，礼貌地提出要求，如果得不到服务就不离开。在不到两个月的时间内，这一运动席卷了美国南部 50 多个城市。参加这次活动的黑人坚持非暴力的原则，表现出良好的修养，打不还手，骂不还口，穿着打扮保持整洁，以最有尊严的目光要求提供服务。如果遭到嘲弄侮辱或得不到服务，他们就坐下来读书。在这次运动中，许多黑人被捕，形势严峻。马丁·路德·金发出了"填满监狱"的号召，呼吁黑人坚持非暴力斗争。

1963 年春，马丁·路德·金在亚拉巴马州伯明翰市领导了一场为黑人争取工作、反对禁止黑人在"白人餐馆"就餐的斗争。为了镇压这次运动，伯明翰市政府调用了大批警察，用警犬和高压水龙对付抗议群众。人们从电视上看到了这一活动和场面，群情激奋。不久，警察逮捕了马丁和许多儿童，在将他们押送到监狱的途中进行了殴打。民众的愤怒立刻升级。马丁在狱中写了《来自伯明翰监狱的信》，引用罗马天主教圣·奥古斯汀的话尖锐地指出："非正义的法律实非法律。'认为人们既有遵守正义法律的义务，又有反对非正义法律的权利，'和平抗议是必需的，因为我们已经通过自己惨痛的经历认识到，自由并不是别人自愿给予的……必须靠争取得来的……"这封信引起了广泛关注。这次斗争使美国人权运动领袖一致同意，为了结束黑人遭受歧视的现实，必须在华盛顿特区举行一次抗议游行，以促使联邦政府通过相关法律，结束黑人二等公民的身份。在会前，他们共同推举马丁·路德·金为抗议游行后集会的主要负责人。

1963 年 8 月 28 日，马丁·路德·金和其他人权运动领袖参加了向华盛顿汇集的示威游行，这次游行就是美国黑人为了争取就业、争取自由而开展的闻名于世的"自由进军"。

这一天，马丁·路德·金顶着炎炎烈日，在华盛顿广场的林肯纪念堂前，对林肯纪念碑前 25 万集会民众发表了著名的演讲——《我有一个梦想》。在演讲中，他希望白人和黑人有一天可以平等地生活在一起。

下面就是马丁·路德·金博士那充满激情的演讲：

一百年前，一位伟大的美国人——我们就站在他象征性的身影下——签署了《解放宣言》。对于千百万饱受非正义残焰炙烤的黑奴而言，这一庄严宣言犹如带来希望之光的巨大灯塔，恰似打破漫漫长夜禁锢的欢乐黎明。

然而，一百年后的今天，我们必须面对一个悲惨的事实：黑人还没有自由。一百年后的今天，黑人的生活依然在种族隔离的镣铐和种族歧视的枷锁下备受压榨。一百年后的今天，黑人仍生活在一个物质充裕的巨大海洋中的穷困孤岛上。一百年后的今天，黑人依然萎缩在美国社会的一些角落，并意识到自己是故土家园中的流亡者。因此，今天我们来到这里，就是要把这种骇人听闻的情况公之于众。

就某种意义而言，我们是为了兑现一个诺言而来我们国家首都的。我们共和国的缔造者在起草宪法和《独立宣言》的辉煌篇章时，就向每一个美国人许下了可以兑现的诺言——承诺所有人都有生存、自由和追求幸福的不可剥夺的权利。

对她的有色公民来说，美国现在显然食言了。美国没有履行这项神圣的义务，只是给黑人开了一张空头支票——它上面盖着"资金不足"的印戳后被退了回来。但是我们不相信正义的银行会破产。我们不相信在这个国家巨大的机会宝库中会储备不足。

因此，我们来兑现这张支票——这张支票将给我们宝贵的自由和正义的保障。

我们来这块圣地也是为了提醒美国，现在是非常紧急的时刻。现在不是从容冷静行事或服用渐进主义镇静剂的时候。现在是实现民主诺言的时候。现在是从幽暗荒凉的种族隔离的深谷走向种族平等的光明大道的时候。现在是向上帝所有子女敞开机会之门的时候。现在是把我们国家从种族不平等的流沙中拯救到兄弟情谊的坚石之上的时候。

忽视这一时刻的紧迫性并低估黑人的决心，对美国将是致命的。自由平等的朗朗秋日如不到来，黑人顺乎情理的哀怨的酷暑就不会过去。1963年不是斗争的结束，而是开始。

如果国家依然我行我素，那么，那些希望黑人只要出口气就会满意的人将会大失所望。黑人得不到公民权，美国既不会安宁，也不会平静。光明的正义之日不到来，反抗的旋风将继续震撼我们国家的基石。

但是，对于站在正义之宫门槛上的人，有些话我必须要说。在争取合法地位的过程中，我们不要错误行事导致犯罪。我们不要吞饮痛苦仇恨的苦酒来满足对自由的渴望。

我们必须永远举止得体、纪律严明地斗争。我们不能容许我们富有创造性的抗议蜕变为暴力行动。我们要不断升华到以精神力量对付物质力量的崇高境界。

席卷黑人社会的新的奇迹般的战斗精神，不应导致我们对所有白人的不信任。因为我们许多白人兄弟已经认识到，他们的命运和我们的命运紧密相连，他们的自由同我们的自由休戚相关。他们今天来这里参加集会就是明证。

我们不能单独行动。当我们行动时，我们必须保证勇往直前。我们不能后退。有人问热心民权运动的人："你们什么时候会满意？"只要黑人仍然遭受不堪形容的警察的野蛮迫害，我们就绝不会满意。只要我们在旅途劳顿之后却被公路旁的汽车旅馆和城市旅馆拒之门外，我们就绝不会满意。只要黑人的基本活动范围只是从狭小的黑人贫民区转移到较大的贫民区，我们就绝不会满意。只要密西西比仍然有一个黑人不能参加选举，只要纽约有一个黑人认为选举和他无关，我们就绝不会满意。不！不！我们并不满意，将来也不会满意，除非公正似水奔流，正义如泉喷涌。

我并非没有注意到，你们有些人历尽艰辛困苦才来到这里。你们有些人刚刚走出狭小的牢房；有些人来自因追求自由而遭受疯狂迫害和警察残暴旋风摧残的地区。你们饱经磨难。坚持下去，要坚信，无辜受苦终得拯救。

让我们回到密西西比去，回到亚拉巴马去，回到佐治亚去，回到路易斯安那去，回到我们北方城市的贫民区和黑人居住区去！要知道，这种状况能够而且必将会改变。我们不要陷入绝望的深渊。

今天我要对你们说，朋友们，虽然此时此刻我们遭受各种困难和挫折，我依然有一个梦想。这个梦想深深植根于美国梦想之中。

我有一个梦想：有一天，这个国家将会奋起，真正实现其立国信条之真谛："我们认为这些真理不言而喻：人人生而平等。"

我有一个梦想：有一天，在佐治亚的红山上，昔日奴隶的儿子将能够和昔日奴隶主的儿子坐在一起，亲如兄弟。

我有一个梦想：有一天，甚至连密西西比州这个正义匿迹，压迫盛行的荒漠之地，也将变成自由和公正的绿洲。

我有一个梦想：有一天，我的四个孩子将生活在一个不是以他们的肤色，而是以其品格优劣作为评判标准的国度。

今天，我有一个梦想。

我梦想有一天，亚拉巴马州将会有所改变——尽管该州州长现在仍然对联邦法令满口异议，反对执行——那里的黑人男孩与黑人女孩将能和白人男孩与白人女孩情同手足，携手前进。

今天，我有一个梦想。

我梦想有一天，幽谷上升，高山夷平，坎坷曲折的道路变成坦途通衢，圣光再现，普天之下的生灵得以共睹。

这就是我们的希望。这是我带回南方的信念。有了这个信念，我们将能从绝望之山劈出希望之石。有了这个信念，我们就能把这个国家嘈杂刺耳的争吵声变为一支洋溢着手足之情的悦耳的交响曲。有了这个信念，我们就能一同工作，一同祈祷，一同斗争，一同入狱，一同维护自由；因为我们知道，终有一天我们会自由。

在自由到来的这一天，上帝所有的儿女将以新的含义高唱这首歌："我的祖国，美丽的自由之邦，我为您歌唱。这是我祖先逝去的地方，这是早期移民的骄傲，让自由之声响彻每座山冈。"

如果美国要成为一个伟大的国家，这个梦想必须实现。因此，让自由之声从新罕布什尔州的巍峨高峰响起！

让自由之声从纽约州的崇山峻岭响起！

让自由之声从宾夕法尼亚州的阿勒格尼山顶峰响起！

让自由之声从科罗拉多州冰雪覆盖的洛基山响起！

让自由之声从加利福尼亚州蜿蜒的群峰响起！

不仅如此，还要让自由之声从佐治亚州的石山响起！

让自由之声从田纳西州的瞭望山响起！

让自由之声从密西西比州的每一座山峰和丘陵响起！

让自由之声从每一片山坡响起。

当我们让自由之声响起，让自由之声从每一个大小村庄、每一个州和每一个城市响起时，我们就能够加速这一天的到来。那时，上帝所有的儿女，黑人和白人，犹太教徒和非犹太教徒，耶稣教徒和天主教徒，都将携手同唱那首古老的黑人灵歌：

"终于自由了！终于自由了！感谢全能的上帝，我们终于自由了！"

马丁·路德·金博士的这篇演讲，大量采用了比喻的修辞手法，将那些抽象的形象加以具体化，因此对于听众来说具有很强的艺术感染力。

作者刚开始就揭示了黑人受歧视的现状，他说："一百年后的今天，黑人仍生活在一个物质充裕的巨大海洋中的穷困孤岛上。"这就生动鲜明地揭示了黑人悲惨的生活现状；然后又用"空头支票"、"正义银行"等具体的比喻，表达了美国政府不守诺言，也告诉听众正义永存的道理，显然是对美国政府的讽刺。在强调实行种族平等的重要性时，又用"秋天"比喻种族平等、和谐的社会，"夏天"比喻黑人愤怒的情绪，火热的斗争，于是黑人起来斗争的重要性和迫切性也就不言而喻。

正是因为使用了具体化的语言，使得这篇演讲增加了说理的形象性，深奥的道理也由此变得浅显易懂，听众当然不难感受到演讲者的激情，从而受到鼓舞，增添了斗争的信心和勇气。也正是因此之故，马丁·路德·金也被誉为"黑人之音"。

马丁发表演讲的当天，当时的美国总统肯尼迪就邀请他到白宫做客。在马丁·路德·金的领导和努力下，美国国会终于在 1964 年通过了《民权法案》，宣布种族隔离和种族歧视政策为非法政策。

第12章 完善语言表达的技巧

一、从书本中汲取精华

　　有一个英国小伙子，又穷又没有工作，他走在费城的街道上，一心想找一份工作。当他走进大富豪保罗·吉彭斯的办公室时，要求见吉彭斯先生。

　　吉彭斯先生用不信任的眼光看着窗外的陌生人，只见他衣衫褴褛，衣袖口被磨得发光，全身散发出一股酸臭气。吉彭斯先生一半出于好奇，另一半出于同情，答应和他见面。

　　吉彭斯先生原来只打算听对方说几秒钟，但随即几秒钟变成了几分钟，几分钟又变成了一个小时，而谈话仍然在进行。

　　谈话结束后，吉彭斯先生给费城另一位大富翁、狄龙出版公司的经理罗兰·泰勒先生打了一个电话，邀请他和这位陌生人共进午餐，然后为小伙子安排了一个很好的工作。

　　这个外表看上去穷困潦倒的小伙子，是如何在这样短的时间内影响了两位如此重要的人物的呢？

　　其实，秘诀只有一句话——他的语言表达技巧。事实上，这个小伙子是英国牛津大学的毕业生，他是来美国处理一项商业事务的。不幸的是，他没有做好这件事，结果被困在美国，有家回不了。在既没有钱，又没有朋友的情况下，他只有一件宝物——英语是他的母语，他说得既准确又漂亮，听他说话的人可以立即忘掉他那双沾满泥土的皮鞋、褴褛的外衣，和他那不修边幅的脸孔。可以说他的语言就是他进入美国最高商界的"护照"。

这个小伙子的故事虽然有点不同寻常，但它说明了一个真理：我们的言谈和语言表达技巧，正是别人评价我们的重要依据。我们所说的话，显示了我们的修养，它是教育和文化知识的证明，能让听者判断我们的出身。

我们每个人和这个世界只通过四种方式接触。别人正是根据四件事情来评估我们，并把我们进行分类的。这四件事就是：

我们做什么？

我们看起来像什么？

我们说了些什么？

我们是如何说的？

然而，很多人却稀里糊涂地过了一辈子，他们离开学校后不知道努力增加自己的词汇，既不去掌握各种字义，也不能准确清晰地说话。他们习惯使用那些毫无意义的词句，也难怪他们的谈话缺乏明确性和个性特点，也难怪他们在发音、文法方面错误百出。

我甚至听过很多大学毕业生说的话，他们满口说的是市井流氓的口头禅。你想想，连大学毕业生都犯这种错误，我们怎么能指望那些没有受过什么教育的人有更好的表现呢？

几年前的一天下午，我到罗马古竞技场游览，一个人在那里遐想。这时，一个陌生人向我走来。这是一位来自英国殖民地的游客。他做了一番自我介绍之后，对我大谈起他在这个"永恒之城"的旅游经历。但是他说了不到3分钟，就说出了一大堆"YOU WAS"、"I DONE"错误百出的话。

我可以看出他那天早晨出门时，特意擦亮了皮鞋，身上穿着一尘不染的漂亮衣服。也许他想以此来维护自己的自尊吧，可是他忘了装饰他的词汇，结果说出了那样的句子。当他和女士说话时，如果未摘下帽子，他会感到很惭愧；但他的文法出了错误却不会惭愧。他甚至连想都没有想到这一点——他冒犯了别人的耳朵。他所说的这些话完全暴露了他的无知，他的英语水平真是太可怜了，就像在向这个世界宣称他是一个多么没有修养的人。

艾略特博士曾担任哈佛大学的校长30多年，他宣称："我认为，在淑女或绅士的教育中，只有一门必修课，就是准确、优雅地使用他们的本国语言。"这是一句意义深远的话，值得我们深思。

我们怎样才能和语言产生亲密的关系，用优雅、准确的方式来表达自己呢？幸运的是，这种方法一点都不神秘，而且非常清楚，早已成为一个公开的秘密——林肯使用它，就获得了惊人的成就。至今还没有一个美国人能像林肯这样，把语言编织得如此美丽动人，说出如此无与伦比、富有音乐节奏感的语句："怨恨无人，博爱众生。"

林肯这个由懒惰文盲的木匠父亲和平凡的母亲生下来的儿子，难道就得到了老天的特别厚爱，天生就具有这种运用语言的天赋吗？我们没有找到能证明这一点的任何证据。他当选为国会议员后，官方记录中有一个形容词描述林肯所接受的教育："不完全。"

在林肯的一生中，接受学校教育的时间不超过12个月。那么谁又是他的良师呢？当时，林肯居住的地区根本没有固定的学校，只有巡回教学的小学教师从一个屯垦区流浪到另一个屯垦区，只要当地的拓荒者愿意用火腿和玉米交换，他们就会留下来教拓荒者的孩子们读书识字。林肯正是从这些流动教师们那里获得了一些启蒙。

林肯的生活环境对他的帮助也并不多。他在伊利诺伊州第八司法区结识的农夫、商人和诉讼当事人，也都没有特殊或神奇的语言才能。但林肯没有像这些人那样浪费时间。他和一些头脑聪明灵活的人，例如各个时代最著名的歌手、诗人等成了好朋友。这是怎么回事呢？

原来，他熟读了伯恩斯、拜伦、布朗宁的诗集，能够整本整本地背下来，他还写过评论伯恩斯的文章。在他的办公室里放了一本拜伦的诗集，家里也放了一本。办公室的那本由于经常翻阅，只要一拿起来，就会自动翻到《唐璜》那一页。

他当上美国总统之后，由于内战损耗吞食了他的精力，使他的脸上留下了深深的皱纹，但他仍然抓住点滴时间，翻阅英国诗人胡德的诗集。有时候他深夜醒来，也会随手翻开诗集，如果碰巧看到特别有启发或令他兴奋的诗，他就会立刻起床，穿着睡衣拖鞋，悄悄地找到他的秘书，将诗读给秘书听。

林肯还经常抽空阅读早已背熟的莎士比亚名著，批评一些演员对莎翁剧作的看法，并提出自己独特的见解。他曾写信给莎剧著名演员哈吉特说："我已经读过莎士比亚的剧本。《李尔王》、《理查三世》、《亨利八世》、《哈姆雷特》，特别是《麦克白》。我认为没有一本剧本比得上《麦克白》，它写得实在是太精彩了！"

林肯热爱诗歌。他不仅一个人私下里背诵朗读，还在公开场合背诵和朗读，甚至还尝试写诗。他在妹妹的婚礼上就朗诵过他创作的一首长诗。中年之后，林肯创作的作品已经写满了整本笔记簿——尽管他对这些创作并没有信心，甚至连最好的朋友也不允许翻阅。

鲁滨逊教授在他的著作《林肯的文学修养》中写道："这位自学成功的人，用真正的文化素材武装了他的思想，可以称之为天才。他的成功，和艾默顿教授描述文艺复兴运动领导者之一的伊拉斯莫斯的情况一样：离开学校之后，坚持以唯一的教育方法来教育自己，直至取得成功。这唯一的方法，就是永不停息地研究和练习。"

林肯这位拓荒者的后代，年轻的时候经常在印第安纳州鸽子河的农场里剥玉米、杀猪，每天的工资只有可怜的 31 美分，但他后来却在葛底斯堡发表了人类有史以来最精彩的演讲。在这篇演讲的结尾，林肯说道：

"……要让这个国家在上帝的保佑下，得到自由的新生；要让民有、民治、民享的政府不从地球上消灭。"

很多人认为，这篇演讲稿结尾的不朽句子是林肯独创的。但真的是这样吗？林肯的律师同事科恩登在葛底斯堡演讲之前几年，曾送给林肯一本《巴克尔演讲全集》。林肯读完了全书，记下了书中这句话："民主，就是直接自治，由全民管理，所有权利属于全体人民，由全体人民分享。"而巴克尔的这句话又可能借鉴于韦伯斯特，因为韦氏在给海尼的一次复函中这样说："民主政府是为人民而设立的，它由人民组成，对人民负责。"而韦伯斯特则可能借鉴自门罗总统，因为门罗总统早在 30 多年前表达过相同的看法。

至于门罗总统又从谁那里学来的呢？在门罗出生之前 500 年，英国宗教改革领袖威克利夫在《圣经》的英译本序言中说："这本《圣经》，是为民有、民治、民享的政府所翻译的。"在威克利夫之前，也就是公元前 400 年以前，克莱翁向雅典市民发表演讲时，也曾谈到统治就是"民有、民治及民享"。而克莱翁究竟是从谁那里获得这一观念的，则难以考证清楚了。

可见，这个世界全新的事物实在太少了，即使最伟大的演讲家，也要借助阅读的灵感和书本材料。

书本！这正是成功的秘诀！

如果你想要增加和扩大文字储量，必须经常让自己的头脑接受文学的洗礼。约翰·布莱特说："当我到图书馆时，就会感到一种悲哀：生命实在是太短暂了，我根本不可能充分享受我面前这丰盛的美餐。"

布莱特 15 岁就离开了学校，去一家棉花工厂工作，从此再也没有机会上学。然而，他却成为那个时代最出色的演讲家，以善于运用英语语言而闻名。他坚持阅读、研究、做笔记，背诵著名诗人的长诗，比如拜伦、密尔顿、华兹华斯、惠特尔、莎士比亚、雪莱等。他每年都要从头到尾看一遍《失乐园》，以增加他的词汇及文学资料。

英国演讲家福克斯也曾通过大声朗诵莎士比亚的作品，来改进他的风格。格累斯顿也把自己的书房称为"和平庙堂"，里面藏有 15000 册图书——他承认自己通过阅读圣·奥古斯丁、巴特勒主教、但丁、亚里士多德和荷马等人的作品，而且获益匪浅。荷马的史诗《伊里亚特》和《奥德赛》令他着迷不已，他因此写下了6本评论《荷马史诗》和他的时代背景的著作。

英国著名政治家、演讲家皮特年轻的时候，经常阅读一两页希腊文或拉丁文作品，然后将它们翻译成英文。他十年如一日，每天都坚持这样做，结果他获得了无与伦比的能力，他可以在不必事前思考的情况下，就能把自己的思想转化成最精简、最佳组合的语言。

古希腊著名演讲家、政治家狄摩西尼斯将历史学家修昔底德斯的历史著作抄写了8次，希望能学会这位历史学家华丽高贵而又感人的词句。结果，当威尔逊总统在两千年之后想改进自己的演讲风格时，就专门花时间研究狄摩西尼斯的作品。

英国著名演讲家阿斯奎斯也发现，阅读大哲学家伯克莱主教的著作，对自己是最好的训练。

英国"桂冠诗人"丹尼森每天都要研读《圣经》，大文豪托尔斯泰把《新约福音》读了又读，最后可以全部背诵下来。

罗斯金的母亲每天逼他背诵《圣经》中的章节，又规定他每年要把整本《圣经》大声朗读一遍，"每个音节，每一词每一句，从创世纪到启示录"一点也不能少，罗斯金后来也把自己的文学成就归功于这些严格的训练。

在英语文字中，BIS被认为是最受人喜爱的姓名缩写，因为它代表着著名作家史蒂文森，他可以说是"作家中的作家"。他又是如何获得这种闻名于世的迷人风格的呢？我有幸从他口里得知了他的故事：

"每当我读到让我感到特别愉快的书或文章的时候，我一定会马上坐下来，模仿这些特点。这本书或文章很巧妙地讲述了一件事，提出了某种印象，或者含有某种显而易见的力量，或者在风格上表现出令人愉快的特征。不过，第一次我的模仿一般都不会成功，我就会再试一次。常常连续几次我都不会成功，但我至少从失败的尝试中获得了练习的机会。

"我曾用这种方法模仿海斯利特、兰姆、华兹华斯、布朗爵士、狄福·霍桑及蒙田。不管你是否喜欢，这就是学习写作的方法。不论我有没有从中得到收获，这也就是我的方法。大诗人济慈也是采用这种方法学习的，而在英国文学史上，再也没有比济慈更优秀的诗人了。

"这种模仿方法最重要的一点是：你所模仿的对象总有你无法完全模仿的特点。你不妨试试看，我想你一定会失败的。但'失败是成功之母'，这的确是一句古老而又十分准确的格言。"

上面举了很多成功人士的例子，这个秘诀已经完全公开。林肯曾写信给一位渴望成功的年轻律师说："成功的秘诀，就是拿起书本，仔细阅读研究。学习，学习，再学习！这才是最重要的。"

二、养成阅读的习惯

你可以从班尼特的《如何充分利用一天 24 小时》开始。这本书将和洗冷水浴一样，对你产生很大的启迪和刺激。它会告诉你很多你感兴趣的事情，例如你每天浪费了多少时间，如何制止这种浪费，如何利用省下来的时间……这本书可以在一周之内轻松看完。你不妨每天看 20 页，把早上看报的时间缩短到 10 分钟，而不是习惯性地一看就是 30 分钟。

杰斐逊总统说："我已经放弃了读报纸的习惯，改为阅读古罗马历史学家塔西陀和古希腊历史学家修昔底德斯的著作。我发现自己变得快乐多了。"如果你学习杰斐逊总统把读报的时间缩短至少一半，几周之后你就会发现自己会比以前更快乐、更聪明。你相信吗？难道你不愿意尝试一下，把省下来的时间用于阅读更有价值的好书吗？当你等候电梯、公共汽车、送餐、约会的时候，为什么不取出你随身携带的书来看看呢？用这种方式来阅读一本书，不是比把它原封不动地放在书架上更好吗？

读完《如何充分利用一天 24 小时》后，你可能会对同一作者的另一本书感兴趣，那就是《人类机器》。读了这本书，可以让你和别人打交道时更得心应手，形成镇静和泰然自若的优点。我之所以推荐这些书，不仅仅是因为它们的内容，同时还因为它们的表达方式，我相信它们一定能增加和改善你的语言表达习惯。

另外再介绍几本对你很有帮助的书：佛兰克·诺里斯的《章鱼》和《桃核》，这是美国历史上最好的两本小说。《章鱼》讲述了一场发生在加利福尼亚的动乱和人类悲剧，《桃核》则描述了芝加哥股票市场上经纪人的明争暗斗。

汤玛斯·哈代的《德伯家的苔丝》，是一本写得最优美的小说。

希里斯的《人的社会价值》，以及威廉·詹姆斯教授的《与教师的一席谈话》，也是两本值得一读的好书。

法国著名作家摩罗瓦的《小精灵——雪莱的一生》，拜伦的《哈罗德的心路历程》，以及史蒂文森的《骑驴之行》，也都应该列入你的书目单。

你应该每天让爱默生陪伴着你。你可以先阅读他那篇著名的评论《自恃》，在你的耳边轻声念出那些行云流水般的句子。

我们把最好的作者留到了最后。他们是谁呢？有人请亨利·欧文爵士列了一份书目单，写出他认为最好的 100 本书。

他说："面对这 100 本好书，我只会专心研究其中两种——《圣经》和莎士比亚。"亨利爵士说得很对，你必须到这两个伟大的源泉中汲取营养，而且要尽量多地汲取。你应该把晚报扔在一边去，去找莎士比亚，阅读罗密欧与朱丽叶的故事，或者阅读麦克白和他的野心。

这样做，你将会得到什么回报呢？你将会不知不觉地、渐渐却又是必然地改善你的辞藻，使它们变得美丽优雅。你将开始散发出这些精神伙伴的荣耀、美丽及高贵气质。因此德国大文豪歌德就说："告诉我，你谈了些什么，我就可以判断出你是哪种人。"

我上面所建议的阅读计划，实际上不必花多少精力，只需要一点节省下来的时间，并且每本花上 5 美元，买一套爱默生论文集和莎士比亚全集就可以了。

马克·吐温是如何培养自己灵巧而熟练地运用语言文字能力的呢？他年轻的时候，搭乘驿站马车，从密苏里州一直旅行到内华达州。这一旅程很长，而且必须同时携带人和马吃的食物，有时候还要准备饮用的水，路上非常艰苦。因此，超重可能预示安全与灾祸之间的距离，行李也按每盎司的重量来收费。

在这种情况下，马克·吐温却随身带了一本厚厚的《韦氏大辞典》。这本大辞典陪伴他翻越山岭，横穿沙漠，走过了土匪和印第安人出没的原野。他希望自己成为文字的主人，因而凭着独特的勇气及意志，为了实现目标而努力学习。

皮特和查特汉爵士也都读过两遍辞典，包括每一页的每一个词。伯朗宁每天翻阅辞典，为林肯写传记的尼克莱和海伊从辞典里获得了许多乐趣和启示，他们说，林肯常常"坐在黄昏的阳光下翻阅辞典，直到看不清字为止"。

这些例子并不特殊，每一位杰出的作家及演讲家都有过类似的经历。

威尔逊总统的英文造诣很高，他的一些作品，例如对德宣战宣言的那部分在文学史上也占有一席之地。他讲了他运用文字的方法：

"我父亲绝对不允许家中任何人使用不准确的字句。不管哪一个小孩子说错了，都必须立即更正，任何生词都必须立即解释清楚。他还鼓励我们每一个人把这些生词应用在日常的谈话中，以便牢牢记住它。"

纽约有一位演讲家，就因为句子结构严密、文辞简洁优美而获得了很高的评价。在最近一次谈话中，他透露了自己准确使用文字的秘诀：

每当他在谈话或阅读时发现不熟悉的词，就立刻抄在一个备忘录上。晚上睡觉之前，他要先翻翻辞典，彻底弄清楚那个词的意思。如果白天没有碰到任何生词，他就阅读一两页费纳德的《同义词、反义词和介词》，研究每一个词的准确含义，以备日后使用。

"一天一个新词"——这就是他的座右铭，这也使得他一年至少可以增加

365 个额外的表达工具。他将这些新词全都记在一个小笔记本上，一有空就取出来复习。他发现一个新词使用 3 次以后，就会成为他的词汇中永恒的一部分。

使用辞典不仅是要了解某个词的准确含义，也是为了知道它的来源。在英文辞典里，每个单词的历史来源，一般都列在定义后面的括号内。千万不要认为这些单词只是一些枯燥、冷漠的声音，其实它们都充满了感情色彩，有着浪漫的生命。比如说"给杂货店打电话，让他们送些糖来"。即使是这样平淡的两个句子，我们也使用了许多从不同文字中借用过来的词。例如，"Telephone"（打电话）是由两个希腊字组成的，Tele 的意思是"远方的"，而 Phone 表示"声音"。Grocer（杂货商）是从法语中一个历史悠久的词 Grossier 转化而来的，而法文又是从拉丁文 Gross – Arius 演变而来，指零售和批发商人。Sugar（糖）来源于法文，法文又来源于西班牙语，西班牙语又从阿拉伯文借用得来，阿拉伯文最早又脱胎于波斯文，波斯文中的这个词 Shaker 是由梵文 Calkara 一词演变而来，意思是"糖果"。

再比如，你可能在某家公司上班，或是自己开公司。公司 Company 起源于法文的一个古字 Companion（伙伴）；而 Companion 则由 Com（与）和 Panis（面包）两个词组成。也就是说，你的伙伴 Companion 就是和你共享面包的人，一家公司 Company 就是由一群想获得面包的伙伴共同组成的。

你的薪水 Salary，是指你用来买盐 Salt 的钱。早在古罗马时代，士兵可以领到买盐的津贴，后来有一位士兵把他的所有收入称为 Salarium（买盐钱），于是这个词成为一个广为流传的俚语，最后又演变为一个非常受尊敬的英语单词。

你现在手中拿着一本书 Book，而这个词的真正意思是指一种树木 Beech（山毛榉）。因为在很久以前，盎格鲁撒克森人把他们的文字刻在山毛榉树干上，或是刻在用山毛榉木做成的桌面上。

再比如，放在你口袋中的 Dollar（美元），它的实际意义是 Valley（山谷）。因为美洲最早的钱币是 6 世纪在圣卓亚齐姆山谷中铸造的。

再看 Janitor（看门人）和 January（一月）这两个词，它们都来源于意大利西部古国伊楚里亚的一个铁匠的姓氏。这位铁匠住在罗马，专门制造一种特殊的门锁和门闩。他死后被尊奉为异教徒的神灵，有两张脸孔，能同时看到两个方向，代表门的开启与关闭。因此，在一年的结束和新的一年开始之间的那个月份，就被叫作 January 或 Janus（这位铁匠的姓氏）。当我们谈到 January（一月）或 Janitor（看门人）时，我们等于是在纪念这位铁匠。他生活在公元前 1000 年，娶了一位名叫 Jane 的妻子。

同样，一年中的第七个月份 July（七月），是根据古罗马的 Juliu Caesar（恺撒大帝）命名的。随后的奥古斯都大帝为了不让恺撒专美于前，就把下一个月份命名为 August（八月）。当时的八月只有 30 天，奥古斯都大帝不想以他的姓氏命名的月份比以恺撒的姓氏命名的月份少一天，于是他就从二月中抽出一天，加入到八月。你看，这种自负的心理痕迹在你天天都要使用的日历上，表现得多么明显啊！

只要稍加注意，你将发现，其实每个单词都有着一段迷人的历史。如果你有时间，试着从大词典里寻找这些单词的来源，找出它们背后的故事，你将发现它们更加多姿多彩，也更加有趣，你也会更有兴趣使用它们。

三、准确地表达思想

试着准确地表达你的意思，表达你思想中最微妙的东西，这可不容易做到，即使是有丰富经验的作家也不一定做得到。美国著名女作家芳妮·霍斯特曾对我说，她经常会一再修改已经写好的句子，甚至要改 50 次到 100 次。有一次她特意计算了一下，发现自己竟然把一个句子改写了 104 次。

另一位女作家乌勒也坦诚地说，为了从一篇即将在各大报纸上联合刊登的短篇小说删去一两个句子，她有时会花一个下午的时间。

美国政治家莫里斯曾描述了美国著名作家大卫是如何寻找一个准确用词的：

"他小说里的每一个词，都是从无数个词中挑选出来的。他所使用的每个词，经过一丝不苟的判断，必须经得起时间的考验。每个词、每个句子、每个段落、每一页，甚至整篇小说，他都这样改了一遍又一遍。他经常采用'淘汰'原则，例如他描述一辆汽车转弯驶进大门时，首先会进行烦琐的叙述，任何细节都不放过，然后再一一删除这些由辛苦思索得出来的细节。每删一次，他就问自己：'我要描述的情景是不是仍然存在？'如果答案是否定的，他就把刚刚删除的细节再放回原处，并试着删改其他细节。如此逐一删改，若干次之后呈现给读者的就是一幅简洁而清楚的情景。正因为这样，他的小说和爱情故事才一直深受读者喜爱。"

显然，我们大多数人都没有时间和精力像他们这样辛勤地寻找适当的词句。我之所以举出这个例子，只是为了说明即使是成功的作家，也都十分重视准确使用语言和准确表达。同时，我希望学习演讲的人对语言和文字更有兴趣。当然，一个演讲者不应该在演讲的中途停下来，去寻找表达思想的准确语言，但他应该每天练习如何准确地表达自己的思想，直到他能够自然地表达为止。

你也应该这样做的，但你这样做了吗？我敢肯定的是，你并没有这样做！

据统计，大文豪密尔顿的作品共使用了 8000 个单词，莎士比亚的词汇更是达到了 15000 个。一本标准辞典的词汇是 45000 个单词，但根据初步估计，一般人只要学会 2000 个单词，就可以运用自如。通常你只要懂得一些动词，以及把它们连起接来的连词，再加上一些名词和经常使用的形容词，你就可以成为一位语言运用的高手了。

这样看来，学习语言也并不很难吧？

四、富于创新思想

你不仅要尽量表达准确，还要尽量有新思想和新创意。要有勇气把你对事情的看法说出来，因为"事情本身就是上帝"。例如，《圣经》在记载大洪水之后的事情时，一些最富有创意的人首先使用了这个比喻："冷得像条胡瓜"。这个比喻好极了，它极具新鲜感，因此即使后来相当长的一段时期内，这个比喻仍具有它原始的新鲜感。但如果在今天，一个具有创造力的人再重复这个比喻，难道不会感到羞愧吗？

我曾向女作家凯撒琳·诺利斯请教，怎样才能培养独特的风格。她说："阅读古典散文和诗集，并且毫不留情地删掉作品中没有意义的词句和老掉牙的比喻。"

有一位杂志编辑告诉我，每当他发现作者投来的稿件中有两三处陈腐的比喻时，他就会立即退稿，不再浪费时间看它。他说："一个在表达上没有创意的作家，根本不可能有任何创新思想。"

附：林肯葛底斯堡演讲

林肯在当选美国第16任总统后，南方各州相继宣布脱离联邦，导致美国爆发南北内战，林肯领导联邦军队和人民对南方叛军作战。1863年7月3日，联邦军队在宾夕法尼亚州的葛底斯堡取得标志性胜利，美国内战进入了关键转折点。在葛底斯堡战役中，联邦军队共有23000多名官兵阵亡。11月19日，林肯到葛底斯保战场，为阵亡将士墓举行落成仪式，并发表了下面这篇著名的演说。

87年前，我们的祖先在这块大陆上建设了一个新的国家，孕育了自由，并且献身给一种信仰——所有人生下来都是平等的。

现在，我们正在进行一次伟大的内战，以考验这个国家，或者任何一个有这种主张和信仰的国家——能不能长久地存在下去。我们聚集在这场战争的伟大战场上。我们奉献出这个战场上的一部分土地，作为那些为国家的生存而在此牺牲了生命的人永久安息之所。我们这样做，是非常适合和恰当的。

可是，从更广泛的角度来说，我们不能奉献这片土地，因为我们不能使之神圣，我们也不能使之有尊严。那些曾经在这里奋斗过的勇敢的人们——活着的和已经死去的——已经使得这块土地神圣化，这不是我们能有所增减的。世界上的人们不会注意，更不会长久地记得我们在这里的讲话，但他们将永远不会忘记这些人在这里所做的事。相反，我们活着的人，应该献身于在这里作战的人们曾经如此英勇地推进但至今还没有完成的工作。由于他们的光荣牺牲，我们将更坚定地完成他们曾经奉献出一切的事业。我们在此坚决地表示，不让他们白白地死去；要让这个国家在上帝的护佑下，得到自由的新生；要让民有、民治、民享的政府永世长存。

林肯的葛底斯堡演说是美国文学中最漂亮、最富有诗意的文章之一，被誉为"人类有史以来最精彩的演说"，也是英语演讲的最高典范。在这篇不到三分钟的庆祝胜利的演说中，林肯以感人肺腑的颂辞赞美了那些为国家统一而牺牲的人，以及他们为之献身的理想，并提出了"民有、民治、民享"这一深入人心的口号，体现了林肯卓越的政治思想。

　　林肯死后不久，著名演讲家索姆奈说："当这次战役从人们的记忆中消失之后，林肯的演讲却依然深深地烙在人们心里。如果这次战役一再被人们提起，最主要的原因一定是人们想起了林肯的演讲。"

　　谁能否认这句话呢？

　　著名政治家艾维莱特曾在葛底斯堡一口气演讲了两个小时，但他的演讲早已经被人们遗忘；林肯的演讲不到两分钟，可是人们仍然记忆犹新。据说一位摄影师想拍下林肯当时演讲的情景，但他还没有来得及架起那架原始的照相机并调准焦距之前，林肯就已经结束了他的演讲。

　　林肯的葛底斯堡演讲全文，刻在一块永不腐朽的铜板上，现在被陈列在美国国会图书馆。卡耐基认为，这篇演讲作为英语文学的典范，每一个学习演讲的人都应该背诵。

第13章 完善演讲的风格和个性

风格与个性是决定演讲成败的关键。只有自然真诚，才能获得听众的信任。

我们曾对100位著名的商界人士做过一次智力测验。这次测验的内容和美国陆军在第二次世界大战期间使用的相似。研究中心在得出结论后郑重宣布：在促进事业成功的各项因素中，个性比智商更重要。

这是一个很有意思的结论，它对商人很重要，对教育家和专业人员也十分重要，对演讲者当然更是十分重要。

除了事前的充分准备之外，个性可能是演讲中最重要的因素了。著名演讲家艾伯特·霍巴德曾说："演讲中能获得听众信任的因素，是演讲的态度，而不是演讲稿的词句。"准确一点说，应该是态度加上观念。但个性是一种模糊而捉摸不定的东西，它就像紫罗兰的香气，即使是最出色的分析家也无法把握。它是一个人的素质的总和，包括肉体、精神、心理上的；它又是一个人的遗传、嗜好、倾向、气质、思想、精力、经验、训练，以及全部生活的综合体。它就像爱因斯坦的相对论那样复杂，同样也只有少数人了解它。

个性由遗传和环境决定，一旦形成就很难改变。但我们可以强化它，使它变得更有力量，更富有吸引力。无论如何，我们都应该更好地努力利用大自然赐给我们的这奇异的东西，这对我们每个人都很重要。因此，尽管改善个性的可能性很小，但仍有必要谈论它。

一、保证充足的休息

如果你希望演讲时有最好的发挥，必须做好充足的休息。无论如何，一个疲倦的演讲者是不会吸引听众的。千万别犯这种最常见的错误：把准备和计划工作一直拖延到最后一分钟，才匆匆忙忙地去做，企图找回失去的时间。如果这样做，只会拖累身体，导致大脑疲乏。这是可怕的事情，它只会削弱你的活力，让你的大脑与神经变得同样脆弱。

假设你必须在4点钟向某委员会发表一次重要的演讲，你就应该先吃一顿午餐，如果时间允许的话，还可以小睡几分钟，以恢复精力。休息正是你需要的，不论是精神上或肉体上都需要。

吉尔拉廷·法拉常常会让她的新朋友大吃一惊，因为她晚上总是很早就向他们告退去睡觉，而让他们和她的丈夫继续聊天。这是因为她的艺术工作的需要。

诺迪卡夫人也说，她当上了歌剧第一女主角之后，必须放弃她所喜爱的一切，例如社交、朋友、诱人的美食。

发表重要演讲之前，还要注意不能吃得太饱，要向那些圣徒学习，稍稍吃一点。

例如，亨利·比切尔在每周日下午5点时，只吃一些饼干，喝杯牛奶，不再吃其他东西。

默芭夫人说："如果我准备在晚上演唱，就不吃午餐，只在下午5点吃一些鸡肉，或一些鱼肉，或是一小份甜面包，一个苹果和一杯水。所以每次从歌剧院或音乐会回家后，我都发现自己饿得快不行了。"

默芭夫人和比切尔的做法很明智。本来我也是不了解这一点的，直到我有机会到处演讲，才明白其中的道理。最初，我常常是吃完一顿丰盛的大餐之后发表两个小时的演讲，但是经验告诉我，当你咽下大量的酒和汤，以及牛排、炸薯片和沙拉、蔬菜、甜点之后，再连续站上一两个小时，那么你不但不能达到身体的最佳状态，演讲时也不能尽情地发挥，因为本来应该输送到大脑中的血液，全都集中到胃里去消化你的食物了。

著名音乐家帕德列夫斯基说得对，如果在演奏前随心所欲地大吃大喝一顿，那么他的兽性就会占据上风，甚至还会渗透到指尖，从而破坏他的演奏。

二、衣着和态度得体

一位担任某大学校长的心理学家曾进行过一次大型的调查活动：服装会对人们产生什么影响？

被调查者几乎无一例外地表示，当他们穿戴整齐、全身上下一尘不染时，他们会清楚地感觉到自己很整洁，并让自己信心大增，自尊心也随之增强。当人们的外表显得成功时，他们的思想也容易倾向成功，事实上也更容易达到成功。这种情况很难解释清楚，但它确实存在，这就是服饰对人的心理的影响。

演讲者的服饰会对听众产生什么影响呢？我曾注意到一些有趣的现象，如果演讲者是位不修边幅的男士，比如他穿着宽宽松松的裤子、变形的外衣和鞋子，一支自来水笔和铅笔露在口袋外面，一张报纸、一个烟斗或一盒纸烟把西裤的外侧塞得鼓出来；或者一位女士带着一个丑陋的大手提包，衬裙又露在外面——那么听众们对这样的演讲者根本不会有信心，他们会认为这样的演讲者头脑也一定是乱七八糟的，就像他蓬乱的头发、没有擦干净的皮鞋，或是鼓得变了形的手提包。

当李将军代表他的军队，前往阿波麦托克斯向北方军队投降时，他整整齐齐地穿了一套新制服，腰上还系了一把珍稀的宝剑。而格兰特将军既没有穿外套，也没有佩剑，只是穿了一身士兵的衬衫和长裤。

格兰特将军后来回忆说："相比之下，我一定是个十分怪异的家伙，而对方却是一位衣着得体的男士，他身高2米，服饰整齐。"没有在这个历史性场合穿上合适的服饰，竟然成了格兰特将军一生中最大的遗憾。

华盛顿农业部一家实验农场中养了几百箱蜜蜂。每一个蜂巢上都装了一面很大的放大镜，只要按下按钮，蜂巢就被电灯照得通明，这些蜜蜂任何时候的一举一动都可以被仔细地观察到。演讲者的情况也与此相似：被安置在放大镜下，被聚光灯照射，所有的眼睛都看着他。在这种情况下，他外表哪怕是最微小的不协调，也立刻会被人们看出来。

几年前，我为《美国杂志》撰写纽约一位银行家的生平。我请了这位银行家的一位朋友讲述他成功的原因。这位银行家的朋友说，他成功的最大原因，是他那迷人的微笑。

乍听上去，这不免太夸张了，但我相信这是真的。比这位银行家拥有更丰富的经验、具有更为敏锐的判断力的人，可能有几十个甚至上百个，但这位银行家拥有那些人所没有的额外资产——最随和的个性，而他那温和的、受人欢迎的微笑，就是其中最大的特色之一。他能立即赢得别人的信心，立刻博取别人的好感。我们都愿意看到他获得成功，而且非常愿意支持他，不是吗？

中国不是有一句俗语叫"和气生财"吗？在听众面前展露的笑容，不也和柜台后面的笑容那样受人欢迎吗？这令我想起了我的一位学员。每次当他站起来时，全身会散发出一种气息，好像在说他很高兴能来这儿，并且很喜欢他即将开始的演讲。他总是面带微笑，表现出十分高兴见到我们的样子。因此，听众很快感受到了他的亲切，所以他们对他也表示出热情的欢迎。

但我经常看到的却是另一幅景象：演讲者冷淡地、用做作的姿态走出来，仿佛他很讨厌这次演讲，若是能快一点结束，他将会感谢上帝。当然，听众很快也会产生同样的感觉，要知道这种态度是很有感染力的。

奥弗斯特里特教授在《有影响力的人类行为》一书中就写道：

"喜欢可以产生喜欢。如果我们对我们的听众感兴趣，听众也会对我们产生兴趣。但如果我们不喜欢台下的听众，他们不论是从外表还是内心，都会对我们表示厌恶。如果我们表现得胆怯而慌乱，他们也会对我们缺乏信心。如果我们表现得像个无赖，大吹胡侃，听众们也会表现出一种自我保护的自大情绪来。因此，常常是我们还没有开口说话，听众就已经对我们的好坏做出了评判。我有充分的理由说明，我们必须明白，我们的态度一定会引起听众强烈的反应。"

三、加强感染力

我经常在下午对那些稀稀落落地坐在大厅里的听众发表演讲，也经常在晚上去拥挤的小房间里为一大群人演讲。同样一个笑话，晚上的听众会开心地哈哈大笑，但是下午的听众只会露出浅浅的微笑；晚上的听众对每一段演讲都会热烈地鼓掌，而下午的听众们却毫无反应。这是为什么？

原因很多，但其中有一点必须清楚，下午的听众大多是年老的妇女或小孩子，他们的反应当然比不上晚上那些精力充沛而且有很高的辨别能力的听众。

事实上，另一个重要的原因是，当听众分散开时，他们就不容易被感动——广阔的空间、听众与听众之中的空椅子是最容易浇熄听众热情之火的。

因此，要注意加强对听众的感染力。亨利·比切尔在耶鲁大学发表关于布道的演讲时说：

"人们经常问我：'你是不是认为，向一大群人发表演讲，比向一小群人演讲更有意思？'我说不是。我可以对12个人发表精彩的演讲，和面对1000个人一样精彩，只要这12个人能紧密地围绕在我的身边，彼此紧挨着身子。相反，如果1000个人分散开来，两人之间相隔一米远，那跟在空无一人的房子里演讲一样糟糕……必须把你的听众紧紧地聚集在一起，那你只需花一半的精力，就能打动他们。"

当一个人置身于大众之间的时候，容易失去自我，成为大众的一分子，比单独一个人更容易受到影响。他会和其他人一起开怀大笑，热烈鼓掌。但如果他只是五六个听众中的一个，虽然你说的是同样的内容，他也会无动于衷。

当人们成为一个整体时，你可以很容易地让他们产生反应；相反，要让一个人做出反应，则是比较困难的事。例如，男人们在战场上一定会做出最危险而且最不顾后果的行动——他们希望大家聚成一团。在第一次世界大战期间，德国士兵上战场时，就彼此握住同伴的手紧紧不放。

大众！大众！大众！这是一种最奇特的现象。所有大规模的运动和社会改革，都必须通过民众的协助才能开展。对此，有一本极为有趣的著作，就是艾佛特·狄恩·马丁所写的《大众行为》。

如果你要向一小群人演讲，应该找一个小房间。把听众塞进一个狭小的空间，一定会比让他们分散在宽广的大厅里效果更好。

如果你的听众坐得很散，一定要把他们都请到前排来，让他们坐在靠近你的位子上。一定要让他们这么做以后，才开始你的演讲。

除非听众的确很多，而且也真的需要到讲台上去，否则不要这样做。你应该和他们站在一起，或者就站在他们身边。要勇于打破常规，和听众打成一片，让你的演讲和日常谈话一样。

四、保持演讲场所的环境整洁

首先要保持场所空气的新鲜。在演讲过程中，氧气是很重要的东西。不论是多么动人的演讲，或者音乐厅里的女高音多么迷人，都无法让身处恶劣空气中的听众保持清醒。如果我是演讲者，在开始演讲之前，我总是会请听众们站起来，休息两分钟，同时把窗户全部打开。

在过去 14 年，詹姆斯·庞德少校在美国和加拿大各地旅行，担任亨利·比切尔的经纪人。当时，这位著名的布鲁克林传道者正大受欢迎。庞德经常在信徒到来之前，察看比切尔传道的地点，认真检查灯光、座位、温度和通风情况。庞德是一位退伍的陆军军官，他很喜欢运用权威，喜欢大喊大叫。如果传道场所温度太高，空气不流通，而他又打不开窗子的话，他就会拿起书，把窗户玻璃砸得粉碎。他认为："对于一位传道者来说，除了上帝的恩典之外，最好的东西就是氧气。"

灯光也是影响演讲成功的另一个重要因素。除非你打算在听众面前表演招魂术，否则应该尽可能地让房间光线充足。要想在一个昏暗的房间里激起听众的热烈情绪，那简直是太困难了。

如果你看过著名制片商比拉斯科关于舞台表演的著作，你就会发现，一般的演讲者对于灯光的重要性，简直没有一点儿概念。

要让灯光照射在你的脸上，因为人们希望能看清楚你。要让你脸上一点点微妙的变化也要展现出来，这是自我表现的一部分，也是最真实的一部分。这种展现有时甚至比你的言语更能表达你自己。如果你站在灯光的正下方，你的脸上会有阴影；如果你让灯光从后面照过来，你的脸也一定会藏在阴影中。所以，在演讲之前，要先找一个光线最佳的地点，将自己完全展现给听众。

记住，也不要躲在桌子后面，因为听众同样希望看到演讲者的全身。他们甚至会从座位上探出头来，把你整个人看个清清楚楚。

好心的主持人一定会替你预备一张桌子、一个水壶和一个水杯。但是你不能要那水壶和杯子，这只是一些放在讲台上的毫无用处而且又难看的废物。如果你的喉咙很干，不妨先找一片柠檬含在口中，让你的唾液流出来，而且比尼亚加拉瀑布还会多。

百老汇大街上各种品牌的汽车展览厅都布置得十分漂亮、整洁、干净、令人赏心悦目。法国巴黎名牌香水和珠宝店的办公室，也全都是那么高雅豪华。为什么要这样布置呢？因为这些都是高档商品，顾客看到这些展览厅布置得如此美丽，就会对这些商品更为动心，更有信心，也更羡慕。

同样的道理，一位演讲者也应该有令人赏心悦目的背景。我认为最理想的布置，应该是完全不用家具，演讲者的后面也不能有任何吸引听众注意力的东西，连两边也不能有。也就是说，除了一幅深蓝色的天鹅绒幕布之外，什么东西都不要布置。

但是，一般演讲者的背后常常都有些什么东西呢？如地图、图表，也许还有积满灰尘的椅子。这会产生什么效果？只会产生粗俗、凌乱而不协调的气氛。你一定要把这些没用的东西全部清除掉。

亨利·比切尔说："演讲中最重要的是人！"

如果你是演讲者，一定要很突出地表现出你自己，就像少女峰白雪皑皑的峰顶与瑞士那蔚蓝色的天空相互辉映那样显眼。

有一次，我在加拿大安大略省的兰登市旅游，正好碰到加拿大总理在当地演讲。他演讲的时候，有一个工人正手持一根长木棒，从这个窗户走到另一个窗户，将它们一一调整好。结果，听众几乎全都忘记了台上的演讲者，反而专心致志地看着那位工人，仿佛他正在表演魔术。

不管是听众还是观众，他们都会忍不住去看那些运动的物体。演讲者只要能够记住这一真理，那么他就能避免一些不必要的困扰和烦恼。因此，有必要记住以下建议：

第一，克制自己，不要玩弄手指、拉扯衣服，或做一些削减听众注意力的小动作。

我记得曾有一位很出名的纽约演讲家，他演讲时不停地用手玩弄讲台上的桌布，结果听众们全都专心地望着他的手，足足有半个小时。

第二，如果可能的话，演讲者应该适当调整听众的座位，使他们不至于看到迟到的听众进来，这样可以防止他们分散注意力。

第三，不要安排贵宾坐在演讲台上。

几年前，雷蒙·罗宾斯在布鲁克林发表一系列演讲，他邀请我和另外几位贵宾一起坐在台上。但是我拒绝了，因为这样做对演讲者没有任何好处。事实也真的是这样：在第一天晚上，我就注意到有好几位贵宾移动身子，不时地把一条腿放到另一条大腿上，然后又放下来；他们只要有任何人稍微移动一下，听众的注意力就会从演讲者身上移到这位贵宾身上。第二天，我把这一种情形告诉了罗宾斯先生。在接下来的几个晚上，他就很聪明地一个人单独站在台上了。

比拉斯科先生不允许舞台上放红色的鲜花，他认为这样会吸引听众太多的注意力。那么，演讲者又怎么能允许在他演讲时，让另一位动个不停的人面对观众坐着？绝对不应该这样做，只要他稍微聪明一点的话。

五、保持良好的姿态

在演讲之前，不要面对听众坐着。应该以崭新的姿态进入会场，这可比听众眼前的老形象要好许多。

如果必须先坐下来，那么就要十分注意坐姿。你一定看过别人四处张望找空位子的情形，那非常像一只猎犬在找一处躺下来过夜的地方。他们会四处张望，发现一张椅子，就加快脚步跑上前去，然后像一个大沙袋一样，把自己的身体猛地砸进椅子里。

懂得坐的艺术的人，会先用脚背碰一下椅子，然后由头部到臀部保持直立的姿势，以优美的姿态缓缓坐下。

我们在前面说过，不要玩弄衣服或首饰，因为这会分散听众的注意力。另外还有一个原因，这样做会给人一种缺乏自我控制的印象。任何不应有的动作只会减弱听众对你的注意力，哪怕是很微小的动作也会吸引听众的注意力。所以，必须以静止的状态站着，控制好你的身体，这样将有利于听众对你产生信任和可靠的感觉。

当你准备站起来开始演讲时，不要急急忙忙开口，这正是业余演讲家的通病。要先深深地吸一口气，直视听众大约一分钟；如果听众中间有嘈杂声或骚动，要停下来，等到一切平静为止。

挺起你的胸膛。不要等到面对听众时才这样准备。为什么不每天做这样的练习呢？这样，当你站在听众面前时，就会很自然地挺起你的胸膛。

罗瑟·古利克在他的《高效率的生活》中说："在10个人中，也找不到一个能让自己保持最佳姿态的人……你一定要把自己的脖子紧紧贴住衣领。"

他建议人们每天都做这种练习："缓慢而平稳地吸气，但要尽量用力；同时，把你的颈部紧紧贴住衣领。即使是很夸张的动作，也不会有害。这样做的目的，是让两肩之间的背部能挺直，同时使胸部加厚。"

站直以后，双手应该如何放呢？最好是忘掉它们。如果它们能够很自然地下垂在身体两侧，那是最理想不过的。如果你觉得它们像一大串香蕉，就不要指望听众不去注意它们，或者自以为听众不会对它们有兴趣。双手只有轻松地下垂在身体的两侧，才不会引起听众注意。即使是最吹毛求疵的人，也不能批评这种姿势。当然，在需要时，它们还应该能自然地做出各种强调的手势。

但是，假如你很紧张，而把它们放在背后，或插入口袋中，或放在桌子上，这样能够减少你的紧张情绪的话，那该怎么办呢？这时，你要运用你的常识进行判断。我听过当今许多著名演讲家的演讲。他们在演讲时，也会偶尔把手插入口袋中，如布莱安会这样，德普会这样，罗斯福总统有时也会这样。即使像英国政治家狄斯累利这样注重仪表的绅士，有时也会向这种诱惑力投降。

不过，这并不是什么大不了的事，上天不会因此而塌下来。如果一个人准备好了有价值的题目，而且很有说服力地说了出来，那么，他究竟怎样放他的双手或双脚，就是小事一桩了。只要他的头脑充实，内心热情澎湃，那么，这些次要的细节一般都可以自然而然地解决。毕竟，演讲中最重要的是内容，而不是手或脚的姿势问题。

但是，许多大学上演讲课时，对姿势尤其注重。我认为这种课对学生不仅毫无用处，而且观念错误，非常有害。因为这种课程没有教会学生给演讲注入生命的活力，它只会让人感到像一架打字机一样机械，像隔年的鸟巢一样毫无生气，更像一部电视闹剧那样荒谬。

有一次，我看到20个人同时演示学校教的这些方法。他们做着完全相同的手势，显得那样荒谬可笑、做作。其实，你若想学会有用的姿势，只能自己去揣摩，从自己的内心出发，并根据自己的思想和兴趣来培养。唯一有价值的手势，就是你天生就会的那一种——一盎司的本能比一吨的规则更有价值。

手势完全不同于晚宴服装这种可以随意穿上或脱下的东西，它是内在情况的外在表现，如同亲吻、腹痛、大笑或晕船一样。一个人的手势，就像他的牙刷，是专属于他个人使用的东西。每个人都不相同，只要顺其自然，每个人的手势也可以各不相同。

不要让两个人训练完全相同的手势。你们可以想象一下，假如个子修长、动作笨拙、思维缓慢的林肯使用的手势，和说话快捷、身材矮胖，而且温文儒雅的道格拉斯使用的手势完全相同，那是多么的荒谬可笑啊！

曾经和林肯同行并为他写传记的柯恩登律师说："林肯做手势的次数，没有他用脑袋做姿势的次数多，他会经常用力地甩动头部。当他想强调他的某个观点时，这种动作尤其明显。有时候，这个动作会猛然打住，仿佛火花飞溅到了易燃物上。他从来不像其他演讲者那样猛挥手势，仿佛要把空气和空间切成碎片……随着演讲的进行，他的动作会越来越自由自在，最后渐臻完美。他拥有完全的自然感和强烈的特征，他也因此显得尊严高贵。他看不起虚荣、炫耀、做作与虚伪……当他把观点撒播在听众脑海中时，他右手的瘦长手指包含了一个极富意义而又特加强调的世界。有时为了表示喜悦与欢乐，他会高举双手，大约成50度角，手掌向上，仿佛要拥抱那种情绪。如果他想表现厌恶——例如奴隶制度——他就会高举双臂，紧握双拳，在空中挥舞，表现出真正崇高的憎恶感。这是他最富有效果的手势之一，表现了他最坚定的决心，显示了他决心把他所痛恨的东西拉扯下来，投进灰烬中。他总是站得很规矩，两脚脚尖在同一条线上，不会把某只脚放在另一只脚之前。他绝不会扶住或靠在任何东西上。在整个演讲过程中，他的姿势和神态只有少许的变化。他绝不会乱喊乱叫，也不会在台上来回走动。为了使双臂能够轻松一点，他有时也会用左手抓住外衣的衣领，拇指向上，只用右手自由地做出各种手势。"

这就是林肯的方法。著名雕塑家圣·高登斯就根据他这种姿态，雕成了一座雕像，立在芝加哥的林肯公园内。

罗斯福总统则比林肯更有活力、更富激情，也更积极。他的脸孔因为充满感情而显得生气蓬勃。他握紧拳头，使整个身体成为他表达内心感情的工具。

政治家布莱安会经常伸出一只手，把手掌张开。

格累斯顿则经常用手拍桌子，或是用脚踩踏地板，发出很大的声响。

罗斯伯利则习惯高举右臂，然后用巨大的力量猛然下挥……

不过，这些动作先要求演讲者的思想和信念必须有相当的力量，才能使演讲者的姿势强劲有力，而且出于自然。

自然……有活力……这才是行动的最佳表现。英国政治家伯克的手势非常地笨拙而不自然。英国著名演讲家皮特总是用手在空中乱划，像个笨拙的小丑。亨利·欧文爵士是个跛脚，他的行动怪异。马科雷爵士在讲台上的行为，也令人不敢恭维。划时代的拉登也是这样，巴尼尔也一样。

对此，已故的库尔森爵士曾评论说："答案显然是，伟大的演讲家有他们自己独特的手势。虽然伟大的演讲家一定要有漂亮的外表和优雅的姿态，但如果演讲者碰巧生得很丑，而且行动又笨拙，那也没有太大的关系。"

多年前，我听过著名的吉普西·史密斯传道。他的演讲曾使几千人信奉了耶稣，我非常佩服他。他也使用手势，而且用得很多，但不至于让人感到有任何不自然。这才是最理想的方式。只要你练习运用这些原则，你就会发现，你也是在用这样的方式来作出你的手势。我无法举出任何硬性的法则，这一切完全取决于演讲者的气质，取决于准备的情况，取决于他的热忱、他的个性，以及演讲者的主题、听众和会场的情况。

不过，下面还有一些建议，对你会大有帮助：

不要重复使用一种手势，那将会让人产生枯燥单调的感觉；

不要使用肘部做短促而急速的动作，由肩部发出的动作在讲台上看起来要好得多；

手势不要结束得太快，如果你习惯用食指强调你的想法，那么在整个句子中一定要维持那个手势。

一般人都会忽略这些，这是很普遍却很严重的错误。它会削弱你所强调的力度，使一些不重要的事情反而变得仿佛很重要，而使真正的要点却显得不重要了。

总之，当你在听众面前进行演讲时，只使用那些发乎自然的手势。当你演讲时，你自己内心当中的冲动和欲望才是最值得信任的，比任何教授所能给你的任何指导都更有价值。

如果你忘记我们对手势的一切说明，而你又要上台演讲，请记住这一点：如果一个人非常专注地思考他的演讲题目，急于把他的观点表达出来，以至于忘掉了自己的存在，使他的谈话举止都出于自然，那么他的手势及表达方式将不会受到人们的批评。

附：戴高乐反战演说

夏尔·戴高乐是法兰西第五共和国总统，也是法国现代历史上著名的反法西斯英雄，同时还是一位著名的演说家。1940 年 6 月 18 日，当法国的贝当元帅向希特勒投降的第二天，戴高乐就在英国伦敦的布什大厦播音室向法国人民发表了下面这篇著名的演说。

那些位居军界要职多年的将军组成了一个政府，它以军队打败仗为由同敌人进行了接触，意在谋取停战。

毫无疑问，我们的确是打了败仗，被敌人的陆军、空军机械化部队围困了。我们之所以受挫，不仅是因为德军人数众多，更重要的是他们的飞机、坦克和战略。正是这些使得我们的将军束手无策，导致了今天的困境。

但是，难道时局已定，胜利无望了吗？不，绝非如此！

请相信我，因为我对自己说的话完全有把握。我要告诉你们，法兰西并没有失败。我们完全可以以其人之道，还治其人之身，并在将来扭转局面，取得胜利。

因为法兰西并不孤立。她并不是在孤军作战！她绝不孤立！她有幅员辽阔的帝国为后盾，可以和控制着海域并继续战斗着的不列颠帝国结成同盟。她也可以像英国那样，从美国那里获得雄厚工业力量取之不尽、用之不竭的资源。

这场战争并非仅局限于我们这块不幸的土地，战争的胜负也并非仅取决于法国战场的局势。这是一场世界大战。所有的过失、延误和磨难都改变不了一个事实——世界上仍然有许多能够最终置敌人于死地的妙计。我们今天虽然受挫于敌军的机械化部队，但我们将来却可以用更高级的机械化部队制胜。世界的命运也正有赖于此。

我，戴高乐将军，现在在伦敦向法国的官兵发出号召：无论你们何时踏上英国的土地，无论你们是否持有武器，请都和我联系；具有制造武器技能的工程师和技术工人，无论你们何时踏上英国的土地，请都和我联系。

无论时局如何变幻，法兰西的抗战烽火都不会被扑灭，法兰西的抗战烽火也绝不可能被扑灭。

　　明天，我还会像今天一样，继续在伦敦发表广播演讲。

　　戴高乐这篇充满爱国主义的演讲言简意赅，富有激情，饱含着必胜的信心。在法国贝当政府向德国法西斯投降之际，戴高乐高举斗争的旗帜，领导法国人民开展抵抗运动，给陷入困境的法国人民带来了光明，使他们重新燃起了希望。因此，这篇演讲也理所当然地成为战时法国抵抗运动的动员令和号召书，并使戴高乐成为法国人民心目中的复国英雄。

第五篇

接受成功演讲的挑战

在这一部分，我们会介绍每一种演讲类型的规则和技巧，包括从社交谈话到正式当众演讲。

如果你现在要准备外出演讲，可能会碰到两种情况中的一种：向听众介绍另一位演讲者，或者自己发表长篇演讲。为此，我们各用一章来讲介绍词和长篇演讲。

最后一章再次强调，书中的法则不仅对当众演讲，而且在各种日常讲话中也十分有用。

第14章　介绍演讲者、颁奖和领奖

● 卡耐基成功金言 ●

恰当的介绍词可以让演讲者和听众相会在一起，营造一种友好的气氛，在演讲者和听众之间建立起兴趣和沟通的桥梁。

如果一个演讲者想对听众幽默诙谐一番，却先面对听众拍着胸脯说，他们听了他的演讲保证会乐不可支，会在走道上滚来滚去，那他将彻底完蛋了。

演讲最重要的是真诚。然而，有些演讲者却不了解这一点，他们也因此而失去了个人的魅力，失去了听众，使自己沦为一个不受听众欢迎的人。

演讲时，一定要出自你的真心诚意，因为你所处的社交场合，需要最高超的技巧和策略。

当你被邀请当众发言时，你可以推荐另一个人，或者自己做一番介绍，以便向听众说明情况，取悦或者令他们信服。假如你是民间组织的节目主持人，或者某妇女俱乐部的成员，你就面临着介绍下次会议主讲人的任务。或许，你有机会在当地的家庭教师协会、销售小组、同盟会或政治组织中发表演讲。在第十三章，我将给你们一些准备长篇演讲的提示。本章旨在帮助你们如何准备介绍词。我也会提供一些有关颁奖和领奖的实用性建议。

约翰·梅森·布朗是作家和演讲家。他生动的演讲赢得了全国各地的听众。一天晚上，他和一名主持人交谈。

"别为你的演讲担心，"主持人对布朗先生说，"放松点，我认为演讲不用准备。不用，准备没什么用。只会破坏美感，扼杀好的氛围。我只期望临场发挥——从没出过纰漏。"

这番安抚之词让布朗先生期待主持人会有一个精彩的介绍，他在《积习难改》这本书中这样回忆。但是，这位主持人站起来介绍时，却这样说：

"先生们，能请您注意一下吗？今晚我们有个坏消息要告诉大家。我们原打算邀请艾萨克·马克森先生为大家演讲，但是他因病不能来了。（鼓掌）后来我们又邀请伯莱维基议员……但是他也很忙。（鼓掌）最后我们邀请堪萨斯州的劳埃德·葛罗根博士也未成功。（鼓掌）所以，在不得已的情况下，我们

只能请——约翰·梅森·布朗。"（沉默）

布朗先生回忆这次遭遇时，只说："至少我的朋友，那位灵感家，把我的名字念得一字不差。"

你肯定能看明白，这位坚信自己的灵感可以应付一切的主持人，如果稍加准备一下，是不可能会弄得这么糟的。他的介绍词已经背离了对待演讲者和听众的职责。尽管主持人的这类职责不多，却很重要。令人不解的是，有那么多节目主持人都没有意识到这一点。

介绍词的作用与交际介绍一样。它把演讲者和听众联系在一起，为的是建立良好的气氛，让彼此发生兴趣。认为"你不必说什么，只要介绍演讲者就足矣"的人，是不成熟的。没有哪种演讲比介绍词更容易被搞砸，或许正是因为它不被许多主持人重视的缘故。

介绍——这个词由两个拉丁字组成。intro 表示内部，ducere 表示领导，意思应该是：带领我们充分深入事物的内部，听听要讨论的内容。它应该引领我们深入了解演讲者，并认为他足以胜任探讨这个特别的话题。换句话说，介绍应该是向听众"推销"演讲主题和演讲者。它应该以最简明的语言来介绍。

那就是介绍词所要做的。但是做到了吗？十有八九没做到——真的没做到。大多数介绍词都很平庸、不堪一击、更不充分。该做的他们没有做到。如果主持人意识到自己任务的重要性，并立即给予更正，他很快就会成为广受欢迎的典礼和仪式的主持人。

下面是一些建议，可以帮你较好地组织介绍词。

一、做好充分准备

即使介绍词很简短，甚至不到一分钟，也应该好好准备。首先，必须收集事实。这些事实可以围绕三点：演讲的题目、演讲者对该话题的资历及演讲者的姓名。有时再加上第四点——为什么演讲的题目特别有趣。

你一定要知道确切的演讲主题，以及演讲者对该主题的发挥。最尴尬的事情莫过于演讲者对主持人的介绍有异议，认为其中有与他立场不一致的地方。这种情况是可以避免的，只要主持人确切知道演讲者的主题是什么，且不妄加猜测。但是主持人的职责要求准确把握演讲主题，并指出它是听众感兴趣的话题。如果可能的话，尽量直接从演讲者那里获取信息。如果需要依靠第三方的帮助，节目主持人就应该在演讲开始之前，努力收集书面资料，并与演讲者进行核实。

但是，你准备最多的内容应该是演讲者的资历。如果演讲者是享誉全国或者当地知名的人物，你可以从名人录或者出色人物中获取准确的信息。如果他是当地的名人，你可以求助他的公众关系和单位的人事部门，也可以拜访他的好友或家人进行求证，主要目的是让你的信息准确。演讲者的亲朋好友一定会很乐意给你提供资料的。

当然，介绍得过多也会令人讨厌，尤其是没必要详细介绍演讲者所获得的各种学历。比如，如果已经介绍一个人是哲学博士，又说他获得了学士和硕士学位是多余的。同理，最好是介绍他最高和最近的职位，而不是说出他大学毕业后的各种职务。最重要的是，不能忽略他最杰出的成就，无关紧要的部分则可以省去。

例如，我曾经听过一位著名的演讲家——此人本应该更著名的——介绍爱尔兰诗人 W. B. 叶慈。叶慈准备朗诵一首自己的诗歌。三年前，他获得了诺贝尔文学奖，这是授予文艺工作者的最高荣誉。我相信，只有不到10%的人知道这个奖项及其意义。但是无论如何，应该值得一提。即使别的内容不说，这些也应该说出来。但是主持人做了什么呢？他完全忽略了这些，而是去谈论神话和希腊诗歌。

最重要的是，牢记演讲者的姓名，当即熟悉它的发音。约翰·梅森·布朗说，他曾被人介绍成约翰·布朗·梅森，甚至约翰·史密斯·梅森。加拿大著名的幽默大师斯蒂芬·里柯克在他那篇轻快的散文《我们相聚在今晚》中，提到了一位主持人对他的介绍：

"在座的各位都热情地期待里罗德先生的大驾光临。通过他的书，我们似乎已经将他当作老朋友了。事实上，我可以毫不夸张地说，里罗德先生的大名在本市是家喻户晓。我非常非常荣幸地向大家介绍——里罗德先生。"

收集信息的主要目的应该明确，因为只有明确，才能达到介绍的目的——提高听众的注意力，使之接受下面的演讲。主持人如果准备欠佳，常常会发生下面这样含糊不清、令人昏昏欲睡的情况：

"演讲者是这个论题公认的权威。我们都想聆听他的高见，因为他来自一个——一个遥远的地方。这让我很想一睹风采，现在有请——哦，这位——布兰克先生。"

只要稍加准备，我们就能避免这类介绍给演讲者和听众双方造成的不良印象。

二、采用 T - I - S 模式

对大多数介绍词来说，T－I－S格式是一个很好的提纲，可以用来组织收集的资料：

T 表示主题。介绍词的开头要说出准确的演讲主题。

I 表示重要性。在这一部分，要建立起演讲主题和听众兴趣之间的桥梁。

S 表示演讲者。需要列举演讲者突出的资历，特别是那些与主题相关的部分。最后准确清楚地说出他的姓名。

这种格式提供了许多供你发挥想象的空间。介绍词未必是一成不变的。下面用一个例子说明，采用这种格式，而又全然不落俗套。下面是纽约市的一名编辑霍默·卓恩向一群新闻工作者介绍纽约电话公司总裁乔治·韦伯先生的例子：

我们演讲者这次的题目是"电话为你服务。"

对我而言，世界上像爱情、赌马者的执著一样最神秘的事情之一，就是打电话时发生的神秘事件。

为什么你会拨错号？为什么有时拨通纽约到芝加哥的电话比一山之隔的两个镇还要快？我们的演讲者知道这些答案，也能解答其他电话方面的问题。20 多年来，这一直是他的工作：整理各种电话资料，让用户了解电话中的问题。现在他因工作出色而成为一家电话公司的总裁。

他将会介绍他们公司为我们服务的方法。如果大家对电话服务感到满意，就请把他当作一位仁慈的圣徒吧。如果你最近为电话而烦心，就让他做一个辩解人。

女士们、先生们，这位就是纽约电话公司的副总裁，乔治·韦伯先生。

可以看出，主持人多么巧妙地让听众想到了电话。通过提问，他燃起了听众的好奇心，然后指出演讲者将会回答这些问题，以及他们想知道的所有问题。

我不认为这份介绍词是事先写好了记住的。或者即使是在纸上写好的，它读起来也那么熟练自然。介绍词不应该死记硬背。在一次晚会上，主持人介绍科妮莉亚·奥蒂斯·斯金纳时，把背的内容全忘了。于是她深吸了一口气，然后说："由于拜德上将要价过高，所以今晚，我们邀请了科妮莉亚·奥蒂斯·斯金纳小姐。"

介绍词应该是自发形成的，随即产生的，不受任何约束和局限。

前面引用过的介绍韦伯先生的例子，并没有"我荣幸地"、"我有幸为大家介绍"之类的陈词滥调。介绍演讲者的最好方式是说出他的姓名，或者说"我要介绍"后面加上他的姓名。

有一些主持人失败之处在于说得太多，让听众反感。另一些主持人则沉浸于高谈阔论之中，想让演讲者和听众留下深刻印象，证明自己的重要性。还有一些主持人会说些笑话，有的还很没品位，或者以幽默的方式来抬高或贬低演讲者的职业。所有这些做法都是极端错误的。如果主持人想要一个出色的介绍词，上面的错误就应该避免。

几年前，在介绍演讲者时，盛行过分追捧的风气。主持人会给演讲者增加许多光环。可怜的演讲者常常被过度的奉承弄得昏眩不堪。

密苏里州堪萨斯市著名的幽默大师汤姆·柯林斯曾告诉《主持人手册》的作者赫伯特·普洛克罗：

"如果一个演讲者希望幽默风趣，对听众许诺，他们不久就会大笑不止地前俯后仰，这是相当致命的。当主持人开始支支吾吾地提到威尔·罗杰斯时，你就知道还不如回家割脉自杀，因为你已经完蛋了。"

另外，也不要贬低演讲者。斯蒂芬·里柯克回忆起有一次他不得不对介绍词进行反击。那次介绍是以如下方式结尾的：

这是今年冬天我们举办的首次演讲。众所周知，上次一系列的演讲开展得并不成功。事实上，我们去年年底已经出现了赤字。所以本年度我们开始采用一套新的思路，邀请要价稍低的人来演讲。现在请让我介绍里柯克先生。

里柯克先生沮丧地评价说："打上了'廉价人才'的烙印，缓步来到听众面前，想想会是怎样的感觉。"

三、充满高度的热情

介绍演讲者时，表情和内容一样重要。你应该尽量表现得友善，愉快地进行介绍，而不必说出自己多么的高兴。如果你在介绍的过程中营造了热烈的气氛，那么最后你宣布演讲者姓名的时候，听众的期待会增加，也会给演讲者以更热烈的掌声。反过来，听众良好状态的表现，将有助于激励演讲者发挥最佳状态。

当你最后公布演讲者姓名时，切记要"停顿"、"中断"和"力度"。

停顿，指的是在说出姓名前，稍作沉默，这样可以增加听众的期待。

中断，指的是姓和名应该稍稍分隔，以便听众清楚地记住演讲者的姓名。

力度，指的是姓名应该着重有力地说出来。

还有一件事要注意：请你——我恳求——当你大声说出演讲者姓名时，不要转向他，而是应该面对听众，直到说出姓名的每一个音节，然后再转向演讲者。我见过无数的主持人，介绍词讲得十分精彩，却因转向演讲者而功败垂成。这样等于是只对演讲者宣布姓名，而让听众感到被彻底忽视了。

四、态度真诚

最后，必须要表现得出真诚。不要滥用贬低之词或者不诚实的幽默。夸夸其谈的介绍总是令许多听众产生误解。要表现真诚。因为你处于一个社交环境，需要最高水平的策略和技巧。你可能与演讲者很熟悉，但是听众不一定。你的一些评论，尽管是无心的，却可能会造成误解。

五、认真准备颁奖词

"已经证实，人类心里最深的渴望是被认可——得到荣誉！"

作家玛约莉·威尔逊在书中写到这一点，表达了一个普遍存在的感觉：我们都希望和平共处。我们渴望被人欣赏。别人的评论，哪怕只有一个字——更不要说是正式场合下颁发的奖品，会鬼使神差地让人飘飘然。

网球明星阿尔泰亚·吉普森，成功地把"人类心里最深的渴望"巧妙地选为她自传的标题。她称之为《我想做名人》。

当我们做颁奖祝词时，可以确定，此人一定是名人：他因努力而获得成功，他值得褒奖。颁奖词应当简明，但也要谨言慎行。对那些经常获奖的人来说，可能没什么，但对不这么幸运的人而言，这可能很重要，会铭记一辈子。

因此在颁奖时，我们应该注意用词。这里是一个长盛不衰的公式：

第一，说明为什么要颁奖。或者是因获奖者长期的服务，或者是赢得比赛，或者是一项重大的成就。简要地说明一下。

第二，说一些听众感兴趣的事情，如获奖者的生活和贡献。

第三，说明颁奖是多么有价值，大家对此人感到多么热切。

第四，祝贺获奖者，把每个人的祝愿转达给他。

对于这类演讲，没有什么比真诚更重要的。不用说，人人都知道这一点。所以如果被选来说颁奖词，那么和领奖人一样，也是很荣幸的。你的团队知道，你是值得信任的，能够完成这件费心费神的任务。这就要求你不能犯某些演讲者那样夸大其词的错误。

在这种场合下，很容易把获奖者的优点夸得言过其实。如果颁奖是值得的，我们必须说出来，但不应该过分吹嘘。过分赞美会让获奖者深感不安，也不能使了解实情的听众信服。

我们还应该避免夸大奖品本身的重要性。不要强调它自身的价值，应该着重于获奖者善意的感情。

六、答词的技巧

获奖感言应该比颁奖词要短。它不可能是预先背好的，但提前准备也很有好处。如果知道要领奖，听到要发表颁奖词后，我们就不会无所适从了。

只说些"谢谢"、"这是我一生中最幸福的日子"、"这是我有生以来最荣耀的事"之类的话，并不太好。和颁奖词一样，也存有夸大其词的危险。"最幸福的日子"和"最荣耀的事"太泛指了。如果用更加适中的词，可能会更好地表达心声。下面是一个参考模式：

第一，真诚地对大家"致谢"。

第二，把荣誉归功于帮助过你的人，你的团队、老板、朋友或者家庭。

第三，指明这个奖品或荣誉对你的意义。如果奖品是包起来的，当场打开并展示给大家。告诉听众它是多么有用，多么精致，以及你打算怎样用它。

第四，再说一些表示真诚感谢的话来结尾。

在本章，我们已经讨论了三种类型的演讲，每一种都可能在你的工作、组织或俱乐部中碰到。

我极力推荐，你在做这些演讲时，要认真遵循以上建议。在适当的场合说适当的话，你将会有满意的收效。

附：对杰罗德·温迪的介绍词

　　下面是一个遵从本章提出的 T－I－S 模式的例子，这是埃德加·L. 史纳迪在介绍著名科学家、教育家和编辑杰罗德·温迪时所采用的三段式，完全彰显了这一模式的个性。

　　请特别注意他使用的方法：

　　我们演讲者的题目《今日科学》是一个非常严肃的话题。它让我们想起了某个精神病患者的故事，他幻想自己体内有一只猫。因为无法证明这是错觉，心理学家只好给他进行模拟手术。等他从麻醉中苏醒过来后，医生给他看了一只黑猫，并告诉他麻烦解决了。他却回答说："很抱歉，医生，可是折磨我的那只猫是灰色的。"

　　今天的科学也是如此。你要抓的是一只叫 U－235 的猫，却抓来一群小猫，镎、钚、铀－233 或别的什么。就像芝加哥的冬天，这些元素都被一一击败了。古时候的炼金术士，也是最初的核能科学家，在临终前还苦苦哀求老天，多给一天时间去探寻宇宙间的秘密。现在的科学家创造了宇宙间许多原本不敢想象的秘密。

　　今天的演讲者，通晓当今科学的情况和未来发展趋势。他是芝加哥大学化学系的教授，宾夕法尼亚学院的院长，也是俄亥俄州哥伦布巴德尔工业研究所的所长。他一直是政府部门的科学顾问，更是编辑和作家。他出生在爱荷华州的达文波特，在哈佛大学获得专业学位。他参加了军工厂的培训，还曾经遍游欧洲。

　　演讲者是几个学科的许多教科书的作者和主编。他最著名的书是《未来世界的科学》，此书出版时，他正担任纽约世界博览会的科技部主任。作为《时代》、《生活》、《财富》和《时局》等杂志的顾问，他对科学新闻的诠释吸引了一大批读者。他的《原子时代》于 1945 年出版，正是原子弹轰炸日本广岛后的第 10 天。他的口头禅是"最好的就要来了"。我很自豪地介绍，各位也一定会高兴地听到，《科学画报》的主编——杰罗德·温迪博士。

　　在这篇介绍词中，介绍人提到了演讲者的一些关键性资历：

通晓当今科学的情况和未来发展趋势；

芝加哥大学化学系的教授；

政府部门的科学顾问；

编辑和作家；

在哈佛大学获得博士学位；

参加过军工厂的培训；

曾经遍游欧洲。

这样，就凸现了演讲者的权威性和地位，使听众对演讲者油然生出一种信任和敬佩。最后，介绍人才宣布演讲者的姓名，使听众的期待自然增加，并给演讲者以更热烈的掌声。

第15章 如何发表长篇演讲

● 卡耐基成功金言 ●

　　从开始出场和最后下台的表现来看，就可以知道一个人是不是好演员。其实，演讲也是这样，开头和结尾尤其重要，尤其值得重视。这是长时段演讲成功与否的关键。

　　我想用鲜红的大字将拿破仑的一句话写出来，挂在所有演讲培训班的门口："战争艺术是一门科学，未经计划思考，休想成功。"这一道理同样也适用于演讲。

　　成功之道，唯有用心思考，除此之外别无捷径。在演讲中，你的第一个句子就要引起听众的好奇心，然后他们就会对你感兴趣，并关注你的演讲。

　　明智的人绝不会不做计划就开始建房。但是为什么他在没有想好明确目的之时，就发表演讲呢？

　　演讲就好比有目标的航行，必须规划航线。一个从某处随意出发的人通常会毫无目标。

　　我想把拿破仑这句话铸成一尺高的大字，并染成火红的颜色，挂在世界上每个高效演讲班的门口——那就是"战术是一门科学，未经计划和思考就不会成功"。

　　演讲和射击一样。但是演讲者认识到这一点了吗？如果认识到，又是否会付诸行动呢？他们不会。许多演讲不过是一件小事，演讲者对它的计划和安排比一道爱尔兰炖菜多不了多少。

　　初学演讲的人，更是很少有事前做仔细计划的。演讲之前制订计划，需要时间、思考，更需要坚强的意志力。用大脑思考是一个痛苦的过程。

　　"发明大王"爱迪生就将雷诺德爵士的一段名言抄了下来，把它钉在工厂的墙上，这句话是：

　　"成功之道，唯有用心思考，除此之外，别无捷径。"

　　但是，那些没有经验的演讲者经常依赖所谓的"灵感"，结果发现自己在演讲时误入歧途，"一路上充满了各种陷阱和诱惑。"

　　已故的诺斯克里夫爵士，从一个薪水微薄的小职员干起，在经过长期不断的努力之后，终于成为英国最富有、最有影响力的报业公司老板。他说法国哲学家巴斯葛的一句话对他帮助最大，这句话就是：

"事先做好计划，就能领先。"

当你准备演讲的时候，也可以将这句话放在你的桌上，当作你的座右铭。也就是说，要提前想好演讲的方式，想好当听众的脑海还是一片空白，能够记住你说的每一个字时，你希望给听众留下什么样的印象，否则过后你就没有任何办法补救了。

怎样才是对既定题目最好、最有效的安排？只有经过研究才能了解。这是每一个演讲者必须反复问自己的一个既新而又永恒的问题。尽管我们不能给出一套完全正确的理论，但是，不管怎么样，我们还是能说出有关长篇演讲的三点注意事项：

开场要精彩，立即吸引听众注意力；

正文要避免造成不利于自己的注意力；

结论简短有力，突出主要论点。

经过长期实践探索，我发现，这三个阶段的每一个方面都有一些历久弥新的方法。

一、开场白要立即引起听众的注意

我曾经问过西北大学前任校长林恩·哈罗德·哈夫教授，以他长期的演讲经验，最重要的事情是什么？经过片刻的沉思，他回答说："要有一个引人入胜的开场白，可以立即吸引听众的注意。"哈夫教授揭开了所有说服性演讲的核心问题：如何从一开始就让听众把自己"交给"演讲者。

他在演讲中也的确是这样做的，对于每次演讲的开场白和结束语，他总会事先做好周密的计划。约翰·布莱特也是如此，格累斯顿也是这样，韦伯斯特、林肯更是如此。据我所知，几乎每一位具有常识和经验的演讲者都是这样做的。

例如，在第一次世界大战中，当威尔逊总统针对德国潜艇战发出最后通牒这种重大问题时，他在美国国会发表演讲，只用了短短的几十个字宣布主题，就立即把人们的注意力吸引到了这个问题上。

他说："我们的外交关系，现在已经出现了一种新的情况，我有义务向各位坦言相告。"

再比如史兹韦伯在纽约的费城协会发表演讲时，也直接谈到了他的演讲的核心问题："在当今美国人的脑海中，最重要的问题是——目前的经济衰退意味着什么？美国的前途将会如何？就我个人而言，我是一名乐观主义者……"

美国现金注册公司的销售经理向他手下的销售人员发表演讲时，也采用了同样的方式。他的引言只有三个句子，一听就懂，而且全都充满了活力与激情：

"争取到订单的员工，就是让我们工厂的烟囱不断冒烟的大功臣。在今年夏天已经过去的两个月中，我们的烟囱冒出来的黑烟还不够多，还不能把大片天空染黑。现在，酷热的天气已经过去，业务开始复苏，我们想向各位提出一个简短而急迫的要求——我们需要冒出更多的黑烟！"

下面列出一些方法，只要巧妙使用，就会对你的开场白大有裨益。

1. 以实例开始

要想让普通听众长时间忍受抽象的说明，这是很困难的，但是举例说明则很容易让他们听下去。既然如此，为什么不在一开始的时候就举例子呢？不过，我们发现很难说服演讲者这样去做，因为我们曾经尝试过。

这些人总认为，在演讲一开始的时候，必须先做一些一般性的声明。但事实上并非如此，你可以一开始就举出一个例子，引起听众的兴趣，然后再说出你的观点。

罗威尔·托马斯是一位誉满全球的新闻分析家、学者和电影制片人。在讲"阿拉伯的劳伦斯"时，他以下面这段话开场：

"一天，我走在耶路撒冷的基督街上。这时我碰到一个人，身穿东方皇族的华丽袍子。在他腰侧，别着一把金制的弯刀。这种刀只有先知穆罕默德的后裔才有……"

他以自己的亲身经历开场。那是吸引听众注意的话题。这类开场白通常是可行的，不会有什么问题。它鼓舞人心，引人入胜。我们之所以愿意继续听，是因为我们把自己看成是某个圈子的一分子，想知道接下去会发生什么事。我不知道还有什么方法比引用一个故事开场更有用。

我有一次演讲是这样开始的：

刚大学毕业时，一天晚上，我走在南达科他州的休伦街上，看见一名男子站在一只箱子上，对人群说些什么。我很好奇，所以也加入听众的行列。那人说："你们从没见过秃顶的印第安人吧？没见过秃顶的印第安妇女吧？现在，我告诉你们为什么……"

不用停顿，无须做预热的陈述。直接以说笑的方式引用故事，你就可以轻易地抓住听众的注意力。

演讲者以他亲身经历的故事开场是有效的。因为他不用挖空心思去琢磨说什么，也不用担心主题的丧失。他所阐述的是自己的经历，是生活中娱乐的一部分，是身体中的肌纤维。结果呢？自信而轻松的方式会让演讲者在听众中建立友好的基础。

2. 制造悬念

在费城的佩恩运动俱乐部时，鲍威尔·希利先生的演讲是这样开始的：

82 年前，伦敦出版了一本小册子，讲了一个故事。这个故事注定是要流芳百世的。许多人称它为"世界上最伟大的小书"。在它刚刚问世时，朋友们在斯特兰德大道或者帕玛街碰到时，总会问："你读过它吗？"回答总是千篇一律："是的，上帝保佑，我读了。"

出版的当天，它卖出了 1000 册。两周内，销售量达到 1.5 万册。此后，它又进行了无数次再版，并被译成各种语言。几年后，J. P. 摩根以巨额买下了原稿。现在，它安坐在他富丽堂皇的艺术长廊之中。

这本举世瞩目的书是什么？它是……

你有兴趣吗？你想知道更多吗？演讲者抓住了听众的注意力吗？你是否感觉这样的开场已经吸引了你的注意，增加了继续听下去的兴趣呢？为什么？因为它诱发了你的兴趣，让你产生了悬念。

好奇之心，谁没有呢？

或许你也一样！你会问此书的作者是谁？这是一本什么书？为了满足你的好奇心，把答案告诉你：作者是查尔斯·狄更斯，书名是《圣诞欢歌》。

我曾在树林中看到鸟儿在我身边飞了近一个小时，它们纯粹是因为好奇而不断地观察我。我还认识一位住在阿尔卑斯山上的猎人，他经常用一条床单裹住自己，缓慢地在地上爬动，用这种方法引起羚羊的好奇心，把它们吸引到他身边来。小狗也经常会好奇，小猫也是一样，包括著名的灵长类在内的所有动物也是这样。

因此，你演讲的第一个句子，就要引起听众的好奇心，然后他们就会对你感兴趣，并关注你的演讲。

当我向学员们介绍劳伦斯上校在阿拉伯的冒险事迹时，通常以下面的方式做开场白：

"洛伊德·乔治说，他认为劳伦斯上校是现代社会最浪漫、最多彩多姿的一位人物。"

这段开场白有两大特点：

第一，它引用了一位著名人物洛伊德·乔治的话，而且洛伊德·乔治经常会受到大众的注意；

第二，这句话引起了听众的好奇："为什么这人是最浪漫的？""为什么说他是最多彩多姿的呢？""为什么我以前从未听说过这个人……他是干什么的?"……这些问题自然会从听众的脑海里一涌而出。

我的一位学员在发表演讲时，也一开始就问大家："诸位是否知道，在今天这个世界上，有 17 个国家还存在奴隶制?"

他这句话不仅引起了听众的好奇，甚至让他们大吃一惊："什么? 奴隶制? 今天? 竟然在 17 个国家? 简直令人难以相信! 这是哪些国家? 在什么地方?"

在演讲的一开始，我们还可以用一段事实来制造悬念，引起听众的好奇，然后引发他们的探奇心理。

例如，有一位学员在演讲时，一开始就运用了这个令人震惊的事实："最近，我们有一位议员先生在议会上提议要求通过一项法律，禁止所有学校一公里以内的蝌蚪变成青蛙。"

你听了这话一定会发笑。这位演讲者是不是在说笑话呢? 真有这回事吗? 如果你有了这些疑问，这位演讲者就正好达到了吸引听众的目的，他就会继续解释下去。

在《星期六晚邮》报纸上，有一篇题目为《论歹徒》的文章。它在一开始就说："歹徒是否有组织呢? 从某一方面来看，他们确实有组织。为什么这么说呢? ……"

你瞧，作者只用了短短的几句话，就点出了文章的主题，向读者透露了其中的一部分内容，并引起了读者的强烈好奇心，以至于迫切地想知道歹徒究竟是如何建立他们的组织的。

这种写作手法当然是值得赞赏的。每个有志于演讲的人，都应该学学这篇文章的作者吸引读者兴趣的技巧，从中学会演讲的开场白，它的效果一定会胜过你研究一大本演讲著作。

制造悬念是让听众产生兴趣的一种必胜的方法。下面介绍在演讲《人性的优点: 怎样消除烦恼，开始生活》时，我是如何制造悬念的。我是这样开始的:

"在 1871 年春，一个年轻的小伙子，威廉·奥斯勒，他注定要成为世界闻名的内科医生。他拿起一本书，读到 21 个字。它们对他的将来产生了重大影响。"

这 21 个字是什么? 对他的未来又有怎样的影响呢? 这些都是你的听众想知道的问题。

3. 讲述引人注意的事情

克利福德·亚当斯是宾夕法尼亚大学婚姻咨询服务处的主任。他在《读者文摘》中发表了一篇题为《如何择偶》的文章，其中就引用了一些令人震惊的实例，足以让你有语惊四座之感，营造了一个出色的开场氛围。他写道：

今天，我们青年人想通过婚姻来找到幸福的机会真是渺茫。离婚率的增长速度令人胆寒。1940 年，每五六件婚姻会有一件失败。到了 1946 年，估计变成了四分之一。如果这种趋势长此下去，要不了 50 年，离婚率就上升为二分之一。

麦克鲁是一家重要期刊的创始人，他说："一篇好的杂志文章，在一开始就会给读者一连串的惊奇。"

是的，这类文章的确足以把我们从梦中惊醒，抓住我们的注意力。下面是巴尔的摩的巴兰丁先生演讲《广播的奇妙》的例子，他一开始就说：

"各位是否知道，一只苍蝇在纽约的一个玻璃窗上爬行所发出来的微细声音，可以通过无线电传播到中非，而且还能扩大，毫不亚于尼亚加拉大瀑布那惊人的巨大声音？"

哈里·琼斯先生是纽约哈里·琼斯公司的总裁，他在演讲《犯罪形势》时，是这样开场的：

"美国最高法院前任首席法官塔夫脱宣称：'我们的刑法管理，可以说是对文明的一种侮辱。'"

上面这个开场，有两个值得学习的高明之处：

第一，一开始就产生了令人震惊的效果；

第二，它引用了一位司法权威的话，因此是一个惊人的声明。

保罗·吉朋斯是费城"乐观者俱乐部"的前任主席，他在演讲《罪恶》这个题目时，也说出了下面这段令人瞠目结舌的开场白：

"美国人是人类文明中犯罪最严重的民族。或许这种说法有些令人震惊，但更令人震惊的是，这完全是事实。例如，俄亥俄州克里夫兰市的谋杀犯罪，是伦敦的 6 倍。若按照人口比例来计算，它的抢劫犯人数是伦敦的 170 倍。圣路易市每年遭到杀害的人数，更是超过英格兰与威尔士的总和。纽约市的谋杀案，超过了法国全国，也超过了德国、意大利或英国。而且在这里面还有一个极其令人悲哀的事实：那就是犯罪者并没有遭受应有的惩罚。如果你杀死了一个人，被处死刑的可能性还不到百分之一。在座的诸位，都是追求和平的善良公民，但你们死于癌症的可能性，却比你枪杀一个人而被绞死的可能性要高 10 倍。"

这段开场白是十分成功的，因为吉朋斯的言语之间流露出了巨大的力量与热忱。他的整个演讲词充满了活力，充满了生命。我曾听过其他学员演讲犯罪问题，他们也用了与此相似的例子作为开场白，但他们的开场白却显得很平淡无奇。

这是什么原因呢？因为他们说出来的只是一些空泛的言语。虽然他们的结构和技巧无懈可击，但他们所体现出来的精神却几乎为零——他们的态度破坏和削弱了他们所说的一切。

还有两个以"令人震惊的事实"开场的例子：

"国防部预测，原子能战争的第一夜，将会有2000万美国人丧生。"

"几年前，《斯克瑞普斯—霍华德报》动用17.6万美元，调查客户不喜欢零售店的什么方面。这是有史以来，对零售店问题进行的最昂贵、最科学、最彻底的调查。这次调查向16个城市的54047户家庭发送了调查问卷。有一个问题是：你不喜欢本市零售店的什么？

"关于这个问题，几乎有五分之二的回答都是一样的：态度不好的店员！"

这种以令人震惊的陈述开场的方式，可以与听众有效地建立沟通，因为它能震撼人的思想。正是这种"震撼技巧"，采用出人预料的形式，使听众集中注意力来听你的演讲论题。

我们在华盛顿演讲培训班的一个学员，曾用过这种方法激发听众的好奇心，也一样有效。她的名字是梅格·希尔。她的开场白是这样的：

"我做了10年的囚犯。那并不是一个普通的监狱，而是由于我担心自己能力低，受批评而从心理上建造的监狱。"

对这段真实生活的插曲，你不想了解更多吗？

令人震惊的开场中，有一种风险应该回避，那就是避免趋于过分戏剧化或者太煽情。我记得有位演讲者，朝空中射了一枪作为开场。他当即吸引了听众注意，但是也震坏了他们的耳膜。

应该让你的开场彬彬有礼。要想知道你的开场是否得体，有效的方式是在晚宴上实践一下。如果它不够合宜，在餐桌上都通不过，那么多半也不适合你的听众。

然而，在许多时候，本该调动听众兴趣的开场白，事实上却成了演讲中最无趣的部分。例如，我最近听过一位演讲者是这样开场的："相信上帝，相信自己的能力……"多么说教而无趣的开场方式啊！但是第二句，越听越有趣，令人怦然心动。 "1918年我母亲成了寡妇，带着三个孩子，没有钱……"为什么？哦，为什么？那位演讲者不第一句话就说，他寡居的母亲与命运抗争，养育着三个孩子呢？

如果你想让听众产生兴趣，就不要一开始就介绍细节，而应该直奔故事的中心思想。

弗兰克·贝特格做到了这一点。

贝特格是《我是如何在销售中从失败走向成功的》一书的作者。他是一位语言艺术家，书中的第一句话，他就制造了悬念。我知道此事，因为在美国基督教青年会的资助下，他和我一起就销售的话题进行了全国巡回演讲。我总是很钦佩他充满热情的、绝妙的开场方式。不唠叨、不训诫、不讲大道理、不笼统。弗兰克·贝特格开篇就点了题。他是这样饱含感情地开始的：

"我成为一名职业篮球队员之后不久，遇上了一生中最让我震惊的事。"

这样的开场会对听众产生什么样的效果呢？我知道，因为我就在现场。我看到了下面的反应。他立刻吸引了每个人的注意。大家都想听听他为什么，是多么震惊，以及如何处理的。

对于听众来说，演讲者讲述自己生活中的故事是他们尤其喜欢听的。鲁塞·康威尔发表他那篇著名的演讲《钻石宝地》多达6000多次，也因此而赚到了几百万美元。他那篇演讲又是如何开场的呢？

"1870年，我们前往底格里斯河旅游。我们在巴格达请了一位当地的向导，由他带领我们参观波斯波利斯、尼尼维和巴比伦等古迹。"

这就是他的开场白——讲一段故事，这是最能吸引读者注意力的方式之一，这种开场白可以保证万无一失。随着它向前迈进，听众则会紧跟其后，想要知道即将发生什么事情。

在《星期六晚邮》的某一期报纸中，有两篇作品就是以故事作为开场的，现在摘录于下：

故事一：一把左轮手枪发出的尖锐声音，划破了夜晚的死寂……

故事二：在7月的第一个星期，丹佛市的山景旅馆中发生了一件事。虽然从这件事本身来说只是小事一桩，但从它可能造成的后果来看，却不算小。这件事引起了旅馆经理哥贝尔的强烈好奇心，他随后又把这件事告诉了山景旅馆的老板史提夫·法拉利。几天之后，法拉利先生前往他属下的几家旅馆进行例行检查时，又把这件事告诉了另外6家旅馆的工作人员……

请注意，这两段开场白都有悬念在里面：它们一开始就产生了效果，引起读者的好奇心，使读者希望继续读下去，以便知道更多的内容，看看作者究竟想说什么。

只要能运用这种讲故事的技巧来引起人们的好奇心，那么，即使是最没有经验的新手，也能成功地讲出一个很好的开场白来。

4. 要求听众举手参与

抓住听众注意力的一个绝好的方法就是要求他们举手回答问题。例如，在讲《如何防止疲劳》时，我就以这个问题开始：

"请举手，让我看看你们中有多少人，在感到自己应该疲劳之前就已经疲劳了？"

请注意：当你要求听众举手时，应该带给他们一些提示，让他们知道你想做什么。不要开口就问：

"在座的各位有多少人认为税收应该降低？请举手！"

在语言上，要给听众准备投票的机会。可以这样说：

"我想请大家举手来回答一个很重要的问题。这个问题就是：'你们中有多少人认为商业赠券对消费者有利？'"

要求听众举手参与的技巧可以得到宝贵的反应，即"听众参与"。当你采用这种方法时，你的演讲就不再是独角戏了。因为听众参与进来了。当你问"你们中有多少人，在感到自己应该疲劳之前就已经疲劳了？"每个人都开始寻思他关心的方面：自己、疼痛、劳累。他会举手，可能还会环顾一下会有谁举手。他忘了自己是在听演讲。他笑了，向邻座的朋友点点头。冷场的局面化解了。你，演讲者轻松自如，听众也一样。

5. 告诉听众如何获得他们想要的

抓住听众注意力，还有一种屡试不爽的方式，那就是承诺他们，采用你的建议，可以得到自己想要的东西。下面是一些例子：

"我会告诉你们怎样避免疲劳。我会告诉你们怎样做，能让你每天清醒的时间增加 1 小时。"

"我会告诉你们怎样从根本上增加收入。"

"我可以承诺，如果愿意听我说 10 分钟的话，我会告诉你们一种让自己成名的好办法。"

"承诺"的开场方式必定是能吸引听众注意力的，因为它直接调动了听众的兴趣。演讲者常常忽视把自己的话题与听众的兴趣联系起来。他们不去开启听众注意力的大门，反而用无趣的开场白将其封闭，追溯话题的来由，述说背景对理解主旨的必要性。

记得我几年前听过的一次演讲，论题本身对听众很重要：定期健康检查的必要性。演讲者是如何开场的呢？他是否通过一个有效的开场，增添了话题的自然魅力？不是。他是以对主题背景了无生气的叙述开始的，听众一开始就对他的话题没了兴趣。如果以"承诺"的技巧开场，一定相当有效。例如：

你知道自己能活多久吗？人寿保险公司将几百万人的寿命进行了汇总，制成了生命期望表，通过这种方式，可以预测人的寿命。你的寿命大约是你现在年龄至 80 岁之间的三分之二……那么现在，你是否觉得时间够长呢？不，不！我们都渴望活得更长一点，我们总想证明这个预测是错误的。但是，怎样才能做到呢？如何将自己的生命，延续得比统计数据所说的那个骇人听闻的数字更长？当然有方法，有一种方法能办到。我会告诉你们怎样做⋯⋯

你看，这样开场能不能引起听众的兴趣，能否让你想听演讲者讲下去？你必须听，因为他不仅在谈论你，谈论你的生命，也承诺会告诉你一切有价值的知识，而不是无趣地叙述无聊的事实！像这样的开场几乎是难以抵抗的。

再举一个例子，我曾听过一位学员演讲"保护森林，刻不容缓"的题材。他一开始就说："作为一个美国人，我应为我们的国家资源感到骄傲⋯⋯"然后，他向听众指出，我们正在大量浪费木材。

他这段开场白实在是糟透了，太平乏，太含混，没有让他的话题和听众的需求之间产生紧密的联系。也许听众当中正好有一位商人，我们的森林遭到破坏，将可能对他的事业造成重大的影响；或许听众当中还有一位银行家，这件事对他也会有影响，因为这件事会影响全国的经济景气⋯⋯那么，如果能改为下面的开场白，效果将会更佳：

"伯比先生，还有你，谢尔先生，我今天所要演讲的题目，将会影响到你们的事业。事实上，它还会影响我们的食品价格，以及我们的房租。总之，它将会影响到我们大家的收入和生活。"

这样说是不是过分夸大了保护森林的重要性呢？当然不会。这样做只不过是遵循了霍巴德先生所强调的：

"要把事情说得严重一点，说话的方式应该引人注意。"

6. 使用展示物

或许世界上抓住注意力最容易的方法就是举起一件东西，给大家看。从最低级到最高级，几乎所有生物都会注意那种刺激性的举动。即使面对最严肃的听众，这种方法有时也很管用。

例如，费城的 S.S. 艾利斯先生在我们的一次演讲培训班上，演讲前拇指和食指夹着一枚硬币，并将手举过肩膀。本能地，大家都盯着看。然后，他问："在场的各位，有谁曾在人行道上发现过这样的硬币？据说，拾到过的幸运者将可以在购置房产时享受许多免税政策。只要他能交出这枚硬币⋯⋯"艾利斯先生接下来继续谴责这种误导和不道德的行为。

艾利斯先生的开场白还有另一项有力的特点：他一开始就提出一个问题，让听众和演讲者一同思考，与他进行合作。

请再注意，上面提到的刊登在《星期六晚邮》上的那篇《论歹徒》的文章，在开始的三个句子中就包含了两个问题："歹徒真的有组织吗？他们是如何建立组织的？"你看，这种使用疑问句的方式，是打开听众思想，让他们接受你的观点的一个最简单而又最有效的方法。当其他方法已经被证明毫无效果之后，你不妨直接采用这个技巧。

7. 借用著名人物提出的问题开场

著名人物说的话，总是能吸引人们的注意力，因此，如果用他们提出来的一个合适的问题作为演讲的开场白，无疑是一种吸引听众的好方法。下面是讨论"商业成就"的演讲开场白，看看你是否喜欢。

"'我们这个世界只把财富和荣耀同时奖赏给一件事物，'艾伯特·霍巴得曾说，'那就是进取精神。那么，什么又是进取精神呢？我可以告诉各位：那就是在没有人告诉你应该如何去做的情况下，你所做出的最准确的行动。'"

这段开场白，包含了几个鲜明的特点：

首先，第一句话就引起了听众的好奇心，它引领听众一直向前，使他们想知道更多的内容。如果演讲者在提到"艾伯特·霍巴得"的姓名后，技巧性地暂停一下，将会制造出悬疑的气氛。这时听众会忍不住想："这个世界要把财富及荣耀同时奖赏给谁呢？快告诉我们。也许我们不同意你的说法，但不论如何，还是请你把你的观点告诉我们吧……"

然后，在第二个句子立即把听众引入问题的核心。第三个句子则是一个疑问句，请听众参与讨论，共同思考，并采取行动。而听众一向是最喜欢有所行动的。在第四个句子说出"进取精神"的定义……

在这段开场白之后，演讲者接下来又用了一段极富人情味的故事来解释这种"进取精神"。就这篇演讲稿的结构来说，它无疑是一篇杰作。

8. 表现自然而得体

看看下面这段开场白你喜欢吗？

"昨天，就在火车经过距离此地不远的一个城市时，我想起了几年前在那儿发生的一桩婚姻。由于目前许多婚姻也像这桩婚姻一样草率和不幸，因此我今天想先详细介绍这桩婚姻的有关细节。

"12月22日，这个城市有一名15岁的高中少女，她初次遇见了附近一所学院的一个三年级男生，他刚刚到法定婚龄。12月25日，也就是他们相遇才3天时间，他们就领取了结婚证。他们向登记人员发誓，说那个女孩子已经18岁了，因此无须获得父母的同意。这对小情侣取得结婚证书后，离开市政府登记处，立即请求一位神父为他们证婚，但这位神父理所当然地拒绝替他们证婚。后来，可能是那位神父透露了消息，这个女孩的母亲得到了消息。但在她找回女儿之前，这对小情侣已经找到一名地方保安员，请他替他们证了婚。然后，新郎带着新娘住进了一家旅馆，在那里住了两天两夜。可是到了第三天，薄情的新郎就抛弃了新娘，不辞而别，此后一直未与她团聚。"

你喜欢这段开场白吗？这是玛莉·利奇蒙在纽约妇女选民联盟的年会上发表的演讲。美国国会当时尚未通过禁止早婚的法律。我个人十分喜欢这段开场白，它的第一个句子非常好，一开始就暗示了一段令人感兴趣的回忆。听众当然也想知道这件往事的细节，因此他们会安安心心地坐下来，听这段有趣的故事。

此外，这段开场白十分自然。它不像一篇研究报告，也没有严肃地板着面孔，因此不会让人产生演讲者对这件事花了很大心血的感觉。

"昨天，就在火车经过距离此地不远的一个城市时，我想起了几年前在那儿发生的一桩婚姻。"这句话听起来既自然，又不做作，而且富有人情味，很像某人正在向另一个人叙述一段有趣的故事，听众当然会喜欢这样的开场。但需要注意的是，这种开场有时也容易陷入太过详细的叙述，使听众察觉你下了一番苦心，那么效果将会适得其反。因此，不要让人看出加工的痕迹来。

上述方法都是可行的。它们既可以独立使用，也可以相互组合。要知道，如何开场在很大程度上决定了听众是否会接受你和你的演说。

二、避免引起不利的注意

我再三地请你记住，不仅要抓住听众的注意力，而且必须抓住积极的注意力。请记住我说的是积极的注意力。理性的人不会一开始就侮辱听众，或是说出令人不愉快的话。这势必会让听众对演讲者和他的话题产生反感。然而，通过使用下面的方法之一，演讲者通常就能抓住听众的注意力。

1. 不要以道歉开场

初学演讲的人，在开场白中经常会犯的第二个错误，就是向听众表示抱歉："我的演讲经验不丰富……我本来不打算做演讲的……我也没有什么可谈的。"

这样当然不行！绝对不行！吉普林有一首诗的第一句就是这样的："再继续下去，真的毫无用处。"对于一开始就表示抱歉的演讲者，听众正是持这种态度。

以道歉开场并不能让你有一个很好的开始。我们总是听说，有些演讲者想抓住听众注意力，可是缺乏准备和能力。如果你没有准备好，不用道歉，可能听众也会察觉到。为什么要暗示听众，认为他们不值得你提前准备，你在火炉边听说的故事足以应付他们？这不是轻视他们吗？不，我们不想听到道歉的话。我们希望听到一些新闻趣事——感到有趣的事：记住这一点。要让自己第一句话就捕获听众的兴趣。而不是等到第二句、第三句，而是一开口！

2. 慎用"幽默"故事开场

你可能已经注意到，有一种开场方式很受演讲者青睐，那就是众所周知的所谓的"幽默"故事。由于某些不愉快的原因，初学者感到他应该借用一个笑话来渲染演讲气氛。他幻想马克·吐温的天赋降临在他的身上——千万不要掉在这个陷阱里。你很快就会发现自己将可能处于尴尬的境地。"幽默"故事可能把气氛搞得很惨——因为听众可能早就知道这个故事。

尽管对任何演讲者而言，幽默感都是一笔珍贵的资产，但演讲开始是否一定要气氛沉重、严肃？并非如此。如果你有能力调动听众的幽默感，引用一些当前的实例，或者以往演讲家举过的例子或发表的言论，那么也是十分适宜的。观察一些不适宜的社会现象，然后加以夸大；相比陈芝麻烂谷子的笑话，这种幽默方法是很管用的。因为它事关当前社会，是新鲜事。

在演讲这个极为特殊的领域，还有什么比让听众舒畅地发笑更为困难的呢？幽默是一种"灵感触发"的事，跟个人的个性特点有很大的关系。

记住，故事本身一般很少是有任何趣味的，而是说故事者的叙述方式让听众对它产生兴趣。例如，在100个人当中，99个人讲马克·吐温的同一个故事时会遭到惨败。

再比如，林肯当年在伊利诺伊州第八司法区的酒店讲过很多故事，许多人经常赶几里远的路去听。人们整晚听他讲故事，一点也不觉得疲倦。据当时一些目睹的听众说，林肯讲故事的时候，甚至会让当地民众兴奋得"高声大叫，从椅子上跌下来"。

你也可以向你的家人大声朗读这些故事，看看是否能让他们脸上浮现出笑容来？

下面是林肯经常说的一个故事，他每次说完之后，总能成功地令听众哈哈大笑。你也可以试试看。但是，请你只在私下里试试，而不要在听众面前试：

"有一位迟归的旅客，独自走在伊利诺草原泥泞的路上。他急着要赶回家，这时却不幸遇上了暴风雨。在伸手不见五指的黑夜，倾盆大雨如天堂的水坝在泄洪，雷声有如炸弹爆炸。好几棵大树被闪电击倒了，雷声震耳欲聋。最后，突然传来一阵可怕的雷声，这位可怜的旅客一生中从未听见过如此可怕的雷声。他吓得立即跪倒在地，他的祈祷词也和平常大不相同。他喘着粗气，颤抖着说：'啊，上帝，如果对你来说没有什么不同的话，请多给我一点闪光，少给我一点雷声吧。'"

你也许是那种具有宝贵的天生幽默感的幸运儿，如果真是这样的话，你一定要注意全力培养它。不论你去哪里演讲，你都会因此而大受欢迎的；但是，如果你不具备这方面的才能的话，千万不应该故作幽默状。

如果你认真研究林肯等人的演讲，你就会发现，他们很少在演讲中讲幽默或笑话，尤其是在开场白中。著名演讲家卡特尔告诉我，他从来不会单纯地为了表现幽默而讲令人发笑的故事。对于著名演讲家来说，他们说的幽默小故事往往会对听众有所启示，并有其深意。

幽默就像是蛋糕表面的一层糖霜，是蛋糕每一层之间的巧克力，而不是蛋糕本身。美国最伟大的幽默演讲家古里兰有一个原则："绝不在演讲的最初3分钟讲笑话。"既然他已经证实这个原则十分有效，我们当然不应该违背。

既然如此，那么开场白一定要十分庄重而且非常严肃吗？也不是这样。如果你做得到的话，同样可以博得听众的欢笑。例如，你可以谈谈与演讲场合有关的事，或是针对其他演讲者的观点讲几句话，或者将你注意到的一些不大对头的地方予以夸大。这种笑话将比一般的陈腐笑话更受听众欢迎。

或许最简便的活跃气氛的方法就是讲一个关于你自己的故事。可以描述你处于荒诞可笑、进退两难境地的情况。那样可以打下很好的幽默基础。杰克·本尼将这个绝活用了多年。他是最早的广播喜剧演员之一，懂得以"嘲弄"自己来博得观众。由于把自己拉小提琴的能力、吝啬和年龄等素材制成笑料，他成了一代幽默巨星，人气指数与日俱增。

如果演讲者有意贬低自己，说出自己的缺点和失意，当然是以幽默的方式，听众就会向他敞开心扉和思想。相反，如果将自己打造成"自命不凡"的形象，或者一副专家的样子，听众会表情冷漠，不愿接受。

几乎任何人都可以把一些毫不相关的事情连在一起，其逻辑联系会令听众哈哈大笑。例如，一位报纸专栏作家说，他最痛恨"小孩子、牛肚和民主党人"。

吉普林是著名作家，他在向英国一个政治团体发表演讲时，在开场白中讲了一个笑话，结果全场听众捧腹大笑。现在我就将这段开场白引述在下面，看看他是如何巧妙地引人发笑的：

"主席，各位女士和先生们：

我年轻时曾在印度当记者，专门替某家报社报道犯罪新闻。这是一项非常有意思的工作，因为它使我有幸认识了一些骗子。（听众大笑）有时，我在报道了他们被审讯的经过之后，会去监狱看看这些正在服刑的老朋友。（听众大笑）我至今还记得，有一个人因为犯有谋杀罪而被判无期徒刑。他是一位聪明、说话温和而且条理清晰的家伙，他自称要把他的'生活教训'告诉我。他对我说：'要以我为鉴。一个人一旦做了不诚实的事，就会难以自拔，会一件接一件地一直做下去。直到最后，他会发现他必须干掉某个人，才能使自己恢复原来的正直。'（听众大笑）你们看，我们目前的内阁正是这种情况。（听众大笑并欢呼）"

吉普林讲的并不是一些陈芝麻烂谷子，而是他自己的一些经历，并且用这种开玩笑的方式强调其中某些内容，这样就获得了令人欢喜的效果。

大都会保险公司的塔夫脱总裁也曾运用这种方式，在大都会人寿保险公司的年度主管宴会上制造了不少的笑料。最值得人们赞赏的是，他不但令听众哈哈大笑，同时还大大地赞扬了他们一番：

"大都会保险公司的各位先生们：

大约在9个月之前，我回到我的老家休假。我在那儿听了一位先生的演讲。这位先生说，他总是对会餐后发表演讲有点恐惧，于是去向一位朋友请教，因为这位朋友有着极其丰富的餐后演讲经验。他的朋友建议说，要在会餐后演讲，最好的听众就是那些智慧很高、受过良好教育，同时又已经喝得半醉的听众。（听众的笑声与掌声）现在，我所能说的是，我眼前的听，是我所见过的最出色的听众。而我刚才所提到的那种情形，在这儿丝毫不见。（长久的掌声）我还必须指出，这就是我们大都会人寿保险公司的精神。"（再次掌声经久不息）

三、结论简短，突出主要论点

在做长篇演讲时，需要注意几点：越简明越好，而且一切都必须支持演讲题材。在第七章我们介绍了一种支持论点的方法，即通过你生活中的故事、经历来说明，让听众去做你希望的事情。这类例子很受欢迎，因为它满足了人类基本的冲动，用一句话概括就是"人人都爱听故事"。意外和事件是一般演讲者广为使用的例子。但这绝不是支持你论点的唯一方法。你还可以引用统计数据，那不过是经过科学处理的图表、专家意见、类比、展示或者演示。

1. 使用统计数据

统计数据用来显示某类事情的比例结果。它们可以给人留下深刻印象，也令人信服，尤其可以作为一项证据，是单个的例子所不及的。索尔克的抗小儿麻痹症疫苗技术的有效性，在全美各州进行统计后得到证实。个别无效例子是许可之内的例外。因此，以这些例外为基础的言论，并不能让父母认为索尔克的抗小儿麻痹症疫苗技术不能保护他的孩子。

统计本身是枯燥的，应该理智地使用。用到它们时，应该穿上语言的外衣，使之生动形象。

这里有一个例子，告诉你如何通过把统计数据与我们熟悉的事情相比较，达到令人印象深刻的效果。一位总裁认为纽约人不注意立即接电话，浪费了大量时间，为了支持这一观点，他说：

在接电话前，每100个电话，有7个就要耽误1分钟。每天有28万分钟就这样浪费了。6个月，纽约浪费的时间，大约相当于自哥伦布发现美洲以来的所有工作日时间。

光是数字和数量，是不能令人印象深刻的。还需要举例子。如果可能，例子应该依据生活经验来举出。我记得在一座大坝的发电房，听过一位向导的解说。他本可以告诉我们房间的面积、形状，但那样实在没有说服力。他告诉我们房间相当大，足可容纳1万人在标准场地观看足球赛，而且四周还能划出几个网球场地！

许多年前，我们布鲁克林中心基督教青年会的演讲培训班的一名学员，在一次演讲时，说到去年因火灾而损毁的房屋的数量。他进一步说，如果把这些被毁的建筑一个挨一个地排起来，可以从纽约延伸到芝加哥；如果把在火灾中丧生的人每隔半英里放一个，这条可怕的线路又能从芝加哥返回布鲁克林。

他给出的数据，我很快就忘了。但是这么多年过去了，不费吹灰之力，我依然能看见烧毁建筑的那条线路，从曼哈顿岛到伊利诺伊州的库克县。

2. 引用专家建议

引用一位专家的言论，你可以有效地支持自己演讲中的论点。不过在引用之前，必须先回答这几个问题：

第一，准备引用的话是否准确？

第二，它是否来源于专业知识领域？在经济学问题上引用乔·路易斯的话，显然是注重了他的名字而非专长。

第三，引用的话是否出自一位知名的、受听众尊敬的人士？

第四，你确信这些话是第一手资料，没有掺杂个人兴趣和偏见？

多年前，布鲁克林商会培训班中有一个学员，谈到专业化的必要性时，引用了安德鲁·卡内基的话。他的选择明智吗？是的，因为选准了人，卡内基被听众尊为有资格谈论经商之道。现在，那段引言也值得一提：

我认为在各行各业中取得成功的正确途径是精通自己的业务。我不赞成分割自己精力的做法。依照我的经验，在制造业，我很少甚至没有遇见过，有人在赚钱方面很卓越，而在其他许多方面也饶有兴趣。凡有成就的人必是选准一条路，坚持做下去的。

3. 采用类比

根据韦伯斯特的观点，类比是"两个事物中相似的关系……所指的相似，不是事物本身，而是特征、环境或效果。"

采用类比是支持主题的很好技巧。担任内政部助理秘书时，C. 吉拉德·戴维森做过一篇题为《对更多电力的需求》的演讲，下面给出一段摘录。请注意他是怎样使用比较、类比来支持自己观点的：

繁荣的经济必须不断前进，否则就会衰退。就像是飞机，停在地面时，只是一堆毫无用处的螺母和螺钉的组合。可是在空中飞行时，它就变成了真正的自己，发挥了有效的作用。为了飞行，它必须前进。如果它不动，就会下落——它不会后退。

还有一个例子，可能是雄辩历史上最精彩的类比。它是在内战的一个关键时期，林肯用来回击批判者的。

先生们，我希望你们设想一下：假如把你所有值钱的财富换成金子，交到著名的走钢丝选手布洛丁的手里，让他带着这些金子走钢丝穿过尼亚加拉瀑布。那么当他走在钢丝上时，你会不会晃动绳索，或者冲他大喊："布洛丁，再低点！走快点！"不，我相信你不会。你会屏住呼吸，握紧拳头，直到他安全通过。现在，政府也处于同样的境地。它正背负着巨大的重担，穿行在狂风巨浪的海洋中。数不清的财富在它手里攥着。它正在尽其所能地努力着。不要打扰它！保持安静，它会带着你安全渡过。

4. 使用展示物

当钢铁公司的主管与经销商谈论业务时，他们总是采用表演的形式，来说明燃料应该从底部而不是从顶部加入。他们找到了这种简单而又形象的说明方式。演讲者点着一根蜡烛。然后，他说：

看这火苗多亮——多旺啊。其实是因为所有的燃料都转化为热量，不产生烟。

蜡烛的燃料是从底部提供的，就像钢铁锅炉一样，也是从底部添加燃料。

假如蜡烛是从上面加燃料，就像人工加料炉一样。（这时，演讲者把蜡烛倒过来。）

注意火苗是怎么熄灭的。闻到烟味，听见噼啪声，看到火苗发红，这是由于不完全燃烧所致。最终火苗灭了，因为从顶部不能有效地添加燃料。

几年前，亨利·莫顿·鲁滨逊为杂志《你的生活》写了一篇有趣的文章《律师如何胜诉》。在文中，他讲述了一位名叫亚伯·胡莫的人的故事，此人在受理一家保险公司的伤害案时，是怎样进行技艺高超的展示表演的。

原告波斯特维特先生声称，由于电梯掉下来，他的肩膀严重受伤，胳膊都抬不起来了。

胡莫表示十分关切。他自信地说："现在，波斯特维特先生，你让陪审团看看你的胳膊能抬多高。"

波斯特维特先生小心翼翼地，把胳膊举到耳朵的位置。

胡莫催促着："现在，再让我们看看你受伤之前能举多高。"

原告随即把手臂举过头顶说："这样高。"

从陪审团对这个示范动作的反应，你可以知道结果如何。

进行长篇演讲时，你可以列举三条，最多四条。这些要在一分钟之内说完。如果照着念下去，将是无聊而沉闷的。什么能让它们生动起来呢？那就是引入支持观点的材料。通过引用事例、类比和展示，你可以把主题思想变得生动鲜明；引用统计数据和名言，可以阐明真理，突出主题的重要作用。

四、做好演讲结尾：在实践中检验

一天，我和企业家及人道主义者乔治·F. 约翰逊聊了几分钟。当时他是实力雄厚的恩迪科特—约翰逊公司的总裁。不过令我更感兴趣的是，他是一位杰出的演讲家，能控制听众的悲喜情绪，并长久地记住他的话。

他没有专属于自己的办公室，而是在一间宽大而忙碌的工厂的一个角落办公。他处事态度就和那张旧书桌一样谦恭。

"你来得正好。"他起身招呼我说，"我正有一件特别的工作要安排。今晚对工人们说的结尾部分，我草拟了一下。"

"把要讲的东西从头至尾在脑海里过一遍，会让你觉得很轻松。"我告诉他。

"哦，我还没有进行全面构思呢，"他说，"我只是搭了框架，还有一个专门的结尾。"

他不是一个职业的演讲家。他也从来不追求响亮的词语或者华丽的句子。然而，从实践中他学到了成功沟通的秘诀。他明白演讲要成功，必须有一个精彩的结尾。他认识到，要让听众印象深刻，演讲的结论应该将全文合理地推进得出。

结尾是演讲中画龙点睛的一笔。演讲者结束发言之后，他说的最后一席话还能在听众耳边萦绕——这些话可能会被记住得更久。与约翰逊先生不同，初学者很少在意这一点的重要性。他们的结尾常常会留下一些遗憾。

他们最常犯的错误是什么呢？我们来探讨一下，寻找补救办法。

首先，有人是这样结尾的："关于这件事情，这就是我想说的。到此，我想我该结束了。"这类演讲者经常放出一阵烟雾，心虚地说一句"谢谢各位"来掩盖自己未能令人满意的无能，那不是结尾，只会显示出你是个新手。那几乎是不可原谅的。如果你要说的说完了，为什么不立刻停止，什么都不用多说。这样做，效果会很好，听众自然明白你说完了。

还有的演讲者讲完之后，不知道怎样结尾。乔希·比林斯建议人们捉公牛时，要抓牛尾而不是牛角，因为牛尾更容易抓到。演讲者总是从正面去抓牛角，想努力甩开，却不能逃到附近的篱笆或树上。所以他最终只能是绕着原地转圈子，说着重复的话，给听众留下极差的印象……

如何补救呢？结尾必须提前构思，不是吗？你在面对听众的时候，是处于紧张和压力之下的，而且思想还集中在说话的内容上，那么这时你去思考如何结尾明智吗？如果预先在心态平和的时候去想，不是很好吗？

甚至像韦伯斯特、布莱特、格累斯顿等极有成就、英语能力又令人极其敬佩的著名演讲家，他们也都认为必须事先把演讲的结尾全部写下来，然后把它们一字一句的背下来。

初学演讲者如果能模仿他们的做法，必然不会再感到懊悔。

如果是即席演讲，往往需要在演讲中根据现场情况来进行变化，例如删减一些段落，以配合事先没有预料的情况，并和听众的反应达成和谐。因此，聪明的做法就是事先想好两三种结束语，如果一种不合适，另一种也许用得上。

还有些演讲者，永远不知道如何结束演讲。他们在演讲的一开始，就疾言快语、不着边际地铺开来，最后却不知如何收场。于是，在做了几次绝望的冲刺之后，只好死下心来，抛锚在半路上了。他们当然需要更多的准备，需要更多的练习。

也有许多初学演讲者在演讲时，结束得太过突然，结束方法也不够自然，缺乏修饰。确切地说，他们根本就没有结尾，只是突然停了下来。这种方式造成的效果当然会令听众很不愉快，也显示了演讲者是个十足的外行。这就好比在一次社交场合中和人谈话，对方突然停止和你说话，猛地冲出房间，居然忘了礼貌地向你说一声"再见"。

像林肯这样杰出的演讲者，在他第一次就职演讲的原稿中，也犯了类似的错误。

当时，美国南北形势紧张，冲突与仇恨的乌云遍布全国。几周之后，血腥与毁灭的暴风雨很快就在全国各地爆发。林肯本来想用下面这段话作为他向南部人民发表就职演讲的结束语：

"各位心存不满的同胞们：内战这个重大的问题，就掌握在你们手中，而不是在我手中。政府不会责怪骂你们。如果你们本身不当侵略者，就不会有冲突。你们并没有天生的毁灭政府的冲动，但我却有一份最严肃的职责，我要为维护、保护及为这个政府而战。你们可以避免攻击政府，而我却不能逃避保护它的责任。要和平，还是要大动干戈？这个严肃的问题取决于你们各位，而不是我。"

他把这份演讲稿拿给国务卿西华看。西华一针见血地指出，这段结尾太过直率，也太过鲁莽了。于是，西华试着修改了这段结尾，并且写了两种结语。林肯采纳了其中一种，并在稍加修改之后，代替了原来讲稿的最后几句话。于是，他的第一次就职演讲没有了原来那种鲁莽，而是表现出一种友善，表现出纯美的境界和诗一般的辩才：

"我痛恨冲突。我们不是敌人，而是朋友。我们绝不应该成为敌人。强烈的情感也许会造成紧张的对立形势，但绝对不应该破坏我们的情感和友谊。记忆中的神秘情绪，将从每一个战场及每一个爱国志士的坟墓延伸到这块土地上每一颗活生生的心灵和每一个家庭之中，将会增加合众国的团结力量。到时候，我们将会，也必然会以更真诚的本性，来对待我们这个国家。"

一个新手如何才能准确地把握演讲的结尾部分呢？是采用机械的规则吗？不，这种东西太微妙了。像这种属于感觉的事物，几乎是一种直觉。不过，这种"感觉"是可以培养的，而且这种经验也是可以总结出来的。你可以研究知名演讲家的方法来学习。

下面就是一个这方面的例子，它是当年威尔斯亲王在多伦多"帝国俱乐部"演讲的结束语：

"我很担心，诸位！我已经脱离了自我克制，对我自己谈得太多了。但我想告诉你们，这次是我在加拿大演讲以来到场人数最多的一次。鉴于我自己的地位，以及我对于这种地位同时而来的责任，我只能向各位保证：将恪敬职守，不辜负各位对我的信任。"

即使是一名再糊涂的听众，也会知道这就是演讲的结束语。它不像一条还未系好的绳子在半空中摇晃，也不会零零散散地未加修整；它已经被修剪得整整齐齐的，等待结束了。

国际联盟第六次大会召开后的一个星期天，著名的霍斯狄克博士在日内瓦圣皮耶瑞大教堂发表了一次演讲。他演讲的题目是《舞剑者剑下亡》。下面就是他这次演讲的结尾部分，请注意，它是多么美丽、多么高贵而又多么富有力量：

"我们不能把耶稣基督和战争混为一谈——这是问题的关键所在。今天我们所面临的挑战，就是要激发人类的良知。战争是人类所犯的最大、最具破坏性的罪恶，它和耶稣所说过的每一件事都背道而驰。它否认了关于上帝与人类的每一项基督教义，甚至远远超过了所有无神论者所能想象的程度。

"此时此地，我作为一个美国人，置身于这座高耸而友善的屋顶之下，虽然不能代表我的政府发言，但我愿以美国人和基督徒的双重身份代表我的几百万名同胞发言：祝贺你们将完成一项伟大的任务——我们相信你们能完成这一伟大的任务。我们将为它祈祷，如果你们无法完成，我们将深感遗憾。

"我们多方面努力，但目的是一致的——建立一个追求和平的世界组织。再也没有比这更好的、值得我们为之奋斗的目标了。如果没有这个目标，人类将面临有史以来最可怕的灾祸。这就如同物理学中的万有引力定律，在道德这一领域，上帝不会存在任何种族与国家偏见。'舞剑者剑下亡。'"

下面是林肯第二次就职演讲的结尾。但是，如果没有当时那种庄严的语气以及如钢琴般优美的旋律，那么，我们就会觉得这部分演讲结尾算不上是完整的。牛津大学已故前任校长库松伯爵士曾宣称，林肯的这段结束语"可以列入人类的荣耀及珍藏宝库……是人类雄辩口才最纯的黄金。不，应该是近乎神圣的口才。"

林肯这段结尾是这样的：

"我们很高兴地期盼，我们很诚挚地祈祷，这场战争灾难将很快成为过去。然而，如果上帝想让这场战争一直持续下去，将那些毫无报酬的奴隶所积聚的财富完全耗尽，将我们身上的每一滴血流干的话，那么，我们也必须说出3000年前那句相同的话：'上帝的裁判是真实而公正的。'

"不要对任何人心存敌意，对所有人都要心存慈悲。只要坚守正义的阵营，上帝就会指引我们寻找正义，帮助我们努力完成我们目前正在进行的任务；医治这个国家的创伤；照顾为国捐躯的战士们的孤儿寡母。尽我们的一切能力，建立公正而永久的和平，并推广到世界的每一个角落。"

我认为，这是由凡人口中说出来的一段最美丽的结尾……你们是否同意我的观点？在演讲这一领域中，除了这篇演讲稿之外，你还能从哪篇演讲稿中找到比这更富有人性、更充满爱意、更充满同情心的词句呢？

威廉·巴顿在《亚伯拉罕·林肯传》一书中说："盖茨堡演讲已经十分完善了，但这篇演讲却被提升到了一个更高的层次……这是亚伯拉罕最伟大的一篇演讲，它将他的智慧及精神力量发挥到了极致。"

"这像是一首圣诗。"作家卡尔·史兹也写道，"从未有哪位美国总统向美国人民说过这样的话。美国也从来没有哪位总统能从内心深处说出这么感人至深的话。"

但是，你大概不会以总统的身份在白宫发表演讲，也不会以总理的身份在首都发表演讲。但是，你也许会当着一群社会工作人员的面做一次简单的谈话。

那么，你打算怎样获得一个精彩的结尾呢？下面是一些建议：

1. 总结观点

长篇演讲包含很多的内容，以致到了最后，听众对主题都感到模糊。可是，很少有演讲者认识到这一点。他们被自己的假想误导了，因为这些要点在自己的脑海里透彻明了，所以认为听众也一样明晰。但事实并非如此。演讲者一直思考着他的观点。但是这些观点对听众来说是全新的，就像一枪膛子弹，突然掠过。有一些可能击中目标，但是大多数都错过了。用莎士比亚的话来说，听众可能"记得很多事情，但一件也记不清。"

据说，有位不知名的爱尔兰政客给出了一套演讲提纲："首先，告诉听众你想说什么，然后说出具体内容，最后对上面的内容进行总结。"最值得采纳的是："告诉他们，你刚讲了什么。"

有一个很好的例子。一位演讲者是芝加哥某铁道交通部的经理，他是这样总结收尾的：

总之，先生们，依据我们在自己后院使用这套设备的经验，以及在东部、西部和北部使用的经验，其操作原理简单，再有每年预防事故而又节省费用的实例——这些都让我强烈而又坚定地建议，立即在南部使用这套设备。

你们明白他的精妙之处了吗？你们不用听懂前面的演讲，可能就知道其内容了。他只用了几句话，几十个字，就概括出了全文所有的要点。

你不觉得像这样的总结很好吗？如果认同，不妨采用这个技巧。

2. 倡议听众采取行动

上面引用的那个结尾，也是以倡议行动结尾的好例子。演讲者想劝服听众有所行动：在铁路线南部地区安装一套设备。他请求行动是基于此设备可以预防事故进而节省费用。演讲者希望听众行动起来。他成功了。这不只是一个演讲练习，这次演讲是面对铁路部门董事会的，并取得了成功。

演讲的最后几句话，要说明行动的时机已经到来。所以应该提出要求！倡议听众参与、捐助、投票、写信、去电、购买、抵制、赞助、调查、偿还，或者任何你想要他们做的。不过，一定要遵从以下原则：

第一，要求他们做的事必须明确。不要说："请帮助红十字协会。"那太笼统了。可以说："请你今晚就把入会费送到美国红十字协会，本市的史密斯街125号。"

第二，要求听众在能力范围之内有所行动。不要说："让我们投票反对酒鬼。"那样是没用的，因为当时我们不是在现场进行投票。你可以要求他们加入一个戒酒协会，或者向禁酒组织提供支持。

第三，尽力让听众接受你的倡议。不要说："写信给议员，投票反对这项议案。"99%的听众都不会这么做。他们一点都不感兴趣，或者嫌麻烦，或者根本就忘了。

那么，要让事情轻松完成，该怎么做呢？你可以自己给议员写封信，说："我们联名，请您投票反对74321议案。"把此信和钢笔在听众间传递，你会得到许多签名——甚至会连笔都丢了。

3. 赞美听众

"伟大的宾夕法尼亚州应该率先迎接新时代的来临。宾州是美国最大的钢铁生产基地，是世界上最大的铁路公司所在地，也是美国第三大农业州。宾州还是美国的商业中心之一。她前途无量，作为美国经济的领导者，她的机会一片光明。"

史兹韦伯就是以上面这几句话来结束他在纽约宾州协会的演讲的。他的演讲结束之后，听众感到愉快而高兴，并对前途充满了乐观。这是一种令人敬佩的结束演讲的方式。

但是，要想收到令人满意的效果，演讲者的态度必须真诚，不可对听众阿谀奉承，更不可夸大其词。以这种方式结束演讲，如果不能表现出真诚，反而会显得虚伪，而且十分做作。就像假硬币一样，没有人愿意接受它的。

4. 用幽默的方式结尾

乔治·科哈恩说："当你向听众说再见的时候，要让他们脸上充满笑容。"如果你有这种能力，也有这种题材，当然太好了，但怎样才能办得到呢？

在美以美教会的一次聚会上，洛伊德·乔治曾做了一次演讲，要求教徒们为著名传教士、美以美教会的创始人卫斯理的墓地维护提供帮助。尽管这个题目极为严肃，大家都想不出它有什么好笑的，但洛伊德·乔治还是做到了这一点，而且十分成功。请注意，他的演讲结束得多么完美而漂亮：

"我很高兴各位已经开始修整他的墓地。这个墓地应该受到尊重。他对任何不整洁和不干净的东西极其讨厌。他曾说过：'不可让人看到一名衣衫褴褛的美以美教徒。'由于这个原因，所以你们永远不会看到这样的美以美教徒。（笑声）如果任由他的墓地一片脏乱，那就是大不敬。各位应该都记得，有一次他经过德比夏郡时，有一位女孩跑到门口对他说：'上帝祝福你，卫斯理先生。'但是他回答说：'小姐，如果你的脸和围裙能够更干净一点的话，你的祝福将更有意义。'（笑声）这就是他对不洁净的感觉。因此，请不要弄脏他的墓地。万一他偶尔经过此地，这将比任何事情都更令他伤心。你们一定要好好照顾这块墓地，这是一个神圣的墓地。它是你们的信仰和情感得以寄托的地方。"（欢呼声）

5. 引用名人诗句结尾

在所有的演讲结尾方式中，最容易被听众接受的是幽默或诗句。事实上，如果你能找到合适的短句或诗句来作为结尾的话，是最理想不过的，它将产生最融洽和谐的氛围，并有助于显露你的独特风格，产生一种天生的美感。

哈里·劳德爵士是世界扶轮社社长，他在爱西堡年会上对美国扶轮社代表团发表演讲时，就是采取这种方式结束他的演讲的：

"各位回国之后，你们有些人会寄一张明信片给我。如果你们不寄给我，我也会寄给你们的。你们一眼就可以看出那是我寄的，因为上面没有贴邮票。（笑声）不过，我会在上面写些东西：

> 春去夏来，秋逝冬至，
>
> 万物荣枯，自然之道。
>
> 但有一物，永如朝露，
>
> 这就是我对你永恒不变的爱和感情。"

这首短诗很符合哈里·劳德的个性，当然也十分适合他演讲时的气氛。因此，这段结尾在当时的场合是非常恰当的。如果一向拘谨而严肃的扶轮社社员把它用在严肃演讲的结尾，那不仅会显得有些突兀，甚至会让人觉得有些可笑。

我教演讲的时间越久，就越清楚地感觉到，要想找到适合所有场合的一般性规则，几乎是不可能的。因为绝大部分情况都要根据演讲的题目、时间、地点及演讲者本身来定，诚如圣徒保罗所说的："每个人必须自己努力，自己拯救自己。"

我曾经以贵宾的身份参加一次欢送会，这是为纽约市某位专职人员送行的，当时有十几个人上台讲话，称赞这位即将离开的朋友，祝福他在今后的工作中获得成功。但在这十几个人中，只有一个人以令人难忘的方式结束演讲。他的结尾也是引用了一首短诗。

这位演讲者以充满感情的声音，面对那位即将远行的贵宾，对他说：

> 再见，祝你好运，
>
> 祝你万事如意。
>
> 我如东方人一样虔诚地祝福你，
>
> 愿我的和平安详永远伴随你。
>
> 不论你去往何方，也不论你走向何方，
>
> 愿我美丽的棕榈茁壮成长。
>
> 经过白天的辛劳和夜晚的安息，
>
> 用我的爱祝福你。
>
> 我如东方人一样虔诚地祝福你，
>
> 愿我的和平安详永远伴随你。

布鲁克林的 LAD 汽车公司副总裁阿尔伯特先生在向公司员工演讲"忠诚与合作"时，就以吉普林的《第二丛林诗章》中一首音韵悠扬的短诗来结束他这次演讲：

这就是"丛林法则"，

如蓝天般古老而准确；

遵守这项法则的野狼，

将会繁衍生息，

破坏它的野狼，

必将死亡。

这项法则如同蔓藤般，

缠绕在树干上，

它无处不在。

因为团结的力量就是野狼，

而野狼的力量就是团结。

6. 用经典作品的词句结尾

如果你能引述《圣经》来支持你的演讲论点，那你真是太幸运了。从《圣经》中摘录经文作演讲结尾，一般会有很大的效果。下面就是著名财经专家福兰克·范德利普的一次演讲结尾，他的演讲题目是"盟国对美国的债务"：

"如果我们坚持按照条约索还债款，我们可能将永远收不回来。如果我们自私地坚持这样做，我们将只能收回仇恨，而不是现款。但是，如果我们大方一点，而且是那种明智的大方，那么，这些欠债可能全部收回，而我们对他们的恩惠也将让我们获得更多的好处。《圣经》中说：'凡挽救其生命者，将失去生命；为我及福音而丧失生命者，将获得拯救。'"

7. 使演讲达到高潮

使演讲达到高潮是一种很普遍的结束演讲的方法。但是这种方式很难控制，而且对所有的演讲者以及所有的题目而言，这种高潮并不能算是结尾。

如果处理得当，采用这种方法结尾是相当不错的。它会逐步向上发展，力量越来越大，最终达到顶峰。这种以高潮作结尾的方法，前面那篇以费城为主题的获奖演讲就是最好的例子。

林肯在作关于尼亚加拉大瀑布的演讲时，也采用了这种方法。请注意，他的每一个比喻都比前一个更强烈，他把他那个时代分别拿来和哥伦布、基督、摩西、亚当等时代作比较，因而获得了一种逐渐叠加的效果。

"这使我们回忆起过去：当哥伦布首次发现这块新大陆，当基督在十字架上受苦，当摩西领导以色列人渡过红海，甚至亚当首次从造物主手中诞生时，尼亚加拉瀑布那时候就已经和现在一样，早已在此地咆哮怒吼。已经绝迹的巨人族，当年也曾凝视着尼亚加拉瀑布，正如我们今天一般。尼亚加拉瀑布与人类的远祖同时存在，但比最初的人类更为久远。今天，它仍和一万年以前一样声势浩大。那些早已死亡的、只有骨头碎片才能证明曾经存在于这个世界的史前巨象及乳齿象，也曾看见过尼亚加拉瀑布。在这漫长的时间里，尼亚加拉瀑布从未停止过一分钟，它从未干枯，从未结冰，从未合眼，也从未休息。"

温代尔·菲利普斯在讲述海地共和国国父托山·罗勃邱的事迹时，也采用了相同的方法。他这篇演讲经常被当作典范而被演讲教科书摘录。它充满了活力，充满了生气，虽然在这个事事讲求实际的时代中，它显得有点过于追求修辞，但它的结束语仍然充满含义。

下面就是这段结束语：

"我想称他为拿破仑，但拿破仑是以自毁誓言和杀人无数而建立起他的帝国的。这个人却从没有自毁诺言。'不要报复'正是他的座右铭，也是他的生活法则。他在法国对他儿子最后说的几句话是：'孩子，你终有一天要回到圣多明哥的，你要忘记是法国人杀害了你父亲。'我想称他为克伦威尔，但克伦威尔只是一名军人，他所创建的国家也随着他的死亡而一朝崩溃。我想称他为华盛顿，但华盛顿这位弗吉尼亚的伟大人物也蓄养了奴隶。这个人宁愿冒着丢掉江山的危险，也不允许买卖奴隶的事情出现在他们国家内最偏远的村落。

"你们或许会觉得我是一个狂人，因为各位并不是在用眼睛读历史，而是用你们的偏见。但在50年后，当事实被揭露出来之后，历史女神将会把福西昂归于希腊，把布鲁特斯归于罗马，把汉普登归于英格兰，把拉法耶归于法国，把华盛顿当作我们美国早期文明中一朵鲜艳的、至高无上的花朵，约翰·布朗则是我们这一时代成熟的果实。历史女神将会把她的笔浸润在阳光中，用艳丽的色彩写下这位军人、政治家及烈士的姓名——托山·罗勃邱。"

要想让你的演讲吸引听众，就需要不停地研究，练习，直至你找到一段好的结尾和一段好的开场白，然后把它们集中在一起。不会删减自己的谈话内容来适应变化的演讲者，将不会受到听众的欢迎，有时候甚至还会遭到听众的排斥。

例如，我记得有一位演讲者，他是个医生，一天晚上应邀去布鲁克林大学俱乐部演讲。那次集会的时间拖得很长，已经有很多人上台说过话了。轮到他上台时，已经是凌晨1点。

如果他机智一点，或者善解人意一点的话，就应该上台简单地说上几句之后，立即让大家回去。但是，他并没有这样，他展开了一场长达45分钟的长篇演讲，极力反对做活体解剖。

他还没讲到一半，听众就巴不得从窗口掉下去，并摔断手臂、胳膊或腰，反正只要能让他住口就行。

罗里莫担任《星期六晚邮》编辑的时候，曾对我说，他总是在某一系列文章最受读者欢迎时，就停下来不再续写了。这时读者们会纷纷要求报纸再多刊登一点。那么，他为什么要停掉不写了呢？为什么要在那个时候停掉呢？

"因为，"罗里莫先生说，"在最受欢迎的高峰过后不久，你就会获得满足感。"

同样的明智抉择，当然也可以应用到演讲上，而且更应该这样做。也就是说，你应该在听众迫切希望你继续说下去的时候，就立即打住。

例如，耶稣基督最伟大的演讲《登山宝训》，只要5分钟就能复述完毕；林肯的《盖茨堡演讲》也只有十个句子而已；《圣经·创世纪》中，上帝创造世界的整个故事，读完它的时间比你读早报上一篇谋杀案的报道所需的时间还要短……因此，一定要简洁明了！

尼亚沙兰副主教詹森博士写了一本关于非洲土著人的书。他和他们共同生活，观察他们长达49年之久。他说，如果一名演讲者在村子里的聚会中说得太久了，人们就会让他打住。而另一个部落则规定，演讲者只能一只脚站着，当这只脚因支持不住而着地时，他必须结束谈话。

我想，这一规矩也同样适合演讲。一般听众虽然比较有礼貌，也会克制自己，但他们对于长篇大论的厌恶心情却是和我们一样的。因此，演讲时一定要注意听众的反应，不要对此视而不见，要学会从他们的立场来演讲。只有这样，你的演讲才会受听众的欢迎。

附：周恩来万隆会议演讲

1955 年，长期受殖民主义压迫的 29 个亚非国家和地区获得独立后，在印度尼西亚的万隆举行会议，周恩来总理率领中国代表团参加了这次规模盛大的国际性会议，并于 4 月 19 日发表了著名的万隆会议演讲。

下面是周恩来总理的主要发言：

主席、各位代表先生：

举世瞩目的亚非会议已经开始。中华人民共和国代表团能同与会的各国代表团一起在这个会议上讨论我们亚非国家的共同问题，感到非常高兴。我们能够在这里会晤，首先要感谢缅甸、锡兰、印度、印度尼西亚和巴基斯坦 5 个发起国家的倡议和努力，我们还应当感谢这次会议的主人印度尼西亚共和国政府为会议做了很好的安排。

亚非两洲有这么多的国家在一起举行会议，这在历史上还是第一次。在我们亚非两洲的土地上生活着全世界半数以上的人民。亚非人民曾经创造过光辉灿烂的古代文化，对人类做出了巨大的贡献。近代以来，亚非两洲的大多数国家在不同程度上遭受了殖民主义的掠夺和压迫，以致被迫处于贫困和落后的停滞状态。我们的呼声受到抑制，我们的愿望受到摧残，我们的命运被旁人摆布，因此我们不得不起而反对殖民主义。由于同样的原因而受到的灾难和为了同样的目的而进行的斗争，使我们亚非各国人民容易互相了解，并在长期以来就深切地互相同情和关怀。

现在亚非地区的面貌已经发生了巨大的变化。越来越多的亚非国家摆脱了或正在摆脱着殖民主义的束缚。殖民国家已经不能用过去那样的方式来进行掠夺和压迫。今天的亚洲和非洲已经不是昨天的亚洲和非洲。亚非两洲的许多国家，经过长期的努力，已经把他们的命运掌握在自己手中。我们的会议反映了这一深刻的历史变化。

虽然如此，殖民主义在这个地区的统治并没有结束，而且新的殖民主义者正在谋取旧的殖民主义者的地位而代之。不少亚非人民还在过着殖民地的奴隶生活，不少亚非人民还在受着种族歧视，他们的人权遭受着摧残。

我们亚非各国人民争取自由与独立的过程是不同的；但是，我们争取和巩固各自的自由和独立的意志是一致的。不管我们每一个国家的具体情况如何不同，我们大多数国家都需要克服殖民主义统治所造成的落后状态，我们都应该在不受外来干涉的情况下按照我们各国人民的意志，使我们各自的国家获得独立的发展。

亚非人民曾经长期遭受侵略和战争的苦难。许多亚非地区的人民曾经被殖民主义者强迫充当进行侵略战争的炮灰。亚非人民不能不痛恨侵略战争。他们知道，新的战争威胁不仅危害到他们国家的独立发展，而且还要加强殖民主义的奴役。因此，我们亚非人民更加深切地感觉到世界和平和民族独立的可贵。基于这些情况，保障世界和平、争取和维护民族独立并为此目的而促进各国间的友好合作就不能不是亚非各国人民的共同愿望。

接着朝鲜停战之后，日内瓦会议曾经在尊重民族独立的基础上，得到科伦坡5国会议的支持，达成了印度支那的停战。当时，国际的紧张局势确曾得到一定程度的缓和，给全世界人民特别是亚洲人民带来了新的希望。但是，跟着而来的国际形势的发展却和人民的希望相反。无论在东方和西方，战争危机都在增加。朝鲜人民和德国人民要求和平统一的愿望受到阻挠。日内瓦会议关于恢复印度支那和平问题的协议有被破坏的危险。美国在台湾地区继续制造紧张局势。亚非以外国家在亚非地区建立的军事基地越来越多。他们公开鼓吹原子武器是常规武器，准备原子战争。亚洲人民不能忘记第一颗原子弹是落在亚洲的土地上，第一个死在氢弹试验下的是亚洲人。亚非各国人民和世界其他地区的人民一样，不能不关切日益增长的战争威胁。

但是进行侵略、准备战争的人究竟是极少数。世界上不论是生活在哪一种社会制度中的绝大多数人民都要求和平，反对战争。世界各国人民的和平运动有了更加广泛和深入的发展。他们要求终止扩军备战的竞赛，首先各大国应该就裁减军备达成协议。他们要求禁止原子武器和一切大规模毁灭性武器。他们要求将原子能用于和平用途，为人类创造幸福。

他们的呼声已经不能被忽视，侵略和战争的政策已经日益不得人心。战争策划者日益频繁地诉之于战争威胁，作为推行侵略政策的工具。但是，战争威胁是吓不倒任何具有抵抗决心的人的，它只能使威胁者自己陷于更加孤立和更加混乱的地位。我们相信，只要我们同世界上一切愿意和平的国家和人民一道，决心维护和平，和平是有可能维护得住的。

我们大多数亚非国家，包括中国在内，由于殖民主义的长期统治，经济上还很落后。因此，我们不仅要求政治上的独立，同时还要求经济上的独立。当然，我们要求政治独立并不是要对亚非地区以外的国家采取排斥的政策。但是，西方国家控制我们命运的时代已经过去了，亚非国家的命运应该由亚非各国人民自己掌握。我们要努力实现各国的经济独立，这也并不是要排斥同亚非地区以外的国家的经济合作。但是，我们要求改变西方殖民国家对东方落后国家的剥削状态，我们要求发展亚非各国独立自主的经济。争取完全独立是我们大多数亚非国家和人民长期奋斗的目标。

在中国，自从人民做了自己国家的主人以后，我们的一切努力就是要消除长期的半殖民地社会遗留下来的落后状态，把我们的国家建设成为一个工业化的国家。五年以来，我们恢复了遭受长期战争破坏的国民经济，并且从1953年起开始了经济建设的第一个五年计划。由于这些努力，我们在各个主要生产部门，例如钢铁、棉布、粮食的生产量，都已经超过了中国历史上任何一个时期的水平。但是，这些成就比之于我们的实际需要还微小得很，比之于工业高度发展的国家，我们还落后得很。正像其他的亚洲国家一样，我们迫切地需要一个和平的国际环境，来发展我国独立自主的经济。

反对殖民主义，维护民族独立的亚非国家更加珍视自己的民族权利。国家不分大小强弱，在国际关系中都应该享有平等的权利，它们的主权和领土完整都应该得到尊重，而不应受到侵犯。所有附属国人民都应该享有民族自决的权利，而不应遭受迫害和屠杀。各族人民不分种族和肤色都应该享有基本人权，而不应该受到任何虐待和歧视。但是，我们不能不注意到：对突尼斯、摩洛哥、阿尔及利亚和其他争取独立的附属国人民的暴力镇压还没有停止；在南非联邦和其他地区进行着的种族歧视和种族主义的迫害还没有制止；巴勒斯坦的阿拉伯难民问题还没有解决。

现在，应该说，反对种族歧视，要求基本人权，反对殖民主义、要求民族独立，坚决维护自己国家的主权和领土完整，已经是觉醒了的亚非国家和人民的共同要求。埃及人民为收复苏伊士运河地区的主权和伊朗人民为收复石油主权而进行的斗争，印度对果阿和印度尼西亚对西伊里安恢复领土权利的要求，获得了亚非地区许多国家的同情。同样，中国解放自己领土台湾的要求也获得了亚非地区一切具有正义感的人民的支持。这证明我们亚非各国人民是互相了解、互相同情和互相关切的。

只有互相尊重主权和领土完整，和平才有保障。对于任何一个国家主权和领土的侵犯，对于任何一个国家内政的干涉，都不可避免地要危及和平。如果各国保证互不侵犯，就可以在各国的关系中创造和平共处的条件。如果各国保证互不干涉内政，各国人民就有可能按照他们自己的意志选择他们自己的政治制度和生活方式。日内瓦会议关于恢复印度支那和平的协议就是在有关各方保证尊重印度支那各国的独立、主权、统一和领土完整并对其内政不予任何干涉的基础上达成的。据此，日内瓦会议并规定，印度支那各国不参加军事同盟和建立外国军事基地。这就是为什么日内瓦会议能够为建立和平地区创造有利的条件。但是在日内瓦会议之后，我们却看到了一种相反的情况在发展，这是不利于印度支那各国人民的利益的，也是不利于和平的。我们认为，日内瓦会议关于恢复印度支那和平的协议应该严格地和忠实地予以履行，任何方面不得加以干涉和阻挠。朝鲜的和平统一问题也应该按照同样的原则予以解决。

我们亚非国家需要在经济上和文化上合作，以便有助于消除我们在殖民主义的长期掠夺和压迫下所造成的经济上和文化上的落后状态。我们亚非国家之间的合作应该以平等互利为基础，而不应该附有任何特权条件。我们相互之间的贸易来往和经济合作应该以促进各国独立经济发展为目的，而不应该使任何一方单纯地成为原料产地和消费品的销售市场。我们相互之间的文化交流应该尊重各国民族文化的发展，而不抹杀任何一国的特长和优点，以便互相学习和观摩。

在我们亚非地区的各国人民日益掌握了自己命运的今天，虽然我们在目前经济和文化方面的合作规模还不可能很大，但是，可以肯定地说，这种建立在平等互利基础上的合作是有远大的发展前途的。我们深信，随着我们亚非国家工业化的发展和人民生活水平的提高，随着各国间贸易关系中人为的外来的障碍的消除，我们亚非各国间的贸易来往和经济合作将会日益增进，文化交流也将日益频繁。

根据互相尊重主权和领土完整、互不侵犯、互不干涉内政、平等互利的原则，社会制度不同的国家是可以实现和平共处的。在保证实施这些原则的基础上，国际争端没有理由不能够协商解决。

为了维护世界和平，我们处境大致相同的亚非国家首先应该友好合作，实现和平共处。过去殖民统治在亚非国家间所造成的不和和隔阂，不应该继续存在。我们应该互相尊重，消除互相间可能存在的疑虑和恐惧。

中华人民共和国政府完全同意南亚五国总理在茂物会议联合公报中所确定的关于亚非会议的目的。我们并认为，为了对促进世界和平和合作做出贡献，亚非各国应该首先根据共同的利益，谋求相互间的亲善和合作，建立友好和睦邻的关系。印度、缅甸和中国曾经确定了和平共处五项原则作为指导相互关系的准则。这些原则获得了越来越多的国家的支持。本着这些原则，中国同印度尼西亚关于两国侨民国籍问题的初步谈判已经取得了良好的结果。在日内瓦会议时，中国也曾表示愿意在这五项原则的基础上同印度支那各国发展友好的关系。根据这五项原则，中国同泰国、菲律宾等邻国的关系没有理由不能获得改善。中国愿以严格遵守这些原则作为它同亚非其他国家建立正常关系的基础，并愿促进中国和日本关系的正常化。为了增进我们亚非各国间的相互了解和合作，我们建议亚非各国的政府、国会和民间团体实行互相的友好访问。

主席，各位先生，任意摆布亚非人民命运的时代已经一去不复返了。我们相信，如果我们决心维护世界和平，就没有人能够把我们拖入战争；如果我们决心争取和维护民族独立，就没有人能够继续奴役我们；如果我们决心友好合作，就没有人能够分裂我们。

我们亚非国家所需要的是和平和独立，我们并无意于使亚非国家同其他地区的国家对立，我们同样需要同其他地区的国家建立和平与合作的关系。

我们的会晤是难得的。尽管我们中间存在着许多不同意见，但是这不应该影响我们所具有的共同愿望。我们的会议应该对于我们的共同愿望有所表示，使它成为亚非历史值得珍视的一页。同时，我们在这次会议中建立起来的接触应该继续保持，以便我们对于世界和平能够做出更大的贡献。

印度尼西亚共和国总统苏加诺阁下说得对，我们亚非人民必须团结起来。

让我们预祝会议成功。

在上面这篇主要发言之外，周恩来总理又做了补充发言：

主席，各位代表：

我的主要发言现在印发给大家了。在听到了许多代表团团长的一些发言之后，我愿补充说几句话。

中国代表团是来求团结而不是来吵架的。我们共产党人从不讳言我们相信共产主义和认为社会主义制度是好的；但是，在这个会议上用不着来宣传个人的思想意识和各自的政治制度，虽然这种不同在我们中间显然是存在的。

中国代表团是来求同而不是来立异的。在我们中间有无求同的基础呢？有的。那就是亚非绝大多数国家和人民自近代以来都曾经受过、并且现在仍在受着殖民主义所造成的灾难和痛苦。这是我们大家都承认的。从解除殖民主义痛苦和灾难中找共同基础，我们就很容易互相了解和尊重、互相同情和支持，而不是互相疑虑和恐惧、互相排斥和对立。这就是为什么我们同意五国总理茂物会议所宣布的关于亚非会议的四项目的，而不另提建议。

本来，对于美国一手造成的台湾地区的紧张局势，我们很可以在这里提出如同苏联所提出的召开国际会议谋求解决的议案，请求会议加以讨论。中国人民解放自己领土台湾和沿海岛屿的要求是正义的，这完全是内政和行使自己的主权，并得到许多国家的支持。我们也很可以提议会议讨论承认和恢复中华人民共和国在联合国的合法地位问题。去年，科伦坡五国总理会议，还有亚非其他国家，都曾经支持中华人民共和国在联合国的地位。而且，中国在联合国所受的不公正待遇，也可以在这里提出批评。但是，我们并没有这样做。因为这样一来，就很容易使我们的会议陷入对这些问题的争论而得不到解决。

我们的会议应该求同而存异。同时，会议应将这些共同愿望和要求肯定下来。这是我们中间的主要问题。我们并不要求个人放弃自己的见解，因为这是实际存在的反映，但是不应该使它妨碍我们在主要问题上达成共同的协议。我们还应在共同的基础上来互相了解和重视彼此的不同见解。

现在，我首先谈不同的思想意识和社会制度问题。我们应该承认，在亚非国家中是存在有不同的思想意识和社会制度的，但这并不妨碍我们求同和团结。第二次大战后，亚非两洲兴起了许多独立国家，一类是共产党领导的国家，一类是民族主义者领导的国家。前一类国家并不多。但是某些人所不喜欢的，就是六万万中国人民选择了中国共产党领导的、属于社会主义体系的政治制度，而不再为帝国主义所统治了。

后一类国家很多，像印度、缅甸、印度尼西亚和亚非许多国家都是。我们这两类国家都是从殖民主义的统治下独立起来的，并且还在继续为完全独立而奋斗。我们有什么理由不可以互相了解和尊重、互相同情和支持呢？五项原则完全可以成为在我们中间建立友好合作和亲善睦邻关系的基础。我们亚非国家，中国也在内，不论在经济上或文化上都很落后。我们亚非会议既然不要排斥任何人，为什么我们自己反倒不能互相了解、不能友好合作呢？

次之，我要谈有无宗教信仰自由的问题。宗教信仰自由是近代国家所共同承认的原则。我们共产党人是无神论者，但是我们尊重有宗教信仰的人。我们希望有宗教信仰的人也应该尊重无宗教信仰的人。中国是有宗教信仰自由的国家，它不仅有七百万共产党员，并且还有以千万计的回教徒和佛教徒，以百万计的基督教徒和天主教徒。中国代表团中就有虔诚的伊斯兰教的阿訇。这些情况并不妨碍中国内部的团结，为什么在亚非国家的大家庭中不能将有宗教信仰的和没有宗教信仰的人团结在一起呢？挑起宗教纷争的时代应该过去了，因为从挑起那种纷争中得到利益的并不是我们中国的人。

第三，我要谈所谓颠覆活动的问题。中国人民为反对殖民主义所进行的斗争超过一百年。中国共产党领导的民族、民主的革命斗争也经历了近三十年的艰难困苦的过程，才终于达到了成功。中国人民在帝国主义、封建主义和蒋介石统治下所受的苦难是数也数不尽的，最后才选择了这个国家制度和现在的政府。中国革命是依靠中国人民的努力取得胜利的，决不是从外输入的，这一点连不喜欢中国革命胜利的人也不能否认。中国古话说："己所不欲，勿施于人。"我们反对外来干涉，为什么我们会去干涉别人的内政呢？有人说，中国在国外有一千多万华侨，可能利用他们的双重国籍来进行颠覆活动。但是，华侨的双重国籍问题是旧中国遗留下来的，蒋介石至今还在利用极少数的华侨进行对所在国的破坏活动。

新中国的人民政府却准备与有关各国政府解决华侨的双重国籍问题。又有人说，在中国境内有傣族自治区威胁了别人。中国境内有几十种少数民族共四千多万人，其中傣族和相同系统的壮族将近千万人。他们既然存在，我们就必须给他们自治权利。好像缅甸有掸族自治邦一样，在中国境内各个少数民族都有他们的自治区。中国少数民族在中国境内实行自治权利，如何能说威胁邻邦呢？我们现在准备在坚守五项原则的基础上与亚非各国，乃至世界各国，首先是我们的邻邦，建立正常关系。现在的问题不是我们去颠覆别人的政府，倒是有人在中国的周围建立进行颠覆中国政府的据点。比如在缅甸边境就存在着蒋介石集团的残余武装分子，对中缅两国进行破坏。因为中缅友好，我们一直尊重缅甸的主权，信任缅甸政府会去解决这个问题。

中国人民选择和拥护自己的政府，中国有宗教信仰自由，中国决无颠覆邻邦政府的意图。相反的，中国正在受着美国政府公言不讳地进行颠覆活动的害处。大家如果不信，可亲自或派人到中国去看。我们是容许不知真相的人怀疑的。中国俗语说："百闻不如一见。"我们欢迎所有到会的各国代表到中国去参观，你们什么时候去都可以。我们没有竹幕，倒是别人要在我们之间施放烟幕。

十六万万亚非人民期待着我们的会议成功。全世界愿意和平的国家和人民期待着我们的会议能为扩大和平区域和建立集体和平有所贡献。让我们亚非国家团结起来，为亚非会议的成功努力吧！

周恩来总理在原定发言稿之外做的补充发言，展现了周总理杰出外交家的风范。演讲全文原则明确，不失礼仪，既阐明了我国和平外交的路线和政策，又呼吁亚非各国在求同存异的基础上团结起来，共同进行反对帝国主义和殖民主义的斗争，树立了和平共处、求同存异的"万隆精神"。更重要的是，这一外交演讲有效地赢得了亚非国家的同情与支持，既打破了中国所处的外交僵局，又有力地揭露了帝国主义者的阴谋，为这次会议的成功起到了重要作用。

第 16 章　在实践中应用

　　上当众演讲的最后一堂课时，我经常会高兴地听到一些学员说，他们如何把本书的知识应用于日常生活之中。销售员增加了业务量，经理人获得了晋升，总裁扩大了权力范围，这些都归功于语言技能的增强。利用这个有效的语言工具，他们可以提供建议，并解决问题。

　　正如 N. 理查德·迪勒在《今日语言》中所说的："说、说的方式、说的长短，还有说的语气……是商务沟通的生命线。"

　　R. 弗雷德·卡内德在通用汽车公司负责卡耐基高效领导课程的培训，他也在这本杂志中写道：

　　"我们对通用汽车的口头表达训练感兴趣，原因之一是我们发现，这里每个主管都是老师，都有一定的水平。当他面试一位应聘人员时，会考虑此人以前的工作方式，会考虑对此人进行怎样的安排和提供可能的晋升。一位主管总免不了解释、说明、申斥、通知、指示、评论，还要和本部门中的每一个成员讨论各个项目。"

　　只要我们继续攀登口头沟通的楼梯，就会到达更高的境界，有能力参加一些会议，并当众演说、做决定、解决问题，阐明方法——我们还可以看到，正如本书中所讲的那样，高效演讲技巧还可以应用到日常表达中。当众高效演讲的法则，可直接应用到普通例会和领导会议中。

思想的组织表达、正确的遣词造句、充满热情和真诚，这些都是思想能够得到完美表达的要素。所有这些技巧都在本书中进行了详细的介绍，以后就要看读者们在各种场合如何灵活应用了。

你现在可能会想，什么时候开始应用前面各章中所学的知识。也许你会奇怪，因为我的回答只有一个词：立刻。

就算你根本用不着准备当众演讲，我敢肯定，你会发现本书中的法则和技巧每天都能用得上。我说现在就开始使用这些技巧，指的是从你说下一句话起就应用。

如果仔细分析你每天说的话，你会惊讶地发现，日常会话和本书中涉及的正式交流，其目的非常相似。

在第四章，我曾力劝你在当众发言时，要牢记四个目的中的一个，也就是传递信息、制造娱乐、说服别人同意你的观点，或者劝他们采取某个行动。当众演讲时，我们务必明确上述目的，也必须明确谈话的内容和表达方式。

在日常会话中，说话的目的并非一成不变，而是相互作用，不断变化的。也许在这一刻，我们可以肆无忌惮地聊天，下一刻突然要吆喝着兜售货品，或者劝说一个孩子把零花钱存到银行。将本书介绍的技巧应用到日常交流中，我们可以变得更加高效，也可以更好地表达自己的思想，巧妙地激励他人。

一、在日常交流中应用

就以其中的一个技巧为例。记得在第四章，我让你们说话时插入细节，这样你就能以生动形象的方式表达你的思想。当然，我这里指的主要是当众演讲。但是，难道使用细节在日常交流中就不重要吗？现在请想想你所熟悉的有趣的演讲家。难道他们不是在谈话中加入精彩生动的细节，不具有独特的演讲才能吗？

在展现你的演讲才能之前，你必须先要有信心。这一点经常会有介绍。它很管用，能给你安全感，让你敢同别人打成一片，也敢在非正式的场合发表自己的观点。一旦你急于想表达自己的想法时，即使是面对一个很小的场合，你也会动手搜集一些资料，作为演讲素材。这样，一件伟大的事情就此发生了——你的视野变得开阔，你对自己的人生会有新的感悟。

家庭主妇的兴趣总是受到一些限制。可是当她们开始采用演讲技巧时，总是热衷于对小范围人群宣扬自己的心得体会。"我能感觉到，刚找到的自信让我有勇气在社交场合大声发言。"R. D. 哈特夫人在辛辛那提时，对她的同学说，"我开始对时事发生兴趣。我不会再害怕与人交流，而是踊跃地加入。

不仅如此，我还发现自己的各种经历能变为交流的资本。我感到自己对一些新活动越来越有兴趣。"

对一位传授演讲技巧的教师来说，哈特夫人的感激一点也不新鲜。一旦激发了学习和应用技巧的动力，它就会引发一连串的行为和交互作用，活跃整个人性，从此建立一个良性循环。就像哈特夫人一样，只要把本书介绍的某一条法则付诸实践，就能收获充实的感觉。

尽管我们大都不是职业教师，可是我们时常要对别人说明意图。比如，父母教导孩子，邻居间传授一种修剪玫瑰的新方法，游客对最佳线路交换意见，我们经常会碰到这些情况，这时需要清晰严整的思路，形象生动的表达。第八章介绍的演讲技巧也适用于这些场合。

二、在工作中有效地应用

接下来，我们谈谈演讲技巧对工作的影响。不论是销售员、经理、职员、主任、总裁、教师、牧师、护士、总经理、医生、律师、会计，还是工程师，我们都肩负着责任，解说专业知识，给出专业指导。以简单明了的语言进行解释的能力，通常是上司用来衡量我们工作水平的标准。如何敏捷地思考、流利地表达是一种技巧，可以从演讲的练习中获得。但是这种技巧绝不仅限于正式演讲——人人都能用，每天都可以用。今天，在企业界、政府机构和各职业领域中纷纷涌现的关于沟通交流的课程，更充分地说明了当今社会对清晰地进行语言表达的需求。

三、寻找当众发言的机会

把本书的法则运用到日常会话中，你会有一些意外的收获。不过除此之外，你还应该寻找每一个当众发言的机会。怎样做到这一点呢？可以参加一个俱乐部，在那里有一些当众演讲的活动。不要光做一个默默无闻的成员或仅仅是一个观众，应该投入进去，从事一些组织性的工作。这些工作的大部分内容是去请求别人。如果成为节目主持，你将有机会接触到周围的语言大家。你理所当然地要对他们进行一番介绍。

只要有可能，就应该争取连续二三十分钟的演说。注意采用本书的一些建议。让你的俱乐部或组织知道，你的演讲是经过准备的。你也可以到镇上的宣传部门去争取演讲的机会。募集基金的活动需要一些志愿者为他们代言。他们会教你一堆说话的技巧，这对于锻炼你的口才大有裨益。许多演讲家都是从这里开始的。他们中的一些人取得了巨大的成就。

以萨姆·利文森为例，他是广播和电视明星，也是一位演讲家，他的演

讲受到全国人民的敬仰。他是纽约的一位高中教师。作为业余活动，他会以简短的方式，谈一些自己最熟悉的话题，比如家庭、亲戚、学生，还有工作。这些话题居然很受欢迎，不久他就被邀请到各处进行演说，甚至开始影响教学。而那时他还只是网络节目的嘉宾。不久，萨姆·利文森把他的全部精力都投入到了娱乐圈。

四、必须持之以恒

我们学习任何新事物，像法语、高尔夫或者当众演说，都不可能一帆风顺。我们会遭遇波折，突遇障碍，甚至停滞不前。然后我们会有一段时间原地踏步，甚至倒退，还会丢掉从前占有的领地。对于这段停滞或退步的时期，所有心理学家都很清楚，并称之为"学习曲线图中的台阶部分"。练习演讲的学员有时会受到挫折，这个过程可能会持续几个星期。他们可能会感到困难重重，似乎没有办法克服。意志薄弱者会因绝望而放弃。那些意志坚定的人会坚持下去，他们会发现突然豁然开朗，在不知不觉中，他们取得了重大的进步。他们宛如一架飞机轻松越过高原。突然之间，他们不再腼腆，有了说话的力量和信心。

或许你会像本书中某些地方所说的，在刚开始面对听众时，会感到有些害怕、激动和紧张。甚至最伟大的音乐家，尽管经历了无数次的公演，也会如此。帕德列夫斯基坐在钢琴旁之前，总是神经紧张，不停地翻动袖口。但是只要他一开始演奏，所有的怯场都会烟消云散。

他的经历你也有。如果你能坚持不懈，相信很快就能战胜一切，包括最初的恐惧。也就是最初的一点恐惧，没什么大不了的。一旦说出前几句话，接下来你就能控制自己，就能轻松自如地说了。

有一次，一位想学法律的年轻人给林肯写信征求建议。林肯回信说："如果你下定决心要让自己成为一名律师，这件事就已经成功一半了……永远记住，要想成功，你的决心比其他任何事情更重要。"

林肯很明白。他早就经历了这些。他一生从都没有好好上过一年学。至于书，林肯曾经说，他每次都是走50里路才借到的。小木屋里总是整夜点着一对柴火。他就借着这火光读书。小木屋墙上的木头上有许多裂缝，林肯常常把书插在那里。一到早上，天色亮得能够看书了，他就从树叶铺的床上爬起来，揉揉眼睛，抓起书就开始贪婪地读起来。

他会走二三十里路，去听别人演讲。回来后，他会在每一个地方练习——田间、树林，以及吉利维尔村琼斯的杂货店那儿聚集的人群前。他参加了新塞勒姆和斯普林菲尔德的文学辩论社团，探讨时事。他在女人面前很腼腆。他向玛丽·托德求爱时，总是坐在客厅，害羞得一句话也说不出来，所以总是听她说。然而就是这样一个人，经过不懈地努力和勤奋地学习，终使自己成为一名演讲家，还敢和当时最卓越的雄辩家道格拉斯议员进行辩论。就是这样一个人，在葛底斯堡发表第二次就职演说，精彩程度真是绝无仅有。

相比他所经历的艰难挫折和辛苦奋战，这实在不足为道。林肯写道："如果你下定决心要让自己成为一名律师，这件事就已经成功一半了。"

亚伯拉罕·林肯的画像挂在白宫总统的办公室。西奥多·罗斯福总统说："当我要对某件事做出决定时，尤其是那些很难应对的事情，它们牵涉到各方的利害关系，我就会看一看林肯，想想如果他在我这种处境会怎么做。这听起来有点不可思议，但是，坦白地说，这会让我的难题更容易解决。"

为什么不试试罗斯福的方法呢？为什么不呢，在你努力想成为一名杰出的演说家时，如果受到挫折而打算放弃时，为什么不问林肯在这时会做什么呢？你知道他会怎么做。你知道他是怎么做的。在美国议会选举时，他败给斯蒂芬 A. 道格拉斯之后，他安慰同伴不要"因为一次或一百次的失败而放弃"。

五、满怀希望等待收获

我多么希望，能让你每天早晨都把这本书摊在餐桌上，直到你熟记威廉·詹姆斯教授的话：

年轻人不要为学历的高低而烦恼，不管它处于哪个层次。只要真正用好每一天的每小时，他就会得到最好的结果。他可以带着无比的自信，期待某个美妙的早晨，突然发现自己成了曾经追求的同辈中的佼佼者。

现在，借着著名的詹姆斯教授的这些话，我也想说，只要你勤于练习，就能自信十足地期望在一个美好的早晨醒来，发现自己变成了本市或社区中的一位演讲高手。

无论你现在听起来觉得有多么的异想天开，它却是一个普遍存在的真理。当然，例外也是有的。一个人如果心理素质很差、性格怯懦、知识匮乏，也就不可能成为像丹尼尔·韦伯斯特这样的杰出人物。但是，一般而言，这个观点还是适用的。

我举个例子吧：新泽西前州长斯托克斯先生参加了我们在特伦顿培训班的毕业晚宴。他评论说，那天晚上听到的演讲，毫不逊色于在华盛顿的参议院和众议院里听到的。这些特伦顿的"演讲家"由商人组成，几个月以前他们还因为害怕听众而紧张得说不出话来。他们不是古代的西塞罗，只是新泽西的商人，是在美国任何一个城市都可见到的普通商人。然而，他们一夜醒来，发现自己成了本市、甚至可能是全国著名的演说家。

我逐渐认识并且发现，成千上万的人正在尽力让自己增强当众讲话的信心和能力。成功者当中只有小部分是聪明绝顶的人，而绝大多数都是普通商人，但是他们坚持不懈。有点天赋的人有时会因气馁而不能坚持到底。但是普通人只要肯吃苦、肯坚持，最终都会到达顶峰的。

那是符合人类和自然法则的。你没发现在各行各业都有这样的事情吗？约翰 D. 洛克菲勒先生说，要在事业上取得成功，首要的是耐心和坚信付出终有回报。对于成功的演讲，这条法则也同样适用。

几年前，我想攀登奥地利的阿尔卑斯山怀尔德·恺撒峰。《贝德克尔旅行指南》说攀登很困难，所以对于一个业余登山员来说，有必要找一位向导。我和一位朋友都没找向导，当然我们都是业余爱好者，所以另一个朋友问我俩是否能成功。"当然了。"我们回答说。

"你们凭什么这样自信？"他问。

"别人没找向导也成功了，"我说，"所以我知道一定行，而且我从来不会去考虑失败。"

那是做任何事都应该具备的正常心态，不论是演讲还是攀登珠穆朗玛峰。

你获得成功的大小，很大程度上取决于演讲前的思考。因此不妨想象一下，你正以极好的自控能力同别人谈话。

这是在你能力范围内容易办到的。相信自己会成功。坚信这一点，你才能做好成功路上的事情。

内战时期，海军上将都庞特为自己没把炮船驶入查斯顿港摆出了大堆的理由。法拉格上将专注地听着这些说辞，"但是还有一个原因你没提到。"他回答说。

"是什么？"都庞特上将问。

"还有你认为自己根本做不到。"

在我们演讲班中，大多数学员从训练中获得的最有用的东西，就是增强了自信心，对自己走向成功的一份额外的自信。在通常情况下，一个人要取得成功，更重要的是什么呢？

爱默生写道："没有热情，什么大事也做不成。"那不仅仅是一句措辞巧妙的文学用语，更是一幅通向成功的地图。

威廉·莱昂·费尔普斯可能是耶鲁大学最受爱戴和欢迎的教授。在他的书《教书热》中，他说："对我而言，教书更胜于艺术和其他职业。那是一种激情。我热爱教书，就像画家喜欢绘画，歌唱家钟情歌唱，诗人爱好写诗。每天早晨起床之前，我总会热情洋溢地想着那群学生。"

一位老师对他的事业充满热情，对工作极具兴趣，并取得了成功，这奇怪吗？费尔普斯对他的学生产生了巨大的影响，主要是因为他在教学中投入了爱心和激情，还有热情。

如果你在学习如何有效演讲的过程中加入一点热情，就会发现前进路上的障碍会消失。把你全部的天赋和潜力都用来与人进行有效的交流，这是一种挑战。想想你可能会有的自信、肯定和镇定，以及吸引别人注意、煽动他人情感、说服众人采取行动所具有的控制力，你将会发现，自我表达的能力也会带来其他方面的能力，因为训练自己能言善辩是一条光明的大道，可以在工作和生活的各个方面获得自信。

在我们的《戴尔·卡耐基课程教师指南》手册中有这样的话：

"一旦学员们发现，他们抓住了听众的注意力，得到了教师的表扬，以及同学的掌声，一旦得到这些，就会开发出以前从未有过的潜力、勇气和镇定。结果呢？他们尝试并完成了做梦也不敢想的事情。他们发现自己敢当众发言了。他们积极参加商业、专业和公共活动，并成为领袖人物。"

在我们的社会中，清晰、有力、强劲的表达是领导力的特征之一。从私人会面到公众演讲，表达必须涵盖领导者的全部思想。巧妙地应用本书中的方法，将有助于你在家庭、教会、社区、公司和政府等领域踌躇满志，领袖群伦。

附：富兰克林·罗斯福第一次总统就职演说

富兰克林·德拉诺·罗斯福于 1882 年 1 月 30 日出生在美国纽约。其父詹姆斯·罗斯福是美国外交和商业界的活跃人物，其母萨拉·德拉诺出身于上层社会，而且接受过国外教育。在以培养政界人物为目标的格罗顿学校，罗斯福就因为擅长辩论而成为"辩论学会"会员。

1901 年，罗斯福以民主党人的身份开始涉足政坛。1910 年当选纽约州参议员，3 年后担任威尔逊总统的海军部副部长，在任 7 年政绩突出。1921 年 8 月，39 岁的罗斯福因为患上脊髓灰质炎导致下肢瘫痪，落下终生残疾，但这并没有使罗斯福放弃从政的理想和信念。1928 年，罗斯福重返政坛，参加纽约州州长竞选险胜。

1932 年 11 月，罗斯福作为民主党总统候选人参加竞选。当时美国面临严重的经济危机。为了实现经济振兴，罗斯福提出了实施"新政"和振兴经济的纲领。当竞选对手用残疾来攻击他时，罗斯福总是凭借自己出色的政绩、卓越的口才和充沛的精力将不利变为有利，最后转化为自身的优势。例如，在首次参加竞选时，罗斯福就通过他的发言人强有力地告诉选民："州长不一定是杂技演员。我们之所以选他，并不是因为他能做前滚翻或后滚翻。他干的是脑力劳动，是想方设法造福于百姓。"正是因为有了这种坚忍不拔的毅力和乐观向上的精神，罗斯福终于在 1932 年以绝对优势击败时任总统胡佛，成为美国第 32 任总统。

首次履任总统的罗斯福，正面临着 20 世纪 30 年代初经济大萧条的风暴，全国满目疮痍，失业、破产、倒闭、暴跌随处可见，人民陷入了痛苦、恐惧和绝望的深渊。此时的罗斯福却表现出了压倒一切的自信，在宣誓就职时发表了下面这篇富有激情的演说：

胡佛总统，首席法官先生，朋友们：

今天是我们国家一个神圣的日子。我肯定，同胞们都期待我在就任总统时，会像我们国家目前形势所要求的那样，坦率果敢地向他们发表演讲。

现在正是坦率果敢地说实话、说出全部实话的最好时刻。我们也不必害怕诚实地面对我国今天的情况。这个伟大的国家将会一如既往地坚持下去，将会复兴和繁荣。

因此，首先我要表明我的坚定信念：我们唯一不得不害怕的就是害怕本身——一种莫名其妙、丧失理智、毫无根据的恐惧，它把人转退为进所需的种种努力化成了泡影。

每当我们国家处于黑暗的时刻，坦率而富有活力的领导都得到过人民的理解和支持，而这正是胜利的必要条件。我相信，在目前这关键时刻，你们会再次给予这种支持。我和你们都要以这种精神来面对我们共同的困难。

这些困难，感谢上帝，只是物质方面的。价值贬到了难以想象的程度：税负增加了；我们的支付能力下降了；各级政府都面临着严重的收入短缺；交换手段在贸易过程中遭到了冻结；工业企业的衰败随处可见；农民找不到产品销路；千万个家庭多年来的积蓄付之东流。

更严峻的是，大批失业公民面临着严峻的生存问题，还有大批公民艰辛地劳动却所得甚微。只有愚蠢的乐观主义者才会拒绝承认当前阴暗的现实。

但是，我们的困难不是来自物资匮乏。我们没有遭到蝗虫灾害。我们的祖先曾以信念和大无畏克服了一次次艰难险阻，和他们相比，我们应该说是万幸。大自然仍在赐予她的恩惠，人类的努力已使之倍增。富足近在咫尺，就在我们见到它的时候，富裕的生活却悄然离去。

这主要是因为掌握人类物资交换的统治者们失败了，他们冥顽不化却又束手无策，承认失败并撒手不管。贪婪的货币兑换商的种种行径，将受到公众舆论的起诉，将受到人类心灵和理智的唾弃。

是的，他们曾努力过，但他们采取的是完全过时的方法。面对信用的失败，他们的提议仅是借出更多的钱。

没有了引诱人民追随他们的错误领导的金钱诱饵之后，他们不惜伪装，含泪祈求人民重新给予他们信心。他们只知道自我追求者的处世规则。他们毫无眼光，而没有眼光是注定要灭亡的。

货币兑换商已从我们文明庙宇的高位上落荒而逃。现在，我们要以亘古不变的真理来重建这座庙宇。

能够重建到什么程度，取决于我们对于比金钱利润更高贵的价值观念的运用。

幸福不仅仅在于拥有金钱，它还在于成功的喜悦，在于创造努力时的激情。在疯狂地追逐那转瞬即逝的利润时，千万不要忘记劳动带来的喜悦和道德激励。如果这些黑暗的日子能使我们认识到，我们真正的命运不是要人侍奉，而是为我们自己和我们的同胞服务，那么我们付出的代价完全值得。

认识到了把物质财富当作成功标准的错误，我们就不会再相信，担任公职和高级政治地位之所以可贵仅仅在于官高禄厚；必须制止银行和企业界的一种行为，它常常将神圣的委托和无情自私的不正当行为相混淆。

怪不得信心在减弱。只有靠诚实、荣誉感、神圣责任心、忠心维护和无私履行职责才能让人信心倍增。没有这些，就不可能有信心。

但是，复兴不仅仅是改变伦理观念。这个国家要求行动，现在就行动。

我们最伟大的基本任务是让人们投入工作。只要我们以智慧和勇气来面对它，这个问题就可以解决。

这可以部分由政府直接征募完成，就像对待临战的紧急时刻一样；同时，通过雇用人员来完成急需的工程，从而促进和改组我们自然资源的利用。

我们齐心协力，但必须坦白地承认工业中心的人口失衡，必须在全国范围内重新分配，使土地在最适合的人那里发挥更大的作用。

为提高农产品价值并以此购买城市产品所做的明确努力，会有助于这一任务的完成。

避免对小房产和农业取消赎回抵押权和日益严重损失的悲剧，也有助于这一任务的完成。

联邦、州和地方政府立即行动以回应要求大幅降价的呼声，也有助于这一任务的完成。

将现在分散的、不经济、不平等的救济活动统一起来，也有助于这一任务的完成。

对所有公共交通、通讯及其他明显具有公众性的设施进行全国性计划监督，也有助于这一任务的完成。

许多事情都有助于这一任务的完成，但仅仅是空谈绝对没有任何帮助。我们必须行动，立即行动。

最后，在重新开始阶段，我们需要两手防御，以抵御旧秩序恶魔的卷土重来：一定要有严格监督银行业、信贷及投资的机制；一定要杜绝利用他人存款进行投机的活动；一定要有充足而健康的货币供应。

这就是我们的施政纲领。我将在新国会的特别会议上提出详细实施方案，并且要求各个州立即提供支援。

通过这个行动计划，我们将给我们自己一个有秩序的国家大厦，使收入大于支出。

我们的国际贸易虽然很重要，但在时间和必要性上却必须从属于健全国民经济的重任。

我建议，要采取切合实际的政策，分清轻重缓急。虽然我将不遗余力地通过重新协调国际经济来恢复国际贸易，但国内的紧急情况无法等待。

指导这一全国性复苏的特殊方法的基本思想，并非狭隘的民族主义。

我首先考虑的是坚持美国这一整体中各部分的相互依靠……这是对美国式开拓精神古老而永恒的证明的重要认可。

这才是复苏之路，是即时之路，是复苏得以持久的最强有力保证。

在国际政策方面，我将使美国采取睦邻友好政策——决心尊重自己，从而也尊重邻国的权利——珍视自己的义务，也珍视与所有邻国和全世界各国协议中规定的神圣义务。

如果我对人民的心情了解正确，那么我们现在就认识到了我们从未认识的问题，我们是互相依存的：我们不能只是索取，还必须奉献。如果我们要前进，就必须像一支训练有素的忠诚的军队，愿意为共同的原则献身，因为没有这一原则，就不会有进步，领导就不会有效。

我知道，我们都已做好准备，愿意为此原则献出我们的生命和财产，因为这将使志在建设更美好国家的领导成为可能。

我倡议，为了这个更伟大的目标，我们所有的人都要以一致的职责紧密团结起来。这是神圣的义务，除非战乱，绝不停止。

有了这样的誓言，我将毫不犹豫地承担起领导伟大人民大军的职责，致力于对我们普遍问题的解决。

我们有从先辈那里继承下来的政府形式，纪律井然地解决共同问题的行动是完全可能的。

我们的宪法如此简单实在，总是可以根据特殊的需要而在重点和安排上有所改变，而无须动摇其基本形式。

正因为如此，我们的宪法体系才不愧为现代世界所产生的最稳定持久的政治体系。它经受了领土的极度扩张、对外战争、内战和国际关系的严峻考验。

但愿正常的行政和立法分权完全足以应付我们所面对的史无前例的重任。然而，史无前例的要求和迅即行动的需要也可能使我们有必要暂时背离正常分权的公开程序。

我准备根据宪法赋予我的职责，提出面临严峻形势的我国在当前灾难深重的世界所需要采取的措施。这些措施，以及国会根据自身经验和明智而决定的措施，我都将竭尽宪法所赋予的权力，立即予以采纳。

然而，万一国会不能接受两者中的任何一种方式，万一全国紧急状况仍然严重，我将不会逃避职责明确向我提出的抉择。

我将要求国会准许我使用应付危机的唯一剩余的手段——向非常状况开战的广泛行政权力，就像我们实际遭受外部入侵时所应授予我大权一样。

对于给予我的信任，我愿意拿出时代所要求的勇气和坚贞，绝不辜负大家。

我们瞻望前途的艰苦时日，深感国家统一所给予我们的温暖和勇气，明确必须遵循传统的宝贵道德价值，坚信老老少少都恪尽职守必能取得圆满成功。我们的目标，就是保证圆满而长治久安的国民生活。

我们并不怀疑基本民主制度的未来。美利坚合众国的人民并没有失败。他们在困难中表达了自己的委托，他们要求采取直接有力的行动。他们要求有领导的纪律和方向。他们选择了我作为实现愿望的工具。我愿意接受这份厚赠。

在此举国奉献之际，我们谦卑地祈求上帝的赐福。愿上帝保佑我们每一个人！愿上帝在未来的日子里指引我！

附　录　增强记忆力的技巧

　　心理学家卡尔·希修教授曾说过："普通人只用了自己实际记忆能力的10%，其余90%都被浪费了，其原因在于他违反了记忆的自然法则。"

　　也许你就是这些普通人当中的一个，正处于事业和生活的坎坷中，痛苦地挣扎着。这里讲述并解释了记忆的自然法则，并教你如何将它们应用于商业和社交会谈及公开演讲之中。反复阅读这篇文章，将使你获益匪浅。

　　其实，"记忆的自然法则"十分简单，一共有三项：印象、重复、联想。每一种所谓的"记忆系统"都是以这三项为基础的。

　　记忆的第一项法则，就是对自己希望记住的东西产生深刻生动而且持久的印象。想要做到这一点，必须集中全部注意力。

　　西奥多·罗斯福总统以其惊人的记忆力，常常给和他接触的人留下深刻的印象。他对人和事情的记忆仿佛铭刻于钢铁上，而不是写在水上。然而他的这种能力是通过坚强的意志和训练得来的。这种能力使得他能够在最混乱的情况下集中精神，保持注意力。1912年在芝加哥举行的总统大选期间，群众涌向竞选总部所在地——国会旅社旁边的街道上，他们挥舞着旗帜，高声喊道："我们要泰迪（罗斯福）！我们要泰迪！"叫喊声、乐队的音乐声和来来往往的政治家、匆匆忙忙的会议，以及各种密谋和磋商——情况十分混乱和嘈杂，如果是普通人的话，早就被搞得心神不宁了，但是罗斯福却能安稳地坐在房间的躺椅上，将所有的混乱与嘈杂声置之度外，潜心阅读古希腊历史学家希罗多德的作品。

　　在巴西的荒野旅行期间，每天傍晚，当他一到达宿营地，就立刻在大树底下找一个干燥的地方，随即取出一张露营用的小凳子和随身携带的英国历史学家吉朋斯写的《罗马帝国兴亡录》。他完全沉迷其中，忘却了滂沱大雨、营区里的嘈杂声以及热带雨林发出的异样声音。在如此恶劣的环境里，他还能专心致志地阅读，难怪他能深刻地记住读过的内容。

花 5 分钟时间，全神贯注地集中注意力进行记忆，将比你在神情恍惚的情况下模糊记忆好几天效果更好。亨利·比切尔曾这样写道："激情奔放的一小时，胜过迷迷糊糊的无数岁月。"每年收入达数百万美金的贝泰钢铁公司老板吉尼·葛雷斯说："我一生中学会的最大的一个教训，就是如何集中精神，注意自己当前手中的工作。这一点无论在什么情况下我都奉行不渝。"

这就是力量——也是记忆力的秘诀之一。

技巧一：产生深刻印象

1. 提高注意力

发明大王爱迪生曾经注意到，他的 27 名助理研究员每天都来回穿过新泽西州的门罗公园，他们从灯泡厂通往主要实验室的一条固定路线上，连续走了 6 个月。这条路的旁边有一棵樱桃树，然而，当爱迪生问他们时，这 27 个人竟然没有一个人注意到这棵树的存在。

具有热情与活力的爱迪生因此宣称："平常人的头脑只能注意他眼睛所看到的事情的千分之一还少。我们的观察力——真正的观察力——真是贫乏得令人难以置信。"

给一个普通人介绍你的几位朋友，2 分钟之后，我敢保证他就再也记不起其中任何一个人的姓名了。为什么呢？因为他一开始就没有十分注意他们，也没有进行正确的观察。他很可能对你说，这是因为他的记忆力不好使。但一点也不是这样，而是他的观察力很差。无法拍下雾中的景象，但他却期望自己能够记住模糊的印象。很显然这是办不到的。

创办《纽约世界报》的约瑟夫·普立兹在他编辑部的每位人员的桌子上贴了这样的标签：

正确　正确　正确

这正是我们所需要的东西。首先你要听清楚对方准确的姓名，一定要弄清楚。如果你还有一点不清楚的地方，就请他重复一遍，最好还能问一问名字是怎样写的。别担心这样做，他不会烦你，他反而会因为你对他如此有兴趣，感到受宠若惊，这样你就能记住他的姓名，因为你已经在他的姓名上集中了注意力，你由此获得了一个清晰而正确的印象。

2. 林肯的高声朗读法

林肯小时候在一所很贫穷的乡下学校读书，学校的地板是用碎木头拼凑而成的，窗户也没有玻璃，而是把字帖撕下来后沾满油污再贴上去。一个班只有一本教科书，老师拿着它大声朗读。学生们就跟着老师读课文，大家齐声朗读，因此声音很大，附近的人都把这所学校叫作"长舌学校"。

在这所"长舌学校"里，林肯养成了他终生不变的习惯，凡是他想要记住的东西，他都要大声朗读。每天清晨，他一到春田市的法律事务所，就斜坐在长沙发上，把他那条长而笨拙的腿搁在邻近的椅子上，然后大声朗读报纸。他的同事抱怨说："他吵得我几乎快发疯了。每次当我问他为什么一定要用这种方式读报时，他说：'当我大声朗读时，有两种感觉出现：第一，我看到了我所阅读的东西；第二，我听见了我读到的东西，因此我就可以牢牢地记住它们。'"

林肯的记忆力非常好。他自己评价道："我的记忆力就像一块钢板一样——你很难在上面刻上任何东西，而一旦刻上去了，也就不可能再被擦掉。"

林肯所说的那两种感觉，其实就是他在记忆的钢板上刻东西的方法。你当然也可以拿过来自己试一试。

最理想的记忆方法还不仅仅是要看到和听到你要记忆的东西，同时你还要抚摸它、闻它、品尝它。

在所有这些感觉里边，当然最重要的还是要看到它。人是有视觉思想的动物，眼睛产生的印象可以保持更久。我们经常能记住某个人的脸孔，但可能记不住他的姓名。这是因为眼睛通往大脑的神经，比耳朵通往大脑的神经多 25 倍。中国也有一句关于这方面的格言："百闻不如一见。"

把你希望记住的姓名、电话号码，以及演讲的大纲写下来，用眼睛认真地看看它，然后闭上眼睛，想象它们浮现在你面前的样子——每一个字都闪亮在眼前。

3. 拿破仑三世的记忆方法

作为一名政治家，所要学的第一课就是："记住选民的姓名就是政治才能。倘若忘记，你将会被遗忘。"

在个人事业与商业交往中，记住姓名的能力与在政治领域中几乎同样重要。

法国皇帝拿破仑三世——也就是伟大的拿破仑的侄子，曾自我炫耀地说，虽然国务很忙，但是他能记住他所见过的每一个人的姓名。

他的方法呢？很简单。如果他没有听清楚对方的姓名，就会说："对不起，我没听清楚姓名。"如果这是一个不常见的姓名，他就会问："这是如何拼的?"

在谈话的过程中，他会将那个人的名字反复记几次，并在大脑中将这个姓名和这个人的面孔、神色以及外观对应起来。

如果对方是个很重要的人物，拿破仑三世就会更费心思地记住他。在他单独一人的时候，会将这人的姓名写在一张纸上，仔细观看，牢牢记住，确信记住后才将那张纸撕掉。这样，他对那个人的印象就会更深了。

4. 马克·吐温的图画记忆法

马克·吐温在其演讲生涯的最初几年里，总是离不开演讲的笔记和摘要。后来他发现只要运用视觉来记忆，就能够把笔记和摘要丢开。他在《洽波杂志》上讲述了这个转变的过程：

"日期往往是不容易被记住的，因为它们由单调的数字组成，不能引起我们的注意；它也不能组成图形，也不能吸引眼睛的注意。然而图画能让日期变得醒目——特别是由你亲自设计的图画，这一点我有过一些经验。真的不错，重要的是由你自己来设计图画。30年前，我每天晚上都要发表一次演讲，必须要用一张纸条来帮忙，这样就不至于把自己弄糊涂了。那张纸条上一般会写一些句子的开头，共有11句，大概如下：

在那个地区的天气——

那时候的风俗是——

但加州人从来没有听说过——

······

"一共11句。它们是每一个话题的开头，这样做可以帮助我，不会遗漏任何一个问题。但把它们写在纸上，看起来全都是一样的。它们不能构成图形状，我必须记住它们，但一直无法准确地记住它们的先后顺序，因此，我不得不随时拿着那张纸，在演讲中不时地看上一眼。有一次出了一点问题，我不知把它们弄到哪里去了。你无法想象我那天晚上有多么恐慌。我不得不考虑用其他的更可靠的方法来记忆。于是，我按照在心中先后次序默记了每个句子中的第一个字——在、那、但，等等。第二天晚上上台前，我甚至用墨水把这11个字写在我的指甲上，但这都没有用。我只能暂时性地记住，马上就忘了。新的问题是我无法确定我已经讲完哪根指头上写的话题，以及下一根指头是什么内容，因为我不能在用完一根指头后，就把指甲上的墨水字舔掉，这样做虽然对我来说有帮助，但是会引起听众的好奇。其实我还没有这样做，听众就已经对我产生了好奇。在他们看来，我似乎对我的指甲很感兴趣。演讲完了，甚至还有一两个听众跑过来问，我的手是不是有什么问题。

"于是我突然有了画图的想法。在2分钟内，我用笔画成6张图，取代那11句提醒句子的工作。图画完了，我就把那些图画抛在一边，因为我确信只要我闭上眼睛，随时都能看到它们浮现在我眼前。于是，我的烦恼全都消失了。而那已经是25年前的事了，那次演讲也随着时间的流逝，慢慢地在我记忆里消失了，然而现在我还可以根据那些图画，把它们重新写出来——因为那些图画还一直清晰地留在我的脑海里。"

我也同样使用这种方法来帮助记忆。有一次我要做一次关于记忆力的演讲，想大量引用材料，于是就用图画的形式记住了各项要点，我想象这样一副情景：罗斯福正坐在房间里看着历史书籍，而一群人在他窗下的街道上大声喊，乐队在不断地演奏着音乐。我"看到"爱迪生正凝视着一棵樱桃树，林肯却正在高声朗读报纸。我想象马克·吐温在观众面前舐着他的手指甲。经过这一变化就简单多了。

那么又怎样记住这些图画的顺序呢？把图画按照一、二、三、四列序标号，逐一记忆顺序？不，这样会有点困难。我把这些数字也转变成图画，然后把数字的图画和演讲内容要点的图画联系起来。比如，第一点（one）这个词听起来有点像是跑（run）这个词，所以我用一匹正在奔跑中的马来代表"一"这个列序号。我想象罗斯福在他的房间里，坐在一匹奔跑的马上面看着书。二（two），我也选了一个声音与之接近的字 zoo（动物园）。于是爱迪生的故事中的那棵樱桃树就长在动物园里关着大熊的铁笼子旁边。三（three），听起来不是同 tree（树木）有点相似吗？我想象林肯横躺在树顶上，对着他的同事们高声朗读。四（four），我想象成门（door）。马克·吐温站在一扇敞开着的大门前，背靠着柱子舐着他指甲上的墨水，并且还一面向听众发表他的演讲。

我知道，很多人读到此处时会认为，这种记忆方法很荒唐。事实上也是如此，但这正是它能发挥记忆效果的原因之一。荒唐和怪异的事情往往很容易被记住。假如我用数字的方式记住了要点顺序，可能很容易就忘掉了，但如果采用我上面讲的方式，那么要想忘掉它则几乎是不可能的。当我回忆第三点内容的时候，我只需问自己：树上有什么？我立刻就看到了林肯在那上面大声朗读。

为了方便自己记忆，我已经把 1 到 20 的数字都转变成了与数字声音相近的图画。我把它们列举出来，只要你花上半个小时来记忆这些代表数字的图画，你就可以迅速记住 20 种事情，并且按照它们的正确次序把它们重复说出，还可以随意说出哪项内容是你记忆中的第 8 项，哪一项是第 14 项，等等。

以下就是我所设定的数字图画。你可以试一试，它非常有趣。

1 – run（跑）——想象一匹马在奔跑。

2 – zoo（动物园）——想象动物园里装熊的笼子。

3 – tree（树木）——想象要记忆的东西被挂在一棵大树上。

4 – door（门）——想象一扇门边的物品或动物。

5 – beehive（蜂房）——蜂房边上站着的人。

6 – sick（生病）——想象一位红十字护士。

7 – heaven（天堂）——街上铺满黄金，天使在弹奏竖琴。

8 – gate（大门）。

9 – wine（酒）——酒瓶翻倒在桌上，瓶里面的酒流了出来，滴到桌子下面。如果在图面中加入动作，还可以加深印象。

10 – den（兽穴）——在丛林深处的岩石洞穴，如野兽的洞穴。

11 – sleeve（袖子）——想象某东西正粘在你的衣袖上。

12 – shelf（架子）——想象某个人正把某样东西放在架子上面。

13 – hurting（受伤）——想象你见到鲜血从一处伤口里喷了出来，把第13项东西染红了。

14 – courting（求爱）——情侣坐在长凳上，正在亲热。

15 – lifting（举起）——一个很强壮的男子正把某样东西高高地举过头顶。

16 – licking（打架）——一场激烈的斗殴。

17 – leavening（发酵）——一位家庭主妇正在揉面团，并把第17件物品揉入面团之中。

18 – waiting（等待）——一个女人站在一条岔路上，等待着某个人。

19 – pining（相思）——一个女人在哭泣，想象她的眼泪滴在你希望记忆的第19件物品上。

20 – horn of plenty（丰富之角）——一只山羊角里面装满了鲜花、水果和玉米。

如果你想试一试这种方法，先花几分钟时间记住这些数字图画。如果你愿意，也可以自己设计一些数字图画。比如10（ten），你可以想成是 wren（小妞），或者是 fountainpen（自来水笔），或者是 hen（母鸡），或者发音像 ten（10）的任何东西。假设你需要记住的第10件东西是风车，可以想象母鸡坐在风车上，或者是风车正把墨水抽了上来，正好把自来水笔装满了墨水。然后，当你问自己第10项物品是什么东西时，根本不需要想到10，只需问母鸡坐在什么地方。你也许认为这没有什么用，但可以试试看。相信过不了多久，你就会让别人大吃一惊，他们将会认为你拥有极不寻常的记忆力。这是件最有趣的事情。

技巧二：反复记忆

1. 背诵和《圣经》一样长的书

开罗的艾阿发大学，是世界上规模最大的大学之一。它是一所伊斯兰教大学，共有21000名学生。这所大学在入学考试时，要求每位申请入学的学生背诵《古兰经》。《古兰经》的长度和《圣经·新约》差不多，共需要3天才能背诵完。

中国的学生，被称为"学童"，在上学时也必须要背诵中国的一些宗教和古典书籍。

这些阿拉伯和中国学生为什么能够有如此天才般的记忆力呢？答案是他们都采用了"重复"的记忆方法，这也就是第二条"记忆的自然法则"。

你可以记住无穷多的资料——只要你经常重复记忆它们，复习那些你希望记住的知识，并经常使用它。把记忆的新词运用到你的交谈之中，例如呼叫陌生人的名字——如果你很想记住他的名字。在与人交谈中谈论你将要演讲的要点。那些被你使用过的知识和资料会让你难以忘记。

2. 确实有效的重复方式

盲目而机械地强行记忆复习，是不行的。进行有效地重复，并配合一定的方式而复习——这才是我们应该推荐的方法。例如，艾宾豪斯教授选取了许多没有意义的音节给他的学生们背诵，如"deyux"，"goli"，等等。他发现这些学生在3天的时间里，平均重复背诵38次，居然可以把它们全部记下来；而如果一口气重复读上68遍的话，也同样可以把它们全部记下来……两种方法中其他的各种心理测验也显示出相同的结果。

这是一项重要的发现。这表示，如果一个人持续不断地重复做一件事情，直到把它深深地印在记忆中为止，他所使用的时间与精力，恰好2倍于在一定间隔的时间分段中进行重复而获得相同结果。

这种奇怪的记忆规律——如果我们可以这样称呼它的话——可从下面两种因素加以解释：

第一，在重复记忆的时间间隔里，我们潜意识中一直在忙于产生可靠的知识联结。詹姆斯教授说："我们可以在冬天学会游泳，在夏天学会滑雪。"

第二，采用分段间隔的方法进行重复记忆时，我们的头脑就不致因为连续不断地记忆而疲劳。《天方夜谭》的翻译者理查·波顿爵士能流利地说27种语言。他说每次练习或研究某种语言的时间绝不会超过15分钟，"因为一超过15分钟，头脑就失去了它的新鲜感。"

在了解这些事实之后，那些拥有丰富常识的人，是不会等到发表演讲的前夕，才去开始准备。如果他真的等到演讲前夕才动手，他的记忆力就只能发挥应有效率的一半。

心理学研究一致表明，对于我们刚刚学到的新资料，在最初的 8 小时内遗忘的，多于我们在之后 36 天内所遗忘的内容。这个关于"遗忘"的奇妙规律，是对我们很有帮助的一个发现。因此，在你走进一个商业会场或者一个俱乐部会场之前，在你发表演讲之前，把你所演讲的资料看一遍，把你所搜集的事实再想一遍，你的记忆力就会立即恢复新鲜活力。

林肯深知这样做的价值。当年在葛底斯堡，学识渊博的爱德华·艾佛里特被安排在林肯的前面发表演讲，当林肯看到艾佛里特已经快要进行到他冗长的演讲的尾声的时候，他"很明显地表现出紧张的神情。当在他演讲之前，他一向如此"。他急忙调整了一下眼镜，并从口袋中取出演讲稿，默默地念了一遍，以加强记忆。

技巧三：积极联想

1. 记忆的秘诀

一谈到记忆法则就会少不了要讲出很多。记忆力的自然法则三——联想——却是提高记忆力不可缺少的因素。事实上，它就是对记忆力本身的最好解释。詹姆斯教授曾说：

"其实，我们的头脑是一部善于联想的机器……假设我先让大脑空白一会儿，然后下命令说道：'记住！回忆一下！'你的记忆器官是否会听从这个命令，回想起你过去经验中的情况？它当然不会听从，因为它会愣住，并茫然不知所措，问道：'你希望我记住什么事情呀？'也就是说，它需要一点提示。反过来如果对我们的大脑下命令记住出生日期，或者回想一下早餐吃了什么，或者想一想音符的顺序，那么，你的大脑就会立即找到所要求的结果。提示可以把很多可能性集中到一点上。如果你进一步研究这个记忆过程，你会发现：提示和你回忆起来的事物会有某种关联。'出生日期'这句提示语和特别的数字年月有根深蒂固的关联；'今天的早餐'这句提示语便立刻切断了大脑中其他所有的记忆路线，只留下一条回忆路线，把你引导向咖啡、腌肉与蛋；'音符'这个提示词则是 dou，lei，mi，fa，so，la，xi，duo 的关联词。联想的法则左右了我们所有的思想，而且绝不会受到情感的影响。出现在脑海中的任何事情都必须经过引导，当它们进入脑海之后，就立即和原来已经在脑海中的某些事物联结在一起。不论是你回忆的，或者是想象的，都是相同的道理……经过专门学习记忆方法，使记忆依赖有组织的联结系统，其主要有两个特点：第一，联结的持久性；第二，它们的数字……因此，'良好记忆力的秘诀'就是把我们想要记住的每项事物，形成多样的联结。但是，除了尽量多地想到这项事物外，这种和事物组成的联结又是什么呢？简单来说，两个有着相同经验的人，哪个人对他的经验想得越多，并把它们编织成系统的关联事物，那么他将是拥有更强记忆力的人。"

2. 把各种事物联系起来

这样的秘诀真是好极了，但是我们该怎样把事物编织成互相关联的系统呢？让我告诉你方法：对事物的意思进行仔细思考。例如，只要你能对任何新的事物提出质问，并回答下面这些问题，就可以帮助你把这项新的事物与其他事物编织成一种有关联的系统：

——为什么会这样？

——怎样形成这样的？

——什么时候变成这样的？

——在什么地方形成这样的？

——谁这样说的？

让我们来做个简单的练习，如果我们要记住一个陌生人的名字，并且是很普通的一个名字，我们可以把他和一位名字相同的朋友联想在一起。如果他的名字是很罕见的，我们可以就该名字提出一些问题，多数情况下，这位陌生人会和你谈起他的姓名。

例如，当我在写这篇文章的时候，有人介绍我认识了索特太太。我便请她告诉我这个姓氏应该如何写，并向她表示她的这个姓很罕见。她回答道："是的，这个姓是很少见，这是个希腊字，意思是'救世主'。"然后她还告诉我，她先生的族人来自于雅典，而且有很多亲戚曾在希腊政府担任高级官员，就这样我很容易地记住了她的名字。

而且我发现，要让人们谈起他们的姓名其实很容易，这样做却能帮助我把他们的姓名记住。

注意观察陌生人的外表，注意他们的头发和眼睛的颜色，看清楚他们的五官，还有他们的穿着，听听他们谈话的语气。对他们的外表及个性有清楚、深刻而生动的印象，并努力把这种印象和他们的姓名联想在一起，下一次当这些印象回到你的脑海中时，就能帮助你记起对方的姓名。

你也许有过这样的经历：你和某人已见过两三次了，虽然记得他是干什么的，但就是记不起他的姓名。这是因为一个人的职业是明确而固定的，具有一种意义，它就像橡皮膏似的紧紧黏住你。而他那没有意义的姓名，却像冰雹落在倾斜的屋顶上一样，很快就滚落到地上，消失得无影无踪。要想增强你记住别人姓名的能力，就得把他的名字变得和他的职业一样有意义。你可以想出一个形容性的句子，以便把他的姓名和他的职业联想在一起。这种方法的作用是当然有效的。最近在费城的潘思运动员俱乐部集会上，每个人都被要求站起来说说自己的姓名和职业，然后用一个句子把这两者联结起来。几分钟后，在场的每一个人都能把其他 20 个彼此陌生的人的姓名记住了。在经过多次的会议之后，他们的姓名和职业仍没有被遗忘，因为两者已被紧紧地联结在一起，所以它们能被人牢记。

3. 记忆时间的技巧

记忆年份的最好方法是把年份和头脑中已经记牢的重要年份联结在一起。例如，如果一个美国人要记住苏伊士运河是在 1869 年开放通航的，那将是很困难的；但如果要他记住苏伊士运河是在美国内战结束 4 年后才开放通航的，那不是容易多了吗？如果告诉一个美国人澳洲的第一个屯垦区是在 1788 年建立的，那么这个数字将会很快从他的脑海中消失掉，它就如同一枚松松的螺丝钉一样，很快从汽车上脱落。但如果你让他把这和 1776 年 7 月 4 日联系起来，告诉他澳洲的第一个屯垦区是在美国发表独立宣言的 12 年后建立的，那么他就会牢记不忘了，这同样像一枚螺丝钉，不过它是被拧紧了的，能让你牢牢记住它们。

当你在记忆电话号码时，最好也采用这个方法。例如，我的电话号码是 1776，正是美国的独立年份，因而没有人会觉得这个号码不好记忆。如果你在选择你的电话号码时，能够选用像 1492、1861、1865、1914 和 1918 等等这些具有历史意义的年份，那么你的朋友在打电话给你时，就不需要再去查电话号码簿了。他们也许会忘了你的电话号码是 1492，那么就只能怪你把号码告诉他的方式太平淡了，如果你这样告诉你的电话号码："我的电话号码很容易记忆：1492，也即哥伦布发现新大陆的年份。"你说他们还会忘记吗？

当然了，对于那些阅读本章的澳洲、纽西兰、加拿大以及其他各国的读者，可以用他们自己国家历史上的重要年份来替代 1776、1861、1865 等等。

再如，记住下述年份的最好方法是什么呢？

1564——莎士比亚在这年中诞生。

1607——英国人在詹姆斯镇建立了他们在美洲的第一处屯垦区。

1819——维多利亚女王出生于这一年。

1789——法国的巴士底监狱被摧毁。

如果你想记住美国最初的 13 个州的州名，而且还要记住它们加入联邦的先后次序，如果你只知道用机械的重复方法来记忆，你一定会觉得很难记住。我教给你用一段故事把它们串联起来记，那么你只需要花一点时间，就能记得很牢了。把下面这一段内容集中注意力地读一遍。然后，看看你能不能按照正确的次序把这 13 个州的州名记住。

"在一个周六的下午，一位来自迪拉威州的美丽小姐，在宾州铁路公司买了一张车票，准备外出度假。她把一件产自新泽西州的毛衣放入衣箱里，然后去拜访她的朋友乔治亚，朋友住在康乃狄克州。第二天，朋友和她一起去望弥撒（也是马萨诸塞州的简称），教堂就在玛莉的土地上（指马里兰州）。然后她们沿着南下车道（South Carline 南卡罗莱纳州的谐音）回到家里，中午吃了火腿，是由黑人厨子维吉尼亚烹调的，这名厨子来自纽约。吃完中餐后，她们沿着北上车道（北卡罗莱纳州的谐音），开车前往岛上游览观光。"

4. 记忆演讲概要的技巧

我们思考一件事情的方式只有两种：第一是"外来刺激"；第二是和早已存在于大脑中的某件事联系起来。这两种方式应用在演讲中时，第一，你可以借助某些外来的刺激，如笔记和纸条，帮助你记住演讲的要点。但是谁愿意听一位带纸条的演讲者演讲呢？第二，你可以把你的演讲和早已存在于你的大脑中的某些事情联系起来，而且这些要点应该用合理的次序安排好，使第一个要点必然引导你走向第二个要点，然后是第三点……就好像一个房间的大门，必然能通往另一个房间那样自然。

这听起来似乎很简单，但做起来可不容易，特别是一些初学者，他们的思考能力显然抵挡不住心理上的恐惧。不过，我可以告诉你一个简单而有效的方法，可以帮助你把要点联结在一起——编造一句无意义的句子。假设你将谈论一系列主题，而这些主题之间并无内在联系，例如牛、雪茄、拿破仑、房子、宗教，因此很难记住。我们试试利用下面这个可笑的句子，将它们串起来："一头牛一边抽着雪茄，一边用角抵住拿破仑，旁边的房子被宗教烧成大火。"

现在，请你用手遮住上面这个句子，然后回答这些问题：上面所说的第三项要点是什么？第五项要点呢？第四点呢？第一点呢？

这个方法是否有效？肯定有效！既然你想增强你的记忆力，就立即采用它吧。

任何一连串的念头，都可以用这种方式串起来，而且串得越是荒谬，就越容易记忆。

5. 找出应急的办法

尽管一位演讲者事前已经做了周全的准备工作，但他在向一群听众发表演讲的中途，也难免突然出现脑中一片空白的情况——他突然完全僵住了，茫然地望着听众，无法继续说下去——这是很可怕的一种情况。自尊心不容许他在思想混乱中坐下来，他认为自己或许还可以想出一点什么来，只要能给他 10 秒或 15 秒的时间。但是，即使在听众面前慌慌张张地沉默哪怕只有 15 秒钟，那已经是很严重的了。遇到这种情况该怎么应对呢？

例如，美国有位著名的参议员在遇到这种情况时，他会立刻问他的听众，他说话的声音够不够大，最后几排听众能不能听见他的声音？其实他早就知道自己的声音足以让后排的听众听见，他此举并不是真的征求听众的意见，而是在给自己争取时间。在那短暂的停顿片刻，他立刻找到了要说的话题，然后继续说下去。

但是，在这种紧张慌乱的情况下，最好的补救方法是利用你最后一段话的最后那个字，或是最后那个句子或主题，来展开新段落或新句子。这将形成一条永无尽头的链条，就像英国桂冠诗人丹尼森笔下的涓涓细流，永远流个不停。

我们来看看这方面的例子。假设有一位演讲者正在谈论"事业成就"，他在说完下面这段话之后，突然发现自己脑中变成了一片空白。

他说："一般职员之所以无法获得升迁，主要原因在于他们对自己的工作没有真正的兴趣，表现不出进取精神。"

如果他此时大脑空白的话，那么不妨以"进取精神"来作为下一段的开头。他或许不知道将说些什么，或者如何结束这个句子，但是无论如何，接着说下去，即使表现得很差劲，也总比承认失败好得多。例如：

"'进取精神'就是主动性：自己主动做某件事，而不是等待别人吩咐。"

虽然这不是很聪明的说法，也难以在演讲史上名垂千古，但这不是比痛苦的沉默要好得多吗？

接下来该说什么呢？让我们看看这一句话的最后几个字是什么？——"等待别人吩咐"。那好吧，我们就再用这几个字来造个新句子吧：

"不断吩咐、指示和驱使那些缺乏主动进取精神的公司职员，是最令人愤怒的事，也是最令人难以想象的事。"

这不，你又完成一段了。我们接下来就该谈想象了：

"想象——这就是我们所需要的。所罗门曾说过：'没有梦想的地方，就没有人类的存在。'"

我们已经顺利地说完三段了。现在，我们可以振奋精神，继续下去："每年在商场中被淘汰的公司员工人数，真是令人感到悲哀。我之所以说悲哀，是因为只要多一点点忠诚，多一点点进取心，多一点点热忱，这些被淘汰的员工就能使自己跨越失败，走向成功——然而，失败者永远不会承认这些正是他们失败的原因。"

如此继续进行下去。但演讲者在说出这些滥竽充数的词句的同时，应该努力回忆原来准备的要点，想出原来打算要说的话。

这种没有结尾的连锁性思考方法，如果一直延续下去，确实可以拖得很长，甚至会使演讲者和听众讨论起梅子布丁和金丝雀的价格来。不过，对于突然变得一片空白的大脑来说，这的确是演讲中最好的救急方法，而且也真的挽救过许多演讲。

最后再强调一点：如果我们配合使用本书中所介绍的这些自然法则，是可以改善我们的记忆"方法"和"效率"的。但是，如果我们不运用它，就算我们记住了有关棒球的一千万项事实，我们也记不住股票市场的行情变化，因为这种不相关的资料是不能联想在一起的。

请记住："人的大脑基本上是一台联想的机器。"